哪里都是杏坛

一个人文教育践行者的足迹

樊阳 著

四川教育出版社
·成都·

图书在版编目（CIP）数据

哪里都是杏坛——一个人文教育践行者的足迹 / 樊阳著.—成都：
四川教育出版社，2014.7（2019.9重印）

ISBN 978-7-5408-6427-9

Ⅰ.①哪… Ⅱ.①樊… Ⅲ.①中学语文课—教学研究

Ⅳ.①G633.302

中国版本图书馆 CIP 数据核字（2014）第 143408 号

NALI DOU SHI XINGTAN　　YIGE RENWEN JIAOYU JIANXINGZHE DE ZUJI

哪里都是杏坛——一个人文教育践行者的足迹

樊 阳 著

策划编辑　穆　戈
责任编辑　郑　鸿
装帧设计　金　阳　毕　生
责任校对　伍登富
责任印制　杨　军　陈　庆
出　　版　四川教育出版社
　　　　　地　址　成都市槐树街 2 号
　　　　　邮政编码　610031
　　　　　网　址　www.chuanjiaoshe.com
发　　行　新华书店
印　　刷　临沂圣贤印刷有限公司
制　　作　成都完美科技有限责任公司
版　　次　2014 年 8 月第 1 版
印　　次　2019 年 9 月第 3 次印刷
成品规格　190mm×260mm
印　　张　18
书　　号　ISBN 978-7-5408-6427-9
定　　价　45.00 元

本书在编写过程中，参考使用了少量其他来源的文字和图片，请有关作者与编者联系，我们将按国家有关规定支付稿酬。

如发现印装质量问题，影响阅读，请与人民时代教育科技有限公司调换。　电话：（010）61840182
如有内容方面的疑问，请与四川教育出版社总编室联系。　电话：（028）86259381

序

在我的认知里，为人作序乃德高望重的师长所为，本人才疏学浅，资历有限，对作序之类事一概谢绝。2014年春节前后，樊阳老师多次来电，让我给他的文集写序。再三推辞不过，只好从命。这倒不在于樊阳是我第二期名师基地的学员，而是潜意识里，似乎只有接受并完成这个托付，才能表达自己长久以来对樊阳的钦佩和敬意。

第一次听到樊阳的名字大约在2000年。一次偶然的机会，区教师进修学院语文教研室主任俞蔓菁老师和我谈及杨浦区初中语文师资队伍的情况，向我慎重推荐了几员大将，其中就有樊阳的名字。后来得知他原是陕西某高中的语文教师，希望回高中，但由于编制问题，杨高没来成，却被上外双语学校觅走了。再后来，任高级职称评委听了樊阳的一节课，果然能窥见其文学功底。2008年暑假，上海市教委承担了教育部的农村骨干教师国家级培训任务，我奉命组团带队赴昆明，为云南农村的初中语文骨干教师上15天的培训课。我想到了樊阳。电话打过去，樊阳欣然应允。也就在这次培训过程中，我才知道樊阳在课余时间坚持为他的学生开设人文讲座，并且利用节假日带学生人文行走。说实话，作为一名身在此山的语文教师对于他的这份热忱，除了感动就是敬仰，因为要做这件事实在太困难了。除了教师本人必须具备深厚的知识储备、人文素养和文化积淀，他还得面对来自社会方方面面的压力。我担心他的这份热情在强大的应试磁场下能持续多久。

事实证明我的担忧纯属多余。因为樊阳的教育理想绝非一时兴起，而是根植于个人学生时代的亲身体验，萌发于20世纪思想启蒙的80年代并伴随他20年的职业生涯，已经成为深入到骨髓可以称之为信仰的东西。人一旦有了信仰，他的内心就必然强大。因此，无论环境有利或不利，别人褒扬或批评，都可以全然不顾，矢志不移。

如果仅仅在认识的层面坚信语文教师在当代拥有传承文化、启迪心灵、构建学生心灵家园的历史责任，那还算不了什么，教师队伍中不缺乏这样的理想主义者，樊阳事迹的更大价值是在实践层面的探索和建设。他说："不能习惯于等待、抱怨和一般性的批判；不能习惯于等待上面的全局性变革——毕竟抱怨的声音太多，中国更需要的是实践。"于是他把人文教育的丰富内容建构成了课程，通过日常的语文课堂，通过每周六的人文讲座、通过节假日的人文行走，从时间和空间上真正落到实处，创造了校内外结合、读万卷书和行万里路结合这样一种真正意义上的大语文课程。这种教学模式也许正是未来语文教学改革的范式之一，值得我们好好学习研究和借鉴。

樊阳能二十几年如一日坚守至今，也得益于社会各方的支持。二十几家媒体先后报道樊阳的事迹给予了舆论支持；杨浦区教育局和名师基地包括他所在的学校多次联合搭建平台，让樊阳展示自己的人文讲座课，在区域产生了较大的辐射影响；各级政府给了他许多荣誉称号，使之成为教师学习的楷模。更重要的是，樊阳的人文教育有了真正的同行者。目前杨浦区已有六所初级中学结成了联盟，共同推出了"人文行走在上海"这样一门区本课程，选择了带有上海地域文化特色的考察点，如"福州路与上海文化""豫园与道家文化""文庙与《论语》""走进鲁迅""苏州河与上海开埠""摩西会堂与犹太文化"等，还包括巴金、徐志摩、丰子恺等许多名人故居的参观寻访活动，并且这一联盟正在不断以滚雪球的方式，产生更大的效应。樊阳不是孤独者，更不是独行侠，在教育领域全面转型的未来，一定会有更多的语文教师认同他的理想和追求，和他一起成为人文教育的实践者。如今，樊阳把他的人文课堂、人文讲座、人文行走的教学案例、讲稿、论文等结集出版，这在应试教育的大背景下无疑有着先驱者的意义，其价值不言而喻。

书稿的体例较为合理。尤其是人文讲座部分，既有中外文学史的清晰线索，又有每个发展阶段的重要作家作品，点面结合，深入浅出，能给有志于人文讲座的一线教师以借鉴。书稿的另一特色是收录了许多学生的反馈，从学的角度充分肯定了樊老师的教育理想是会开花结果的，是值得坚守的。书稿中还收录了各种报纸杂志的相关报道，亦不失为此书的特色之一。倘能对这部分文字加以精选，将更为完美。

最后愿以屈子的名言与樊阳老师共勉——路漫漫其修远兮，吾将上下而求索！

陈小英

2014 年 6 月上海

目 录

人文讲座

中学语文可持续性课外实践活动的途径探索

（一）问题的提出

《语文课程标准》指出："语文课程是实践性课程，应着重培养学生的语文实践能力，而培养这种能力的主要途径也应是语文实践。语文课程是学生学习运用祖国语言文字的课程，学习资源和实践机会无处不在，无时不有。因而，应该让学生多读多写，日积月累，在大量的语文实践中体会、把握运用语文的规律。"

这一理念是基于这样一些认识。第一，从学习语言的实践经验来看，现实生活是学习语文的最好学校。有效的语文教学应该联系一定的篇章内容创设相应的文化学习环境，包括语言的和物化的情景，让学生在亲身感受中学习。杜威曾言："教育在广义上是沟通和传递过程。是社会生活之必需。"① 第二，从语言的本质看，语文和生活密不可分。海德格尔曾言："语言是人类的家园。"现实生活的表象是语言的基础，语言是思维的基础。反之有了丰富的现实生活，思维发展了，语言也就极大地丰富和发展起来了。第三，从语文的内涵看，就像于漪所言："我们的语文学科，必须从母语教学的个性特点出发，把学生领进大语文学习的广阔天地，把语文学习的课堂延伸到课外、校外，用时代的活水灌溉语文园地。"②

传统的语文教育模式往往只注重课文的教学，轻视学生的语文综合实践活动，从而在一定程度上导致了学生语文学习兴趣不高，缺乏积累，创新能力薄弱等问题。2008 年教育部《上海市四区中小学生学业质量分析报告》中称，对"学习本身是一件有趣的事情"这一判断，上海被调查学校三年级学生表示同意的占 71％，而到八年级

---

① 杜威. 经验与教育. 北京：人民教育出版社，1991.
② 于漪. 于漪文集. 光盘版. 上海市杨浦高级中学图书馆.

则仅有 27%。① 最近几年权威机构所作的调查显示，全国城市居民书籍的阅读量也在持续下降，学生的主体书籍都是教材或教辅。这样严峻的形势，除了社会转型期一系列因素，我想也与语文综合实践活动难于落实有一定关系。

当前进行的语文教学改革使学生的语文综合实践能力得到了充分的重视。教育部早在多年前就颁布了推荐阅读的名著篇目。一些教材里也编撰了语文实践单元活动等内容。上海二期课改将三种课型带入学校教育的主阵地，还于 2009 年颁布了《上海市校外教育工作三年行动计划》。可见，开展语文课外实践活动意义深远。此外，不少有识之士已对此进行了有益的探索。在近几年的语文教学刊物上，时时可以看到一些理论性文章，及关涉课外名著辅导、影评、网络学习等实践探索的文章，对课外实践活动的开展起到了重要作用。但当我们对这些案例进行一定梳理后，会发现以下几个问题：

第一，这些案例往往是零散的、随机的，大多属于短期行为，片段点缀，难以体现对学生的综合效应。第二，目前语文科因为始终未能开发出一套知识点具体、逻辑关系明晰的学科教学内容序列，课内语文学习的持续性、长久性是靠学科设置的自然状态维持，造成与之紧密相连的课外语文实践很难持久进行。第三，由于综合实践活动与生俱来的灵活性、多样性、学科交叉的综合性，容易产生教学目标的盲目与随意性，而其教育实效性相对滞后，语文老师会觉得辛苦的工作不一定直接有益于课内语文教学，甚至变成了"用自己的地肥了他人的田"。第四，不少实践案例立意虽很高，但操作性较差，以致成了美丽的摆设。

我在十多年前就力图探索一条更具操作性、更有实践意义的中学语文可持续性校外实践活动之路，以期在语文拓展课程建设方面进行一些有益探索，为高一级学校培养输送文科优秀人才，推动学生终生发展。

---

① 罗阳佳：《课改还要再过几道坎》，《上海教育》2010 年 3 月 19 日。

（二）途径与我的实践

我的探索主要从以下三个途径着手。

第一，课内外文学文化系列专题讲座构成连续四年的教学主线。

我将校内拓展课"名著辅导课堂讲座"内容进行系统性的编排——将对中外文明进程的系统了解作为学生人文素养积累的一个学科大背景，以中国古典文学、西方文学文化、中国历史文化专题为三条讲座主线，学生进入初二开始到高二，从喜闻乐见的中国历史文化专题开篇，如"汉字的文化信息""从古汉语看古民俗""从对联认识汉语的声对"等，每周一次，以校内拓展课的形式进行。从初三到高一，以中国古典文学系列讲座为主线，以古典诗词散文阅读为主，和课内有机结合。从《诗经》《楚辞》、魏晋诗到唐诗宋词、唐宋古文、元曲、明清小说，共 45 讲。每周由我精选 15 首代表性诗词或 3 篇古文，学生先自学，选定 3 首或 1 篇进行重点准备，讲座中进行交流。寒暑假以西方文学文化讲座为主线，从古希腊神话史诗悲剧、《圣经》与基督教文化到现代主义的兴起，共 25 讲左右，同时带动并深化阅读古今文学名著。两个小时的讲座中保证学生交流不少于 40 分钟。我的讲座通过 19 年的不断补充修改，底稿文字约二十万，制作 PPT 近千张。每次讲座从学生的阅读出发，力求深入浅出，为学生搭设一个古今中外人类文化发展的立体舞台，激发学生阅读经典的兴趣。

这一主线总的思路是来源于以于漪老师为代表的"大语文观"思想，来源于这样的思考：怎样让古典文化更好地走进当代学生心灵，怎样从初中到高中延续好人文底蕴的积累——因为语文教师在当代中国有特别的传承文化、启迪心灵、构建学生心灵家园的历史责任。德国哲学家雅斯贝斯曾说："教育的原则是通过现存世界的全部文化导向人的灵魂觉醒之本源和根基"。"教育是引导'回头'顿悟的艺术，是灵魂的眼睛抽身返回自身之内"。[①] 经典的阅读就是引导人们不断"回头"顿悟的历程，它一直也是人们通向心灵圣殿的重要方式，但仅仅依靠课内牵涉到的一些作品做一些提倡性

---

① 雅斯贝斯. 什么是教育. 北京：三联书店，1991.

的课外阅读难有成效，也就难以让学生达到心灵上"回头"的目的。而持续不断地通过讲座促进阅读，探究文化的根源与脉络才能让学生真正走进经典，完成更本质的语文学习。

之所以要构成知识系列，不仅是讲座内容的自然要求，更在于补足目前语文科缺乏学科教学内容序列的一些不足，布鲁纳曾强调教学过程明确学科基本结构的几点意义，如使学科更易理解、便于学习的迁移、给学生以成就感、激励学生不断发现问题深入研讨等①。时间跨初中高中四年主要考虑的是这一年龄段是最需要精神滋养打下人文底子的关键时机期，而语文教育是一个渐进且有相当长延续时间的历程，像杜威所言，"教育是经验的继续不断的改组或改造"②，是生成，是习惯的不断形成与不断更新，特别是经典阅读更应如此。如果从德国教育理论家 W. 布雷岑卡的元教育理论来看，"教育是一种尝试性的社会行为，教育工作者应将改变受教者的心理素质结构看成一种尝试。教育的目的不在让人做什么，而是让人愿意主动去做什么"③。激发学生阅读经典的兴趣，关注现实，致力于心灵家园的建设，就是一个主动的心理介入尝试过程。

第二，以建立网页论坛形式来改进语文课外学习实践的不可控性、即时性，并且通过文字的交流加强学科本位，促进课内学习实效的有机呈现。

从 2007 年起我和学生一起建立了网页论坛"我的精神家园"（www. fy02. com）。其中"三省吾身"（古典文学）与"他山之石"（西方文学）是直接配合讲座前后读书交流活动的栏目。每周由我发布古典文学或西方文学学习任务，学生跟帖交流初读感受。

"我思故我在""文教之光"两个栏目则每周分别发布从报刊精选的社会与文教时文。这种阅读交流促使学生关注生活与时文。例如 2013 年 3 月的一则讨论："都说三月份是诗人的月份，常州和凤凰台都举办了诗歌活动。纪念海子是一个契机，让我们

① 布鲁纳. 教育过程. 北京：文化教育出版社，1982.
② 杜威. 经验与教育. 北京：人民教育出版社，1991.
③ 单中惠，杨汉麟. 西方教育学名著提要. 南昌：江西人民出版社，2000. 665 页

重新来审视当代诗歌。八年级和九年级教材都有现代诗的选文，老师也在课内介绍了一些，不知道大家怎么看诗歌应表达'有'，还是'无'？它是完全属于形而上的世界吗?"从这些讨论可以看出学生开始看报、关注社会文化并将其有机地与课内学习相结合，这大大地促进了课内的学习。

还有"日读一卷书"（推荐其他好书，交流书评）、"一路行走"（参观名胜古迹博物馆，观看影剧感想交流）、"我所喜爱的作家作品"（现当代重点作家作品，更多与课内课文联系）、"奇文共赏"（定期的作文随笔交流，相互评改）、"回眸"（历届同学"回家"的地方）几个栏目。

网页论坛设立后，不仅促进了学生对现实的关注，成为师生间交流的重要平台，还自然起到了对讲座学习、课外阅读巧妙检测的作用。每周我都从中了解"学情"，激发学生深入研讨，使校外学习真正纳入语文学科本位，激发学生全面参与，形成可控可检测的良性推进机制，凸显了实践型学习特色。杜威在《经验与教育》中说："教育离不开环境，只能利用环境的作用间接地进行教育，即第一步造成的一种特殊环境（特殊媒介），来引起某种反映，第二步使他们变成集体活动的参与者。所有意义、价值都不能不在共用的经验、共同参与的活动中形成。"[1] 特别是校外教育，如果施教者仅仅停留在口头或零散的行动，那么真正的教育就难以发生。网页论坛有效地给学生营造了杜威所言的"特殊环境"，构成了学习经典探究心灵的共同体。例如《论语》这一讲座的学习，这是一个学生关于"忠恕"的跟帖：

《论语通译》上对"忠"的注解是忠诚，正直，诚恳；"恕"的注解为不计较别人的过错，则别人宽容。于丹在《论语心得》中说："'忠恕'二字就是做好自己，同时还要想到别人。言外之意就是假如别人给你造成了伤害，你也应该尽量宽容。"实际上，孔子对"忠恕"的最好诠释即己所不欲，勿施于人。"忠"更多是要付诸行动，要去做，属于积极的方式。（对上次课上老师的解读还是很信服的）然而"恕"的含义，我认为于丹理解得并不十分恰当。我比较赞同小李同学"拆字法"一说（"恕"

---

① 杜威. 经验与教育. 北京：人民教育出版社，1991.

拆开即是"如心")。

学生在讨论中提出问题，研读经典，查阅资料，联系生活，互相启迪，发展语文能力。每次讲座前后都会开展一场文化文学的大讨论，高年级或已毕业的学生也参与其中。这是2005届毕业生现在复旦中文系就读的张晶同学的回帖：

看到这些"子曰"觉得如此亲切。我们大二有专业课《论语》，老师要求把一整本《论语》给背出来。不由感叹我们古人真是像古希腊人一样——"父母之年，不可不知也。一则以喜，一则以惧。"能说出这样话的人需要如何成熟的心智呢！大家挑些喜欢的篇目背背，一定会很有乐趣，很有收获！

这些发言不仅体现了语文学习的长期性，更大大促进了学生对经典的持久性关注。《论语》这一专题一年多来共被查看3465次，回帖144帖，近2万字，涉及6届45位学生。

第三，根据讲座学习进度和当时有关文化讯息组织学生进行参观访问观演活动，有效地利用校外各种文学文化资源促进学生语文素养的内化。

已实施的有"从上博雕塑馆看中国文化思想的演进""从上博青铜器馆、书法馆看文字文化""从福州路到外滩看上海近代文化""鲁迅故居、博物馆——走进鲁迅系列""天蟾舞台看昆曲《牡丹亭》，感受古典戏剧的魅力""从意大利乌菲齐博物馆文物展看文艺复兴""中秋家庭音乐诗歌朗诵会"等。寒暑假有条件时前往外地参观学习，如"绍兴游鲁迅故里、沈园陆游纪念馆、青藤书屋"。2008年暑假我作为上海支援云南培训骨干教师计划成员前往讲学。我利用我们的网页在云南开设了一堂"现场千里交流"课，异地的师生，关于语文与人生的亲切交流将我们的心灵世界紧紧地联系在一起。

2009 年 7 月带领学生游学绍兴

论坛发言交流与"行走感悟",一虚一实,给了学生直接体验的历程。这不仅比坐而论道生动活泼,兴味盎然,更重要是在实践体验中,学生实践着杜威"从经验中学习"的理念,大大促进杜威所谓"反思的经验"的形成。《论语》讲座后,曾带领学生观看电影《孔子》,走访了文庙。这是一位同学的网上发言:

读"岁寒,然后知松柏之后凋也"的时候,头脑中立刻闪现出电影中孔子说这句话时的神态,闪现出他奔波周游的后半生,此时的他已是那一杆耸立于严寒的青松,是他自己人格的挺拔!

走访后她写了《寻找失落的根》:

文庙的这幅图景让我心灵豁然。纵使时代的步伐再快,人们也需要回过头来寻找自己的"根",找回文化的命脉并将它代代相传!就好像这天光云影池所透露的深意:问渠那得清如许,为有源头活水来。

讲座通过网页与"行走"的深化,使学生在经验的积累、蕴藉和反思中得到心理的结构内化,从而真正实现语文对人心灵的哺育!

(三)成果与反思

总之,课内外讲座通过网页论坛建设、参观游览写作等多种实践性的新型学习形式贯穿深化,并以四年作为学生学习实践的一个系列,从而形成学生课内外有机结合,关注学生终生发展语文教育学习的新形式,走出一条中学语文可持续性校外实践活动之路。

首先,这种学习方式让学生发现学习的乐趣与本质,使他们关注生活、关注社会并渐渐明白语文学习的实质,懂得身上的责任。就像 1999 届一位现在文化部门工作的学生所写:"这种语文学习激发了我对华夏文化的热爱,我希望我能为文化的复兴做点什么。也让我们明白应将语文学习伴随终生。"

更为重要的是,学习方式的改变让学生们真正热爱语文,带动他们学业与人生的全面进步。这些年来,已有九届几百名学生从"讲座"毕业,已工作的几届学生不少成为各行各业的业务骨干、专门人才。正像 2003 届一位现为在读研究生的学生为《文汇报》征文所写的文章所言:"那是属于我的思想成长和交流的黄金时期。在那里,我与竹林七贤相会,他们的做人风格至今影响着我;在那里,我朝见了文明古国繁盛之初的历史端倪,也一窥大地上重重争端背后的险恶根源。正是这一席席精神的盛宴在我迷茫又不羁的年轻脑海中埋下了文化与心灵的种子,让我记得要思辨、要自省……"

当然,这一模式对教师素养的要求很高,特别需要教师在目前教育功利化的现实面前找准平衡点,使家长从不反对到热烈支持,如此才能发挥它持久长期的效应。

同时课外实践活动受客观条件的限制较大,其不可控因素较多,效果的滞后性这些天然的困难让一些老师望而却步；怎样进一步激发教师参与的热情，需要语文界、教育主管部门共同努力，在教学内容、教材的设置、检测的方式等方面进行更实质的改革。特别在功利浮躁的社会现状短时间还难以改变的情况下，如果能够改变语文教材只有文本单元的形式，检测的内容更能激发学生注重经典的阅读和生活实践的结合，那么语文教育的新境界就会被我们不断发现！

附：

中国古典文学与文化讲座名录

先秦

1. 家园《诗经》

2. 儒家文化与《论语》选读

3. 《大学》《中庸》选读

4. 《左传》选读

5. 《老子》选读

6. 《庄子》选读

7. 中国道家与道教文化

8. 屈原与《楚辞》

汉魏晋南北朝

9. 史家之绝唱《史记》

10. 汉赋与古诗十九首

11. 建安风骨与正始之音

12. 魏晋风度与《世说新语》

13. 中国佛教文化简说

14. 桃源追求——陶渊明

15. 南朝烟雨

清

西方文学与文化讲座名录

中国古典文学与文化讲座实录选（一）
史家绝唱
——《左传》与《史记》

《史记·李斯列传》

樊老师： 下面我们来讨论另外一个人物：李斯。大家都读了《李斯列传》，先来说说有什么问题。

同学： 既然是《李斯列传》，为什么文中对赵高的描写那么多？像李斯这样的人为了自己的利益不择手段，赵高等劝说利诱不过是导火索，为何要用如此多的笔墨去描写赵高呢？

樊老师： 好，这个问题值得探讨。用很多的笔墨写赵高当然有他的客观原因，那就是他是一个很重要的历史人物，而司马迁肯定不会写一篇"赵高列传"。我们之前已经探讨过司马迁写《史记》是包含了他个人的取舍选择的，那么他写赵高是不是还是在写李斯呢？从中可见他对李斯的态度到底是怎样的呢？这个我们等会儿可以一起讨论。

同学： 史学家对李斯的评论一向很糟，而从文中看李斯却曾向皇帝进谏责骂赵高，可见他不完全是一个奸臣，如何解释他的矛盾？

樊老师： 同学关注到了李斯好的一面，这正体现了李斯这个人物的复杂性。我们之前也提到司马迁为何选择李斯而不是赵高列入"列传"，肯定体现了司马迁个人对李斯的评价也是复杂的，肯定他的身上有许多值得写值得人们思考的地方。对于以上两个关于李斯的问题，有没有同学想发表自己的看法？

同学： 司马迁写的李斯大家普遍认为是公平的、客观的，他既写了李斯的忠又写了李斯的恶，使他成为一个有血有肉的人。在这篇文章中司马迁写了很多具体的李斯的一些政治决策，比如说他具体的上书，司马迁会用大段的笔墨写出来。从中可以看出，李斯从底层高攀到如此地位一定是聪明且很有能力的一个人。我们组陈媛同学的意见是从开篇提及他对鼠的看法——"人之贤不肖譬如鼠矣，在所自处耳"——就可以看出李斯非常想出人头地，也正是李斯这种过于贪求名利，再加上赵高的利诱而导致了最后悲惨的结局。

樊老师： 还有同学补充吗？

同学： 之前有同学提到李斯的矛盾，我认为是不矛盾的。从开始他就确定自己的目标，就是向高层爬，获取权力和金钱。我觉得他从一开始就有一种阶级情感，他就是在进谏也是在保护那些高层统治者利益，比如说赵高这种奸臣，有可能也是……就是说他对底层有一种厌恶，他对底层百姓不说厌恶、不屑吧，但他认为环境改变人，因此他就努力往高处爬，所以不矛盾。

樊老师： 他就是一个一定要爬上去的人，所以你认为他保护的利益是那些高层的利益？

同学： 对，就是统治阶级。

樊老师： 好，这个好像还不太充分，可以再深入思考。

同学： 其实我认为，司马迁对李斯并没有很强烈的褒贬。李斯本身从前文看是一个很有才华的人到最后变成一个苟全阿顺的一个形象，是李斯自己的选择，也是事实并没有掺入司马迁个人的观点。

樊老师： 好，司马迁写《史记》是有很深厚的个人情感在里面的，他不可能做到完全客观实录，刚才同学也已经提到了。

我们来看，在《李斯列传》中有一段话非常重要，这也是李斯人生中一个转折，就是他认同了赵高他们的阴谋，杀掉扶苏，立胡亥为皇帝。这一下就改变了历史，如果假设当时李斯没有同意呢？是不是结局一定就是赵高他们还是得逞呢？很可能不能得逞，那时李斯已经官居丞相，大家知道在秦朝丞相的地位是非常之高的。而赵高只是一个太监，胡亥呢？根据后面的表现，大家会发现胡亥是一个无能无知，甚至是懦弱无能的人。所以在这段历史中，李斯起到了最关键的作用，他的责任是不可推卸的。

那么赵高怎么去说服李斯的？那时候没录音机把他俩的话录下来，这其实全是司马迁根据对李斯的理解重构的。包括李斯看到厕所里面的老鼠如何，司马迁不可能到李斯小的时候的厕所去看，更不可能把它拍下来、录下来，这显然也是他的艺术手法、文学的手段，甚至说就是小说。这可以说是一种事实性的虚构，这个虚构是符合人物的历史发展的，他应该是这样的一个人，否则就没办法解释李斯为什么会这样。

司马迁已经掌握了李斯的主题，用一个词概括就是急功近利，为了权力和利益可以不择手段，他一定要爬上去，刚刚也有同学提到。他的核心就是一定要保证他的高位。赵高他们为什么能成功？就是在于抓住了李斯的这个弱点。

我们来看看李斯具体是如何被赵高说服的。这个段落大致可以划分为几个层次。第一个层次：赵高跟李斯提出想法遭到反驳。李斯毕竟是韩非子的学生，不可能不知道历史上有很多"立幼为王"造成宫廷内乱的例子，所以第一反应肯定是拒绝。司马迁如果不进行这样的描写，肯定是不能说服读者的。那么第二部分写赵高提到"秦王罢免丞相功臣都没封爵传到第二代，最终都被杀死了"的历史，著名的人物大家都知道，商鞅变法最后落得车裂的下场。第三部分又说胡亥，说辅佐这个君主更好。"扶苏不喜欢你，而胡亥是一个谦虚重才的君主，你肯定会得到重用"。第四，对于李斯觉得在走一步险棋的顾虑，他说"危险可以变成安全，只要我们走得好就不会有问题"。最后又说圣人是变动无常的，要善于变化，并且只要他们上下同心，就能世世代代封爵。大家看最后李斯是怎么同意的，原句是怎么说的？

同学： 斯乃仰天而叹，垂泪太息曰："嗟乎！独遭乱世，既以不能死，安托命哉！"于是斯乃听高。高乃报胡亥曰："臣请奉太子之明命以报丞相，丞相斯敢不奉令！"

樊老师： 他当时的神情是怎样的啊？

同学： 垂泪叹息！

樊老师： 对，好好体会这里司马迁是如何表现的。那么之前有同学提到李斯进谏责骂赵高，其实这所谓的进谏是向二世皇帝胡亥进谏，他的根本目的还是为了保住自己，这样看来就不矛盾了。整篇文章是向我们揭示了李斯的悲剧，在文章的结尾部分，当他要被施以腰斩时，他对他的小儿子说了什么？

同学： "吾欲与若复牵黄犬，俱出上蔡东门逐狡兔，岂可得乎！"

樊老师： 这里面是暗含了作者对李斯的同情与惋惜的，但是整体来说他对李斯的态度非常明显，还是一种咎由自取的讽刺。大家提出那个问题，赵高和李斯沆瀣一气，表面写赵高实际在写谁？通过赵高之口说出来可能会更加的明显。还有为什么李斯死了后面又写了秦朝的命运，这些有必要吗？太有必要了，这就是历史的审判。个人的急功近利不仅导致最后个人利益不能保全，更导致了整个国家的灭亡。

《左传》 蹇叔哭师

蹇叔哭师

冬，晋文公卒。庚辰，将殡于曲沃。出绛，柩有声如牛。卜偃使大夫拜，曰："君命大事，将有西师过轶我，击之，必大捷焉。"

杞子自郑使告于秦曰："郑人使我掌其北门之管，若潜师以来，国可得也。"穆公访诸蹇叔。蹇叔曰："劳师以袭远，非所闻也。师劳力竭，远主备之，无乃不可乎？师之所为，郑必知之。勤而无所，必有悖心。且行千里，其谁不知？"公辞焉。召孟明、西乞、白乙使出师于东门之外。蹇叔哭之曰："孟子！吾见师之出而不见其入也。"公使谓之曰："尔何知！中寿，尔墓之木拱矣！"

蹇叔之子与师，哭而送之，曰："晋人御师必于崤，崤有二陵焉。其南陵，夏后皋之墓地；其北陵，文王之所辟风雨也，必死是间，余收尔骨焉！"

秦师遂东。

在晋文公殡的路途上，大臣借故棺材中发出的牛叫声警示秦国马上要袭击晋国。我们知道"秦晋之好"，可见当时秦国和晋国关系是很好的。为什么秦国突然要攻打晋国呢？秦国显然想乘人之危，而晋国并非没有防备。

另一方面，秦穆公在攻打郑国之前访问蹇叔，蹇叔给出三个理由，劝谏秦穆公不要出师。首先路途遥远，劳民伤财。秦国的都城在陕西的西部，而郑国的都城靠近现在的郑州，即使在现在坐火车来往两地也需要很长的时间，何况当时呢！第二，长途跋涉而不达目的，士兵一定会有叛变之心。最后，驱兵千里，有谁会不知道呢？蹇叔暗示晋国可能会乘虚而入。但短短的"公辞焉"三个字表明了秦穆公的态度。这时我们不禁要怀疑秦穆公是否真心诚意地拜访听取蹇叔的意见，并且由此可见秦穆公已经利欲熏心，完全听不进别人的意见了。

这一点和我们很多现代人很像。我们往往会为了一些利益不顾其他一切。《左传》通过这个故事很巧妙地告诉我们一个道理：利欲熏心的人是听不进道理的，而且最终是要完全失败的。

学生反馈

22 年执着的吟唱

22 年前，刚刚上高一的我有幸认识了樊阳老师，成为人文讲坛的第一批学员。那时候的人文讲坛还叫语文小组，樊老师刚刚大学毕业，风华正茂，虽然身体瘦弱，但是讲课的时候充满激情，我们在下面听得热血沸腾。他的讲座贯穿整个西方文学史和中国文学史，从先秦文学到魏晋风度，从唐诗宋词到鲁迅，从古希腊的神话到法国的浪漫主义，每一次讲座都是一次文学的盛宴，让我们发现了阅读的美妙，同时也是一种人文精神的启蒙。

特别是讲到《史记》孔子麒麟之叹，鲁仲连义不帝秦，荆轲"风萧萧兮易水寒"，李将军拔剑自刎，一个个形象如在目前，和老师一起朗诵《李将军列传》结尾"彼其忠实心诚信于士大夫也！谚曰'桃李不言，下自成蹊'。此言虽小，可以谕大也。"不禁汩湿春衫，让我发现人格的独立自由是我们生存的环境最可宝贵的品质！也正是在那个瞬间，我觉得老师就是一个执着的生命吟唱者，他的讲座让我们发现文化之秀，人格之美，精神之崇！

高中阶段正是一个人人格形成的关键时期，这个时候能遇到樊阳老师真是一种幸运。正是在他的思想启蒙下，我有了自己的自由思想和独立精神，以至于在未来的人生道路上，都会尊崇自己内心的理想。大学毕业后，我远走他乡，从西安到福建广播电台，之后又辞掉了人们心目中的铁饭碗，一个人闯荡上海，从《东方早报》创刊开始一路走来，一步步追求心中的理想。我想，给我动力的正是源于学生时代树立起来的人生观和价值观。

如今，我们第一届学生已经人到中年，成为各行各业的骨干。二十年过去了，我们可能逐渐被现实磨得圆滑了，心中的理想之光可能不是那么清晰了，可是每次看到樊老师，他仍然坚持着最初的理想，仍然是那么纯粹。他就像一面镜子，他的存在映射着理想之光，帮我点亮前行的路。

2012年，我有幸再次参与樊老师的文化行走——"苏州河和一个城市精神"，和学弟学妹们在行走中感受上海的历史脉动和城市精神。他的教育实践告诉我们，教育完全可以超越书本，只要我们想要学习，哪儿都是杏坛。

中国古典文学与文化讲座实录选（二）
感受魏晋风度（片段）
——阅读《世说新语》 阮籍、 嵇康的故事

（于 2011 年 11 月 25 日作为市公开课）

时文讨论："孝子工程" 是否可行?

吴鼎闻： 我认为不可行，"孝"是发自内心的行动，是一个人心灵所安之事，作为工程又变成外在考核的一种应试变形。它带来的必然是一种新的心灵扭曲，我们前面讲座谈的汉朝那些士者为得官而装"孝子"的故事不又要重演了吗？

赵逢缘： 虽然"孝子工程"有种种问题，但我认为作为教育就有它的意义，就像我们在文学的浸染感召下，人格就会成长。我们应该积极面对"孝子工程"这件事。

张晨昂： 但恰恰别忘了"工程"就是外加的，文学是我们自然而然喜爱的，其效果大相径庭了！

樊老师： 面对文化断裂转型的时代，我们时时可能面对心灵的追问，如何安顿灵魂的问题离我们并不遥远，下面看看最近我们阅读的《世说新语》会给我们什么启发。

《世说新语》 的编撰、 成就与体例

编撰者

南朝刘宋宗室临川王刘义庆，尊崇儒学，晚年好佛，"为性简素，寡嗜欲，爱好文义。招集文学之士，近远必至"（《刘义庆传》）。

体例

受"孔门四科"影响而发展，雅量、识鉴、容止、任诞等三十六门，共一千多则，79491字。记述自汉末到刘宋时名士贵族的遗闻轶事，主要为有关人物评论、清谈玄言和机智应对的故事。

它是中国最早的小说，在此之前人们不把"小说家"列入"三教九流"中，认为他是不正经的家派。笔记体小说，"世说体"。

文言浅近，简约传神，含蓄隽永。鲁迅："记言则玄远冷隽，记行则高简瑰奇。"

魏晋风流与"魏晋风度"

樊老师： 很多人都知道，这部书主要记录魏晋名士的遗闻轶事和玄虚清谈，也可以说这是一部魏晋风流的故事集。什么是"风流"呢？词典里说：有文采而不守礼法约束的。鲁迅在一次很重要的演讲《魏晋风度及文章与药及酒之关系》中，第一次用了"魏晋风度"这一词，"风度"在词典里是这样解释的：具有个人特色的言谈、举止、仪容、姿态（道德风范、人物外貌、精神气质）。

那大家读了《世说新语》后，你觉得用一个什么词来概括"魏晋风度"好？

同学： 潇洒。

同学： 孤傲不群。

同学： 愤世嫉俗。

……

探讨"魏晋风度" 看似矛盾的表现

樊老师： 看来同学们对此有很多不同的感受，在我们网页上，有几个同学的问题也很典型，大家看看：

戴逸清： "德行十五"写阮籍言行异常谨慎，"文学六十七"里又写他竟给晋文王写敦喻，在"栖逸一"里则写他拜谒真人听之长啸，这些态度明显不同，阮籍待人到底怎样？他的这些作为是出于沉醉还是清醒？

季姚晶：《雅量·二》"嵇中散临刑东市，神气不变，索琴弹之"。临死前说"广陵散于今绝矣！"嵇康用生命想要表达的是什么？如何理解这种洒脱超拔的魏晋风度？

同学：我想先谈谈第一个问题，请大家注意第一则"嗣宗谨慎"原文："晋文王称阮嗣宗至慎，每与之言，言皆玄远，未尝臧否人物。"这是"晋文王称"，说明这是阮籍在官方人物面前表现，而再看"真人长啸"这一段"阮步兵啸，闻数百步。苏门山中，忽有真人，樵伐者咸共传说。阮籍往观"，显然，阮籍面对"真人"就显示出不一样的风貌。可见他对官场与黑暗现实的厌恶又无奈的心态。

樊老师：好！善于抓住不同语境中的说话对象，善于比较。

同学：可我有个问题，在"真人长啸"这一语段中，先说真人并"不应"，"籍因对之长啸。良久，乃笑曰：'可更作。'籍复啸。意尽，退，还半岭许，闻上㘖然有声，如数部鼓吹，林谷传响。顾看，乃向人啸也。"这里两人都是"啸"，这能算表达吗？

樊老师：是啊——这个问题很重要，直接牵涉对阮籍的理解，他们是不是像我们有些调皮的同学彼此有个性的打招呼"哎——哎"，表明自己很"酷"？（同学笑）谁来先学学？

同学：我来！"啊！——"（同学哄笑）他是被压抑的发泄……

同学：我来！"哎——啊——呦——"（同学哄笑）他是有对生活痛苦的宣泄，也有对"真人"的一种探问……

樊老师：真有创意！感谢两位！我想提醒大家的是这次长啸之前的文字："籍商略终古，上陈黄、农玄寂之道，下考三代盛德之美以问之，仡然不应。复叙有为之教、栖神导气之术以观之，彼犹如前，凝瞩不转。""陈黄、农玄寂之道，下考三代盛德之美"是代表什么方面的内容？"有为之教、栖神导气之术"又代表什么？

同学：好像是传统的儒家与道家所推崇的吧！

樊老师：好，看来大家可以联系一下，从古诗十九首代表的人的觉醒、惶惑到"建安风骨"，到新的心灵困境，我们可以约略知道"魏晋风度"所代表的人们心灵的追求与困苦了。而正是在这追求与困苦中，中国文化又走到一个新的转折点！

……

学生反馈

生命中的诗社

张　晶　复旦大学、香港大学硕士

近来重温了一部叫《死亡诗社》的老电影。电影里的基廷老师，在秩序森严、以升学率闻名的威尔顿学院里，一反常规教学，用诗歌启蒙学生的审美力与体悟力，带他们重新认识自我，审视生命。"现在的医学，还有法律、商业、工程师，这些都是高尚的追求，是支撑人生所必须的。可是诗歌、美景、浪漫、爱情，这些是我们之所以活着的原因"。"孩子们，你们必须努力找到自己的声音"。"我们都有被别人接受的需要，但必须相信你的信仰是独特的、独立的，即使别人认为可能很离谱或者是过时了，即使众口一词地说太糟了！"

这些电影台词久久在我脑海里激荡，掀起豪情万丈的同时，也牵起会心一笑，想到了自己的受教育经历。虽是在应试教育的大环境里浸润多年后才与此片相遇，却丝毫没有相见恨晚的遗憾，想来则是因为曾有一位"基廷老师"真实地出现在我的生命里，点亮我的眼，滋养我的灵。我的"基廷老师"，或者说我的"船长"，便是樊阳老师。

影片中基廷老师启发学生读诗、品诗的场景，第一次看就觉得熟稔。任翻腾的记忆裹挟我回到七年前，回到老师家的书房，那里是老师为开设每周一次的人文讲座，特地腾出来的空间。书房并不很大，十几个学生一坐便已觉得拥挤，但有限的空间并不能抑制我们心灵飞扬，不能阻挡它们飞到那更美更丰盛之地。

犹记得那一堂题为"从魏晋风度到南朝烟雨"的讲座。讲座伊始，"时代的创痛""人的主题""文的自觉"等等字眼便从樊老师的口里连珠般地迸出来，顾不及疑惑，我们忙不迭地奋笔疾书一番。只是何为时代的创痛？文又何来自觉呢？这般的概念叠组，对我们而言，究竟是陌生的，也只能从老师认真的神情里隐约对其所承载的力量揣度一二。

像是早料到我们的迷惘，老师随即带我们进入到鲜活的人事里，亲自与那段历史相遇。通过一段段声情并茂的讲述，我们认识了善于打铁的嵇康，他放浪形骸之外，内心却是自有狷介，一生不与司马氏政权苟合；也认识了年轻时爱用青白眼分别待人的阮籍，后来的他虽也不屑司马氏之流，却不似嵇康那般正面对抗，用老师的话说"仿佛是个人格分裂的典型"。两人截然不同的选择亦招致了大相径庭的生命轨迹，是非优劣老师倒并未品评，只留白给我们自己沉思。只是那时的我们还来不及思想太多，就被人物轶事的趣味性吸引了注意力，还记得有淘气的同学尝试再现阮籍的全白眼看人，引来"嘻嘻哈哈"笑声一片。少不更事的我们，想要感受那些由人生无常引出的悠远恐惧和莫名哀伤，终究像是隔着层蒙灰的玻璃。

对于我们的不知愁滋味，老师微笑不言，只是手指朝淘气的学生轻轻一指。此手势一出，我们便心领神会地收回神游的心思。从"奄忽随物化，荣名以为宝"到"思为双飞燕，衔泥巢君屋"，从"何不策高足，先据要路津?"到"为乐当及时，何能待来兹?"……老师又娓娓诵读起了属于那个时代的古诗。那些诗歌的力量实在是伟大的，让我们自愿静默地听，也使我们的灵不由自主地被击响震颤。听老师浑厚的嗓音诵读这一首首诗歌本就是一种享受，抑扬顿挫之间仿佛也能感到一丝生命的躁动，分不清是诗人的，还是自己的，只赶忙记下它们，生怕刹那间的感动会不慎溜走。

而那时在笔记本上匆匆记下的感动一直存着，直到如今留在了我的记忆深处，有时会蓦地浮现出来，引我再咀嚼。如今的我，年岁加增，涉世愈深，面对素未谋面的诗人的那番倾心吐意，才渐渐心有戚戚焉。生命苦短，是追求荣名以达不朽，还是寻觅理想的爱情以求慰藉，抑或是及时行乐以排遣死亡的恐惧? 这样的命题在我的生活里一旦遇到了，竟也不觉仓皇，仿佛生命早有预备。想来许是那些诗句带来的安慰，也或许是那些人事带来的勇气——原来早在很久以前，就已有人如此真诚地面对这些困顿，已有人如此无畏地用生命活出自己的信仰。

北岛说："传统就像血缘的召唤一样，是你在人生某一刻才会突然领悟到的。"传统文化的传承、人文知识的灌输是老师讲座一以贯之的主线。无论当时的我们能否领受，老师的坚持想来是透着一份自信力的，自信我们未来人生的某一刻定会与此传统相遇，而到那时，昔日埋下的种子早已深扎于心，亟待生长。

关于那些人生命题的解答，老师的留白现在想来也是一种智慧。他的不予置评是为启发我们的独立思考，愿各人得出自己的答案，然后按着自己的步伐，走自己的路。

电影结束时，"死亡诗社"终究还是消解于秩序中了，在山洞里击节而歌的动人场面不复再现。只是最后一幕——学生们目送基廷老师离开时，纷纷站上课桌，高喊"船长，噢，我的船长"，那个瞬间又分明在宣告，秩序已然被打破，自由与独立的意识已然被启蒙。

不知有多少人，看完《死亡诗社》后会生出哀叹，也不知有多少人能像我这般幸运，拥有自己的"基廷老师"，自己的"船长"。我只知道，求学路上若是能遇上这样一位"船长"，便有生命的帆扬起，在怒涛中它做我们心内的平安。

中国古典文学与文化讲座实录选（三）
春花秋月何时了

词的重要价值

樊老师：今天我们将走近冯延巳和李煜。在这之前，我们先要探讨一个非常重要的问题，就是词的重要价值。讲座至今，同学们也读了不少的诗词。你们觉得诗与词在表现内容、表现力，还有风格上有怎样的区别？可以说说自己的直感。

同学：我觉得词更加世俗化。

同学：词较有乐感。

同学：特别是词比较有音韵。

同学：我觉得诗读起来庄重一点，词更媚一点的感觉。符合评论家说的"诗庄词媚"。

樊老师：诗庄词媚，这个词用得很好。这个媚字更通俗化，可能还包括那样一种风格。是什么样的风格呢？谁来说说看？

同学：词相对而言，因为没有诗的气势，可能……

樊老师：说词没有气势，那豪放词呢？

同学：婉约派。它就写一些儿女情长。

樊老师：好的，现在来看看这样一种解说，大家能不能认同；刚才大家的理解，能不能更进一步。

第一，过去对词的认识。人们长期认为：诗是雅正的，而词是通俗的甚至低俗的。王国维说词是雅正的或是淫靡的，是在它的精神，不是在它的外表。这使这个问题更加深入了，不是外表，而是精神问题。

第二，王国维在《人间词话》中说道："词之为体，要眇宜修，能言诗之所不能言。"又说："诗之境阔，词之言长。"有的时候很难用其他的语言来表达，非常简洁，我觉得说得非常有道理。诗词各有它们所擅长的地方。诗可以说阔，一种阔达、广阔的境界，而词在于一种绵长的感觉。

第三，诗和词都能表达情感，但是刚才有同学也说了词所表达的情感似乎更加细腻。当然豪放派的词也可以"言志"，但不是主体。中国人写诗是带着中国"诗言志"的传统观念来写的，它属于比较显性的一种意识，它往"思想"这个高层次的方向去走。而词所表达的情感是一种潜意识的，可能就没有伦理、道德、哲学思想，那种非常高远的一些东西束缚。这些潜意识的表达可能往往反映了人最真实的一面。我们知道，人拥有的不光是显性层面的思想，他还有潜在层面的东西，而且这些才是情感的主体，词可以把这些情感反映出来。它可能更能反映人性当中很深邃的东西，这是词能流行、影响那么深远的重要原因。词通过汉语来表现潜意识的、深层次的东西，尽管它可能并不特别高雅，但它可能是更加深的东西。

第四，通过西方现代符号学的角度来揭示词的意义，供大家参考。符号学起源于语言学家索绪尔，他认为语言作为符号的表达，分"能指"和"所指"。比如我们说铅笔盒，当我们用铅笔盒这个概念说出它的时候，和铅笔盒这个物体本身是完全一样的东西吗？一定是不一样的，它的"能指"一定大于"所指"，语言会产生联想，而原来这个物体没有这种联想。

那么符号有两种必要的作用，一个文本形成了一定的符号序列之后，可以有两个角度去看它，一种是语序轴，一种是联想轴。一首词的词语、词牌、押韵、平仄，构成了意思大概的流程，这就是语序轴。而联想轴是指词语放在整首词的语境中所产生的特殊的联想。比如"小山重叠金明灭"这句词中"小山"这个意象，初读时你会联想到连绵起伏的山岭，"金明灭"则想到它金光闪闪的样子。而读到后一句"鬓云欲度香腮雪"后，你发现写的好像是女性，你会想到前一句到底写的是什么呢，和这一句有什么关系呢？这个就是所谓的联想轴。联想轴也是因人而异的，一个外国人会认为："小山"可能是屏风外面的景物，或者一幅画。可是有一定文化积累的中国人会想到，这个小山应该是指古代女子像小山一样的发髻。

当你把语序和联想两支轴同时推进的时候，会产生一种特别的艺术效果。你的思想情感会随之发生一种变化。任何一首诗、一首词、一篇文章，其中的词句由于你的参与发生了一些变化，你的感受和别人的感受一定不一样。比如有一定积累的人会想到的和没有这些积累的人想到的就不同，但没有积累并不代表想到的就是错的。这也就是所谓的"一千个读者就有一千个哈姆雷特"。

每个人的语序轴是固定的，但联想轴各不相同，于是就产生了很多不同的观点。在当时西方"新批评"盛行的时候，强调"作者原意雇佣论"。所谓"作者原意雇佣论"就是说我们不要一定去看作者是怎么样想的。现在中学的语文教育整体来说都是"反映论"的表现，将文学作品的主旨中心归于反映社会的某个问题，比如批判西方资本主义社会，揭示人们虚荣；批判封建社会人们思想的落后等等。而站在现代批评学的角度来说，这些都是毫无意义的。作者并不是最重要的，一切的作品一定要透过读者的解释和欣赏，它的美学价值才可以成立。

后来有一种专门的美学叫"阐释学"，是在符号学的基础上建立起来的。它专门研究一个文本出现了以后，它怎么被人们认识、阐释的。还有一种美学叫"接受美学"，它更强调读者的作用，分析不同的读者群，人不同作品的含义就不同。任何一个作品当它诞生以后，所产生的含义可能是无穷无尽的，随着时代的变化可能会产生新的阐释意义。比如我们现在理解《红楼梦》，会说到封建社会末世之类的理解，那么是不是曹雪芹当时就这样想的呢？我想他至少没有封建社会的概念吧！但我们现在这样想可以吗？可以，有道理。他可能在潜意识里意识到这是一个末世，但他一定说不出来，一定没有这个概念。但我们不能因此说我们这种理解是错的，或者说我们一定要挖掘它的原意。一定要弄清作者的原意，你说可能吗？尽管我们可以往这个方向努力，但不可能完全一样，这也是文学艺术的魅力所在。

好，补充这些知识也是希望大家在理解词的时候要更加注重联想，不要局限于词的本身或是它的主旨中心。词比诗更容易形成衍生意，衍生意是本意基础上衍生出来的意思，且与本意同存于语言系统中。词可以产生的联想更加丰富，它可能产生了一些更加复杂的意象、感受和认识。

从《韩熙载夜宴图》 看南唐风云

樊老师: 下面我们通过这幅著名的《韩熙载夜宴图》来了解南唐的故事。

这幅图的宋朝摹本现保存在北京故宫博物院。它的作者是南唐著名画家顾闳中。他当时创作这幅画其实是被李煜任命,以客人的身份"潜伏"到韩熙载家中,所以不能当场作画,而是观察暗记下当时的情景,回去之后通过回忆画成的。

冯小刚有一部电影叫《夜宴》,他套用的就是韩熙载夜宴的故事,可见这幅作品的影响还是很大的。《韩熙载夜宴图》是由五个场景所构成的画。画里有四十多个神态各异的人物,像蒙太奇一样地复现出来,分成五段,每一段以一扇屏风作为自然的隔界。

我们来看第二幅的这个片段。韩熙载亲自击鼓,在跳舞的是当时非常有名的舞蹈家,还有人吹笙吹箫……仔细观察,这里特别把"韩熙载图解"列在这里。同学们,韩熙载给你的感觉是什么?在这个歌舞升平,充满着艳丽华美的音乐,动人的舞蹈,一片莺歌燕舞的、美丽的、奢华的、繁荣的夜宴场景中,你发现韩熙载是以一种怎样的心境在看着这些沉醉在美好的艺术、华美奢华的生活场景之中的人们的?谁来说说看?

同学: 忧郁。

樊老师: 对。我们同学发现了,你看韩熙载的眼神里,无论他是在击鼓,还是在看,还是在休息,都有一副忧郁的神情。注意看,第四幅画面里已经敞怀了,摇着扇子,说明是夏天,天很热。前面是官服,后来是便服,再后来敞怀,当然送友人的时候他不能再敞怀了。我们看到了他表情的统一性,但是也看到了他衣着发生着变化,这说明了什么?我们翻看一下前面的画,开头、高潮、休息、尾声、送行,五幅画非常有节奏感,好像就是一个音乐的乐章。这个衣服的变化你们发现了什么?为什么衣着越穿越少?那么随便?你们可能缺少相关的历史知识,但是可以推测。注意,李煜为什么派两个画家到韩熙载家里去,然后把他都画下来?那么韩熙载知不知道会有人画他夜宴的情景呢?有同学点头了,你是怎么想的?

同学： 他可能是故意要表现出沉醉在歌舞升平中。

樊老师： 你为什么要做这样的推测?

同学： 因为他眼神里表现出忧郁，但是他的行为却表现出相反的方面。

樊老师： 好，注意观察。我们后面会请别的老师来讲宋画，会讲得很细。但是我希望你们能够去推测，去感受，这个画里面隐含的人物复杂的情感。他的外在的东西和内在的东西显然是不一致的，那我们可以想到他外在的东西可能是有意识表现的。作为一个特别有钱、地位特别高的人，尽管他也可以在家里比较随意一点，但是不是大家也会觉得有点奇怪? 他在有那么多客人的情况下竟然是这样子的表现? 所以，这个巨大的反差让我们反思，为什么? 还有，李煜为什么要派两个画师潜入他们家，就是去看一看韩熙载一天到晚在家里干什么，他到底是什么心思，他到底对朝廷是什么态度。大家猜猜，这幅画后面的结局是什么呢?

同学： 赐死。

樊老师： 啊? 赐死? (笑) 好可怕! 你们把李煜想成如此歹毒之人，受了现在影视作品的影响了，一天到晚就是权谋，很可怕，我们现在人就是这样。再推测一下，还有没有别的。

同学： 罢免。

樊老师： 不放心他? 不是的。还有吗?

同学： 继续放纵。

樊老师： 继续放纵他，让他继续这样歌舞升平。还有吗? ……没有结局，结局是没有结局。韩熙载就在这样的景况下死去了，南唐也在这样的景况下走向了灭亡。我们不知道韩熙载最后临死时的心情怎么样，但是当时的水相徐锴临死时说了这样一句话："吾今乃免为俘虏矣!"他的这句话代表的不仅仅是他自己，更是像韩熙载一样的那些大臣，甚至是国君，包括那些歌妓——如果有点思想的话。这就是南唐的末世，所有的人都知道这个时代要结束了，谁好像都觉得要改变它，可是却没有办法改变它，眼睁睁地看着它由繁荣、昌盛，充满了浮华、漂亮、美丽，一切美好的东西都存在，然后可能突然一个晚上你醒来，变天了，这个世界已经结束了。

李煜词赏析

樊老师：《人间词话》里说道："词人者，不失其赤子之心者也。故生于深宫之中，长于妇人之手，是后主为人君所短处，亦即为词人所长处。"李煜是个悲剧性的政治家，但他却是一个最完美的艺术家，他在政治上的短处却成为在词人上的长处。因为他生于深宫之中，长于妇人之手，因此他的感情如此的真挚细腻。李煜词将动态的情感呈现为词的意脉，流畅连贯，不多用辞藻，意象选择精心，结构设计也很巧妙，与情感表现融为一体。李煜的词平白如话、一看就懂，但是又特别打动人的内心，这样的词就特别地完美。

我们来看这一首，邓丽君曾将这首词唱成曲。大家来读一下，不要局限于他个人的悲苦，想想他是不是表达了一种普世性的东西，而这些悲痛当中又有些什么区别，它好在什么地方，它动人在什么地方，一起来感受！

同学（齐朗读）： 林花谢了春红，太匆匆，无奈朝来寒重晚来风！胭脂泪，相留醉，几时重？自是人生长恨水长东！

樊老师："自是人生长恨水长东"不仅仅是李煜的人生，所有人的人生不也是这样吗？或者是将来的某时某刻，也许以前的某时某刻，突然会有这样的一种感觉。一切都会凋谢，一切如此匆匆，总是朝来寒重晚来风，那些美好的东西化作泪水，相留醉，沉醉在这一切，是每一个人都可能有的吗？

非常简单的词句为什么那么打动人？最后一句"自是人生长恨水长东"中用了两个"长"字，这种手法不知道老师有没有提到过，大家可以把它记一下，叫"叠字衔联"，用同样一个字衔接起前后联。"叠字衔联"是我们古诗词当中一种特别的手法，通过汉字音韵的相叠，同时表现水流永远向东流、永远不停止，人生的恨和愁苦永远不停息，这样的一种感受。

那么我们再来看这一首《浪淘沙·怀旧》，凡研习宋词的人都认为这是最绝顶的词之一。

同学（齐朗读）： 帘外雨潺潺，春意阑珊，罗衾不耐五更寒。梦里不知身是客，一晌贪欢。独自莫凭阑，无限江山，别时容易见时难。流水落花春去也，天上人间。

樊老师： 为什么这首词那么好，可以打动那么多人？正是因为无论你在人生的什么时刻读到它，你都会发现，原来每个人都不可避免地面临着这样一种悲哀，面临着这样一种境地："梦里不知身是客"。我是谁？我们来自哪里？我要到哪里去？这似乎是人生永恒的追问，人总会在某个时刻突然追问这个问题。

李煜对这个问题给予了一种回应，这个回应就是所有人都可能面临的悲哀和命运。什么命运？这首词就是有命运感，什么命运感？"一晌贪欢"。一晌很短暂，但是出于人都有的"贪"——为了一时贪欢，结果"梦里不知身是客"，"无限江山，别时容易见时难"。这"无限江山"当然实指的是南唐江山，但是虚指的是什么？所有人面临的是什么？你的人生的无限江山或许永远不能再相见。现在在高中的同学，你们美好的初中生活能再相见吗？永远不能。现在在初中的同学，你们从儿童逐渐成为青年，还拥有最淳朴快乐的生活，但是同时，那些美好的东西终究要像"流水落花春去也，天上人间"。这"天上人间"有好多种解释，一种是：天上人间永远相隔；还有一种意思：毕竟是人间，你不是在天上。他其实写出了人的有限性，然而人永远在追求无限，这就是人的本性。追求无限和人的有限，这种矛盾永远无法解决，这是人类的命运。李煜伟大就在于他写出了人类的命运，所以这是李煜词里最出色的，也是中国词里面最出色的一首。

李后主把亡国情感扩大成为对生命的一种繁华幻灭之间的一个最高的领悟……每一个人自己就是"梦里不知身是客"，我们今天就是一个被流放的形式，我们今天就是一个被宅居的形式。这是《蒋勋说宋词》里的评论。我们不知道那个归宿在哪里，所以我们是在梦中，在梦醒之间，这个身体有一天要到哪里去，我们其实不太知道。你将来的命运、将来会成为什么，也许不太知道。"梦里不知身是客，一晌贪欢。"大概是在整个中国文学史上，它的宗教感和哲学感是最强的。当然我们每个人都可能要思考这一生我们的归宿何在！

王国维在他的《人间词话》里这样来评价李煜的词："温飞卿之词，句秀也。韦端己之词，骨秀也。李重光之词，神秀也。"李重光即李煜，为什么能称他的词为神秀？然后他（王国维）又说："词至李后主而境界始大，感慨逐深，遂变伶工之词而为士大夫之词。"他又说："尼采谓：'一切文字，余爱以血书者。'后主之词，真所谓以血书者也。"王国维认为，李煜是以血写书的人。他比较宋徽宗，认为远远不如李煜。他接着说："后主则俨有释迦、基督担荷人类罪恶之意，其大小固不同矣。"他认为李后主俨然像释迦牟尼、基督一样担负着人类的罪恶。

后面王国维说道："词以境界为最上。有境界则自成高格，自有名句。五代北宋之词所以独绝者在此。"就是认为，李后主的词是有境界的。李后主之所以一扫花间之气，关键在于他的词有优美的意境、纯真的情感、心灵的独白。更可贵的是，他往往透过一己之悲慨，上升到对人类共有情感本质的探索，从而使其所抒发的情感具有深广的涵盖性。

李煜可能是中国文学史上一个罕见的例外。中国古代文学始终有一种追求中庸和谐的精神倾向，不是特别的大悲大喜。中庸确实有种美，但是李后主给我们一种特别的东西。中庸之美往往缺乏一种因灵魂的折磨而带来的情感痛苦和悲剧意识，缺乏一种面对现实生存困境的自我探问和人生追求，缺乏一种敢于坦露自己的深层心理、自我剖析灵魂的勇气。李煜却不是如此，由于他那特殊的经历，使他的词呈现着另一面目，要么，全身心地去拥抱欢乐，要么，时时在拷打着自己的灵魂，对人生展开一番彻底的追究。从这个角度上说，李煜可能是中国最伟大的诗人。

最后，我们用唱《虞美人》来结束今天的讲座。

同学（众唱）： 春花秋月何时了，往事知多少。小楼昨夜又东风，故国不堪回首月明中。雕栏玉砌应犹在，只是朱颜改。问君能有几多愁？恰似一江春水向东流。

樊老师： 我们在这首乐曲当中送走了李煜，也就送走了唐朝的余韵，迎来了北宋——另外一个中华的盛世。让我们在歌曲之中来遥想另外一种美，再见。

学生反馈

摸冰块的孩子

李永博　中国人民大学

在北京的书店翻阅画册，偶然间瞥见了那幅著名的《韩熙载夜宴图》。往日的记忆牵扯着思绪，不由得想起了先生以及那段在人文讲座家园里的时光。

先生在讲南唐文学的时候，我刚上高一。课内所谓的文学阅读几乎近于空白，先生这次特意先从欣赏《韩熙载夜宴图》开始，那是在先生不大的书房里。一台笔记本电脑前簇拥着十几个小脑袋。先生的手指一会儿比画这儿，一会儿移到那儿，提醒我们注意画上的一个个细节，如韩熙载的表情，艺妓的姿态，屏风的妙用等等，嘴里也毫不懈怠，南唐往事娓娓道来，这幅画的来历、韩熙载与李煜的特殊关系、宋与南唐的政治较量等等。我从未知晓这段"逸事"，坐在后排的小板凳上也看不清屏幕，所以既不觉得画得好看，也不觉得有丰富的意味，但隐约间感到一点说不清的有趣和好奇。先生见多数人和我一般的无动于衷，无奈下只得敦促我们记下"韩熙载"，回去再查阅资料温习。我哪里听闻过韩老先生的大名，不敢声张，瞅瞅四方，竟迎来一双和我一样困惑的眼睛，扑闪扑闪。

这样的一个记忆片段，没有随着时间流逝，反而在时间的洗礼后更富有了回味和遐想。我第一次走进这幅名画的时候，就像《百年孤独》里那个第一次摸冰块的孩子。

困惑和好奇的背后，一只懵懂稚嫩的手小心地抚摸着伟大的作品。在稚嫩与伟大接触的瞬间，一种不可言说的美妙被共同创造。稚嫩感受一种崇高的存在，伟大也延展一片广袤的包容。虽不能立即领悟其全部的意义，内心却自发地有一个声音，召唤着灵魂去追随崇高。就像在那个晚上之后，所谓"雕栏玉砌应犹在"，所谓"一江春水"才开始真正流入心间……

直到现在，我依旧神往于看似歌舞升平的韩熙载夜宴。偶尔间超脱尘世的浮躁，心无旁骛地揣摩庄重不苟的面容之下的忧虑愁思，感慨李后主凄美愁肠的亡国绝唱。

直到现在，我也依旧醉心于讲座里讨论的陀思妥耶夫斯基的深刻的灵魂审问。人性之底的剖析走向了罪感和救赎，一瞬间拉近了我与上帝的距离。

直到现在，我也依旧为那时先生朗读的《柳子厚墓志铭》所感动。当下社会的世风日下、人情冷漠，敌不过昌黎先生为子厚的一声悲叹疾呼："呜呼！士穷乃见节义！"

这种美妙的生命体验在我的记忆中还有很多，它们如此深远地影响着我，以至灵魂烙上了深深的生命契印。

先生引领着我走近人类的文明长河，与深邃的思想结识，和真挚的情感产生共鸣。我这样一个摸冰块的孩子，手指划过冰面的瞬间与伟大的作品建立了联系，烙上了一个个独特的生命契印，在灵魂的深处回响，在生命的某刻闪耀。透过这些生命契印，我在单一化的生活之外发现另一个所在，在这里生命摆脱了固化的模式，展现了丰富多彩的呈现方式。在这里思维挣脱了固有的枷锁，探寻另一种意味，想象另一种可能。

柏拉图认为人的灵魂中存在一种理念。所有的事物在理念中拥有最完美的形态。先生的教化莫不是揭开灵魂中的遮蔽，让懵懂的我第一次直视最完美的理念。黑暗的洞穴第一次被火光照亮，所带来的诧异足够促使第一次灵魂的转向，离开幽暗的洞穴去追寻火光的源头。

多年以后，我将会回想起先生带我去见识冰块的那个遥远的晚上。因为先生的教化，我才不至把平庸当作崇高，把卑鄙视作高尚。因为先生的教化，我才不至把壅塞闲言和轻肥喧哗当作丰裕明见。因为先生的教化，我才不至在黑暗的荒原上载歌载舞，在贫瘠的大地上欢呼雀跃。正如赵越胜先生所言，让肉体焕发出精神，是每一位燃灯者的生命本色……

（原文发表于《教育家》2012 年 11 月）

中国古典文学与文化讲座实录选（四）
落花风雨更伤春
——宋婉约词

引入

樊老师： 对于晏殊，当代的文人有一些评价。在这里给大家介绍三种观点：章培恒、骆玉明认为晏殊"意蕴单薄、感情柔弱"；叶嘉莹认为"他是以自己敏锐、真纯的心灵去体会那种人类共有的苦难和悲慨"；蒋勋则认为"晏殊是圆融的观照"。章培恒、骆玉明是复旦大学著名的教授、文学评论家，他们共同编写了《中国文学史》，在 20 世纪 90 年代及以后影响非常大。叶嘉莹大家很熟悉了，我们过去也推荐过她的书，她是台湾文化背景，著名的教授。蒋勋是一个通俗的艺术评论家。

同学们比较同意谁的观点呢？我们来做个小调查，认同第一种观点的请举手……第二种……第三种……看来认同第二种观点的很多，一会儿大家可以结合诗句来讲讲为何是一种悲慨，以及什么叫共有的苦难。

《蝶恋花》赏析

樊老师： 这里，我们看一首晏殊的《蝶恋花》。我们大多数同学虽然没有学过，但可能都听说过。一起米诀 读，体会一下其中表达的离愁别绪。

同学（齐朗读）： 槛菊愁烟兰泣露，罗幕轻寒，燕子双飞去。明月不谙离恨苦，斜光到晓穿朱户。昨夜西风凋碧树，独上高楼，望尽天涯路。欲寄彩笺兼尺素，山长水阔知何处。

樊老师： 我们都知道，这首词中"昨夜西风凋碧树，独上高楼，望尽天涯路。"后来被王国维引用作为治学的第一境界。其实这首词原先表达的是离情别绪，但是我们读来会显得特别大气，那么晏殊是如何将这种离情别绪写得如此大气的呢？刚才提到叶嘉莹评价晏殊的词表现了"人类共有的苦难和悲慨",也有不少同学表示认同,有同学结合具体词句谈谈自己的看法吗?

同学： 我认为最后一句"山长水阔知何处"有一种无奈,想要寄信却不知道往何处寄,分别可能会再见也可能永远都无法相见。

樊老师："人的不知何处"是一种不可改变的状态。即便现在我们在一个城市,假期里同学要见个面也不容易。我的学生毕业了,很可能就住在附近,可是我这么多年也未必会见面,大都市里的人是忙忙碌碌的。那我们想想古代呢?古代的离别是什么?客观条件导致了见一次面非常艰难,人一走,很难再相见。"独上高楼,望尽天涯路"把天下都看尽了,也看不到自己的亲人、友人和爱人,那是怎样的一种悲凉?所以才有结尾"欲寄彩笺兼尺素,山长水阔知何处"——信都不知道往哪儿寄。如今我们有微信、微博和其他各种联系方式,可是真的发生了什么事情,又不知该找谁。人与人之间的距离感并未因为科技的发达而缩小,甚至越来越远。这可能是人类的一种无法避免的悲剧。

《浣溪沙》赏析

樊老师： 我们再来看另外一首《浣溪沙》,大家先一起来读一下。

同学（齐朗读）： 一向年光有限身,等闲离别易销魂。酒筵歌席莫辞频。满目山河空念远,落花风雨更伤春。不如怜取眼前人。

樊老师： 如果按照传统看法,这首词会受到批驳,因为它创作于一个什么样的状态?

同学： 酒筵歌席。

樊老师： 沉浸在歌舞之中,不思进取,甚至堕落。可是我们换个角度来看,从叶嘉莹的角度来看,这首词中哪一句打动了你?

同学： 不如怜取眼前人。我觉得这一句和下阕的另外两句是在抒发他的愁苦。最后一句,可能是告诉自己不要去想起那段愁苦。

樊老师： 他是故意在回避?所以才不如怜取眼前人。那么这个眼前人又是谁呢?

大家想想，在那个年代，这些诗词大都是在青楼会馆写就的。我们要知道当时的观念与现在不同，去那些场所并不是去嫖妓。所谓歌妓，如日本的歌舞伎，他们是保留了唐宋的遗韵。像范仲淹、欧阳修，这些我们所认为的正派人士的许多诗词也都是为歌女写的，都不是作为严肃的文学作品。当然，眼前人也可以理解为自己，怜取自己，也可以包括怜取朋友、亲人。那么为什么在这一句中能看出悲慨呢？

同学：我觉得就是自己想见的人却见不到的悲慨。

樊老师：一向年光有限身，等闲离别易销魂。什么叫有限身？生命有限，谁都有一死，谁的青春年华都是短暂的。为什么"等闲离别"呢？"离别销魂"好理解，他说成"离别易销魂"，你能接受吗？"等闲"是什么意思啊？也就是说离别也没什么呀，不过是等闲之事，他怎么还会说"等闲"？你能理解吗？这正是这首词最伟大的地方，或者说特别动人的地方。他把这些离别当成等闲，也就是说这是不可避免、不可改变的，这一定是一种悲剧。但是他做什么选择？"满目山河空念远"，也是"空"，不是你可以把握的；"落花风雨更伤春"，春的离去、美好的东西的离去，也是不可把握的。那么在这些不可把握面前，你要有一种什么心态？他觉得是等闲的心态，"不如怜取眼前人"。可如果仅仅是这么一个标签，这首词的特别突出、伟大的地方就被掩盖了，谁能说一说？不用"乐观"这个词。

同学：想象他写这首词的时候的环境吧！有爱人在远方，他很相信她，隔这么久看到眼前跳舞的歌妓，他想他等了爱人这么久，抒发了一种感慨一种无奈，他不会去怜取眼前人，还是会想着他的爱人。

樊老师：那你认为他是带反语的意思吗？

同学：不是，就是他不想这样，不能这样。

樊老师：喔，这样大家是不是理解了一点？还有吗？

同学：他不想为自己见不到的人而去销魂。

樊老师：不仅是见不到的人，包括对时光的感慨。他有没有特别强调光是见不到某一个人啊？没有。"一向年光有限身"，人生是非常有限的，这个美好的时光太短暂，时光易逝，青春美好的东西都会很快消逝。

同学：我觉得这像一个人类的通性，失去以后才懂得去珍惜，特别是这种已经失去的、或者得不到的就会引发特别强烈的感慨，但反而正当年的时候却不懂得去珍惜。"不如怜取眼前人"，我觉得有一种珍惜当下、活在当下的感觉。

樊老师： 离他想表达的那个比较深的东西又近了一层。

同学： 词中所说的"眼前人"看似是"眼前人"，可是数年后可能又是一个轮回，又变成了很遥远的距离，又变成陌路人。那个时候又会出现"眼前人"。这样反复的一个循环，这是一种慨叹，慨叹世事无常，慨叹命运难以改变。

樊老师： 很好，初三的同学能理解到这个程度已经很不容易了。大家因为对西方现代主义的一些东西没有了解，所以我简单地为大家介绍一些，对理解这首词可能有所帮助。西方有一种现代主义的思潮叫存在主义，存在主义建立在对世界的完全悲剧性的认识上：上帝死了，人类像西西弗斯一样推着一个永远推不尽的石头，推完了然后石头掉下来，什么意义呢？人类又是必须要去追寻的，存在主义强调的正是这种悲剧。任何思潮都有存在的背景，它同时点到了一个非常深刻的东西，在人类所不能避免的悲剧面前，晏殊用词的形式表达他的理解和人生态度。我们可以从中反驳传统对晏殊的认识，传统认为他是有闲阶级，认为他很悠闲，于是写了逢场作戏的那些词。我们发现，尽管这些词是诞生在这些时候，但是没有一首词是自怡之作，可见填词纯粹是为抒写自己的性情，不是为应酬而作。那么我们能够想见，这是能够生发自他的内心深处的东西、生发自灵魂的东西。晏殊与李后主不同，李后主也是面临着人生的悲剧，甚至是本质上的悲剧，不仅仅是国仇家恨的社会政治的表现，在面对悲剧的时候李后主是全身心地投入它，在悲剧中表现悲剧的精神。"梦里不知身是客"，这是李后主最经典的话之一。那么晏殊是怎么做的呢？他没有沉溺之中，而是马上回来，他要找到一种安慰和排解的方法。如果我们认识得更高一层，是不是不用安慰排解，因为这还是一种消极的。我们能不能认为这是一种积极的？存在主义就是积极的，这是悲剧，正因为此，我要做。这好像有点悖论，请同学们先知道一下。

结尾

最后我们朗读欧阳修的两首词，结束今天的讲座。第二首词是他回忆当年的情景。把两首词连在一起（朗读）可能会有更多更深的感受。

同学（齐朗读）：《蝶恋花》庭院深深深几许，杨柳堆烟，帘幕无重数。玉勒雕鞍游冶处，楼高不见章台路。雨横风狂三月暮，门掩黄昏，无计留春住。泪眼问花花不语，乱红飞过秋千去。

《浪淘沙》把酒祝东风，且共从容。垂杨紫陌洛城东。总是当时携手处，游遍芳丛。聚散苦匆匆，此恨无穷。今年花胜去年红。可惜明年花更好，知与谁同？

樊老师：今天没来的人，可以把这首词赠给他。

学生反馈

但愿人长久，千里共婵娟

何安婷　现于美国纽约大学

明月几时有，此景更难寻。中秋节吃月饼、合家团聚的习俗被代代传承，然而以诗会友，对影成双的意境却已无处寻踪。如今，我们仅能靠拾取古诗词中的只言片语来体会古人那悠长的情思，并结合自己的理解，还原出一首属于我们的中秋颂歌，总还留得稍许趣味。

其日恰逢教师节，昔日同窗及后辈们都早早围拢在了老师桌前。得知讲座同学们即将举行传统的中秋诗会，老师们也给予了我们充分的肯定与鼓励。此次高二排演的《孔雀东南飞》在上次只是进行了剧本的编定和对白的练习，关键的表演和舞台效果却从未演练过。因此几位主演早早抵达了音乐教室，与配乐的同学进行了高密度的排练。

《孔雀东南飞》中最精彩的部分莫过于焦仲卿得知刘兰芝被迫改嫁他人而急急赶去，在最后的分别时刻消除误会，相约黄泉的悲剧场景。然而两个主角的对白浓缩在短短的五言诗句中，为得其意味从而能更完美地演绎其中复杂变幻的情感，众人纷纷出谋划策，扣紧剧本而又不限于剧本，进行动作的编排。如文中焦仲卿误会兰芝变心改嫁，吼出"吾独向黄泉"的誓言之时，兰芝一番衷心表白换回了他的信任。此番误解中，焦仲卿的绝望愤懑，兰芝的委屈真挚，皆须有恰如其分的表情和动作的结合尚能完整地表达出来。而为了让主演们放开手脚，一次又一次的NG，我们都毫不灰心地从头来过。而有时仲卿实在找不到感觉的时候，急得直跳脚的导演和编剧们，包括兰芝都一齐想法激发他的感情。导演们通过深挖角色的心理让他对仲卿有更进一步的认识，而演技精湛的兰芝则亲身示范让仲卿模仿。

一个多小时的排演下来，作为导演之一的我为调动演员的积极性，大呼小叫着上蹿下跳，终也把嗓子弄哑了。然更让人心焦的是演出前的等待：因时间仓促，除最后一幕之外，其他戏只认真排过两三遍，且都只是片段，还没有真正串起来合过。中间会不会出现什么差错？会不会有演员忘记自己的戏份儿和删减过的台词？演出开始时，还是有状况发生了：旁白没有协调好，语速不一致而有些混乱。然而总体上演员的演出还是比较成功的，也让我心里放下了一块大石，专心欣赏起接下来的节目。

学弟学妹们的诗朗诵看得出都经过精心的准备，而樊老师的一曲《阳关三叠》更是让人沉浸在古人期望与思念并存的浓稠乡情之中。随后的诗句也十分发人深省，何处是故乡？若故人早已不再，故土也非原貌，是否仍值得回去？古人云"我心安处是故乡"，那么故乡是否只需存在于记忆的深处，便足以填补乡情？这些问题的答案，也许待将来去往异乡留学工作成了游子，可略微知晓一二罢。

于中秋节以诗会友，是第一次，也可能是最后一次了。这样文化体验的经历不常有，因以视频加文字的方式加以记录，聊以表达心灵与传统文化奇妙的契合。但愿人长久，千里共婵娟。通过讲座对中华文化一点一滴的传承，积小流，终将再次汇聚成为沐浴所有中国人内心的清泉……

西方文学与文化讲座实录选（一）
但丁《神曲》

樊老师： 大家想想，这部作品为什么叫作《神曲》？

同学： "神"是"神的"；"曲"是指"歌曲""诗歌"吗？

樊老师： "曲"字我们可以从它的文学形式上看，与"诗歌"有关，因为这是一部诗体巨著。"神的""神圣的"，是因为这部巨著的指导思想之一是基督教神学。其实这本书的原名是《喜剧》，当时的读者，也就是中世纪时期的读者，一看到《神曲》被它深深吸引，从充满苦难与恐怖的《地狱篇》，到自我救赎的《炼狱篇》，再到神圣瑰丽的《天堂篇》，随着但丁想象中的游程，读者感受到一种神圣的氛围，有的人就加上的"神的"这个词。而第一次这样与的人是薄伽丘，也就是著名短篇小说集《十日谈》的作者。薄伽丘、但丁以及彼得拉克是意大利中世纪文学三大巨匠。薄伽丘十分钟爱但丁的《神曲》，著有《但丁传》。

同学： 《神曲》原名《喜剧》，但丁这部作品是"喜剧"吗？

樊老师： 原名《喜剧》不是我们所理解的戏剧形式"喜剧"。其实在中世纪，古典时期的"喜剧"传统并没有保留下来，但丁也不了解这种文学艺术形式。之所以称为"喜剧"，是因为但丁在地狱目睹种种痛苦，经过平静的炼狱，最后一步步走向"光与爱"的天堂境界，可谓从"悲"到"喜"，根据中世纪的传统，称为"喜剧"。

同学： "地狱""天堂"我听说过，"炼狱"是什么？

樊老师： "炼狱"就是给灵魂洗礼的地方。根据基督教神学的划分：在《地狱篇》，但丁根据鬼魂生前所犯罪恶的不同等级，展现了相应的"惩罚"；在《炼狱篇》，因为错误较轻，灵魂可以通过不同的方式得到救赎；而在《天堂篇》，但丁游历了九重天，最后见到了上帝。在各个层级，但丁举的具体人物的例子大都是文学、历史、哲学、神话、圣经人物。因此，《神曲》是对古典世界和中世纪的总结，涉及神学、哲学、星相学、文学、历史、科学等多门学科，是一部百科全书式的作品。

同学： 但丁是独自完成这个游程的吗？

樊老师： 在《神曲》的世界中，古罗马诗人维吉尔带领但丁克服艰难险阻，游历了地狱和炼狱。维吉尔是著名史诗《埃涅阿斯纪》的作者，选择维吉尔做向导是因为他是但丁热爱的古典诗人；另外维吉尔作品中的英雄埃涅阿斯也曾到过地狱，所以维吉尔为但丁的创作赋予灵感，从这层意义上，也是他的向导。而维吉尔是由圣女比阿特里斯派来帮助但丁的，她自己陪伴但丁游历了天堂。但丁从小就爱慕比阿特里斯。比阿特里斯嫁给别人后，很年轻的时候就去世了，但丁因此非常痛苦。最后，他对比阿特里斯的爱升华成一种精神上的爱，这种精神之爱激励他去追求世间的美德，并探索宇宙的真相。但丁为比阿特里斯所写的诗歌集《新生》中就提出，人是因为自己的美德而高贵，而与是否有贵族血统无关。而在《天堂篇》中，在比阿特里斯的引导下，但丁明白了爱是宇宙的原动力。但丁在创作《神曲》的时候，因为政治原因被放逐，直到死都没能回到自己热爱的家乡佛罗伦萨。在颠沛流离的境遇中，对比阿特里斯的爱和对人类困境的思考与探索支撑着他，写作成为他与命运抗争的方式。

学生反馈

聆听《神曲》讲座，结缘意大利文学

杨琳　某外国语大学副教授、美国芝加哥大学意大利语言文学博士

　　初中时，樊老师的语文小组讨论的欧洲文学名著中，印象最深刻的一部是意大利诗人但丁的《神曲》。聆听樊老师的讲解，拉近了我与这部作品的距离，也结下了日后我与意大利文学的缘分。

　　老师初次提到《神曲》后，自己去翻看译本，觉得很难懂。语文小组的讨论中，樊老师结合但丁的生平和当时的历史背景，剥茧抽丝，逐层深入地讲解《神曲》的内容、结构和特点，让我感受到这本书是一个挖掘不尽的宝库，同时也对意大利文学产生了好奇心。

　　高中毕业，一直对欧洲语言文化很感兴趣的我，最终考入西安外国语大学意大利

语专业学习。在大学期间的"文学选读"课上，当外教安娜（Anna Mastrangelo）第一次带领我们读意大利文的《神曲》片段时，优美的音律打动了我，中学时跟樊老师第一次阅读《神曲》的情景又浮现在脑海中。西外新的教学大楼落成时，代表意大利文化的正是但丁的头像，我对但丁和《神曲》都充满了亲切感。

在美国芝加哥大学读意大利语语言文学专业的硕士、博士时，我有机会进一步走近但丁和他的《神曲》，跟随著名的中世纪文学研究学者及但丁专家保罗（Paolo Cherchi）教授，我学习了多门关于但丁的课程：第一门课讲的是除《神曲》之外的其他作品，如《论俗语》《飨宴》《帝制论》《新生》；第二、三门是分学期讲的两门课程，《神曲》的《地狱篇》和《炼狱篇》。回想起中学语文小组初次接触《神曲》的新奇，我为能深入了解但丁而感到幸运，甚至还有些感慨，忍不住给远在上海的樊老师写信，分享自己的学习感受。樊老师在回信中，不断鼓励我并告诉我他继续在上海办着语文小组，引领更多的学生体会阅读、思考和表达的乐趣。老师的坚持令我感动，想到曾经参加语文小组的自己，想到许多因讲座而改变人生的同学，想到正在上海参加语文小组的学弟、学妹们，那一刻，我有一种生命被连通的感觉。而把我们不同的人生阶段、不同时空的学子联系起来的人就是樊老师。

读博士期间，2005 年在意大利威尼斯"但丁《神曲》在东方"的研讨会上，我聆听了著名诗人张曙光老师的演讲，他将《神曲》用诗体译成中文。之后，我们一起游历了但丁的故乡佛罗伦萨，参观但丁的故居、但丁和比阿特里斯相遇的教堂、但丁墓碑所在的圣十字教堂。在围绕着"但丁"的文化行走中，我又再次想起了当年的语文小组，真希望有一天能与樊老师在意大利进行文化游走。

回国教书后，在四川外国语大学的新校区广场上，有一座字母组成的石雕，每一个语种要选一句话刻在上面。我作为学校意大利语教学负责人为意大利语选的是但丁《神曲·天堂篇》的最后一句诗行："L'amore che move il sole e l'altre stelle"，意思是"爱是移动日月星辰的力量"。樊老师对学生的爱推动了我们的成长；作为老师的我，也要将这种爱撒播给更多的学生！

西方文学与文化讲座实录选（二）
庸碌现实中非现实的梦《堂吉诃德》

我大学时好友对《堂吉诃德》爱不释手，毕业论文就定了这一部。一日宿舍里，我们怂恿他说说论文的开头，大家洗耳静听，他一本正经地念道："《堂吉诃德》一共两部，分上下册。……"大家忍俊不禁，他不为所动，继续道："堂吉诃德有两双眼，在上下册用着不同的眼睛看着这个世界……"有的人笑声停止了。最后老师给他的论文评为 A 档。多年过后，我们越发佩服同学的远见。

阅读《堂吉诃德》真是令阅读者难忘的经历。就像大家阅读的体验一样，初读者大多是这样的评论："很可笑，但我不知作者所写的目的就在于讽刺他的不合时宜，被骑士小说所害么？"有的同学思考后会发现："我们觉得堂吉诃德可笑，是因为我们站在一个充满'标准'的社会来看他。堂吉诃德的行为尽管不合逻辑，但比起许多碌碌无为的人来说，他拥有梦想并为此去努力实现的品质完全足以让人敬佩，特别是读到下册时。到底应该怎么评价这本书呢？"

可以说《堂吉诃德》象征着矛盾，就像人类自身一样，似乎永远无法揭开这个谜！海涅说，他每隔五年读一遍《堂吉诃德》，印象每次都不同。确实，一个人如果概读故事，他可能留下的就是一堆笑话，如果是一个缺乏阅读经验的初读者，还很可能被旧式小说的枝蔓、语言形式的不习惯而搞得厌倦异常。而对于语言敏感的人，可能会品味主人公风趣而含义隽永的对话，因此而有些入迷。但随着年龄、阅历、学识的增长，再感知这部作品，你会感觉原来的笑显得有些不对劲！如果再概览、回顾，可能你已无法笑得出来了！——所以后来的体验可能是——含泪的悲怆式的笑！

同学们可以随我们的讲座一起感知一下……

故事的梗概

　　堂吉诃德是一个瘦削的、面带愁容的穷乡绅，由于爱读骑士文学，入了迷，竟然骑上一匹瘦弱的老马驽骍难得，找到了一柄生了锈的长矛，戴着破了洞的头盔，要去游侠，除强扶弱，为人民打抱不平。他雇了附近的农民桑丘·潘沙做侍从，骑着驴儿跟在后面。堂吉诃德又把邻村的一个挤奶姑娘想象为他的女恩主，给她取了名字叫杜尔西内娅·台尔·托波索。于是他以一个未受正式封号的骑士身份出去找寻冒险事业，他完全失掉对现实的感觉而沉入了漫无边际的幻想中，唯心地对待一切，处理一切，因此一路闯了许多祸，吃了许多亏，闹了许多笑话，然而一直执迷不悟。他把乡村客店当作城堡，把老板当作寨主，硬要老板封他为骑士。店老板乐得捉弄他一番，拿记马料账的本子当《圣经》，用堂吉诃德的刀背在他肩膀上着实打了两下，然后叫一个补鞋匠的女儿替他挂刀。受了封的骑士堂吉诃德走出客店把旋转的风车当作巨人，冲上去和它大战一场，弄得遍体鳞伤。他把羊群当作军队，冲上去厮杀，被牧童用石子打肿了脸面，打落了牙齿。桑丘·潘沙一再纠正他，他总不信。他又把一个理发匠当作武士，给予迎头痛击，把胜利取得的铜盆当作有名的曼布里诺头盔。他把一群罪犯当作受迫害的绅士，杀散了押役，救了他们，要他们到村子里找女恩主去道谢，结果反被他们打成重伤。他的朋友想了许多办法才把他弄回家去。在第二卷中，他继续去冒险，又吃了许多苦头，弄得一身病。他的一位朋友参孙·卡拉斯科假装成武士把他打翻了，罚他停止游侠一年。堂吉诃德到死前才悔悟。

悲壮辛酸的一生

　　塞万提斯的一生似乎都是悲剧性的。他出生于一个贫困之家，父亲是一个潦倒终身的外科医生。因为生活艰难，塞万提斯和他的七兄弟姊妹跟随父亲东奔西跑，直到1566年才定居马德里。颠沛流离的童年生活使他仅受过中学教育。但他喜爱文学，阅读了大量文艺复兴时期的作品。

24 岁时他参加了西班牙驻意大利的军队，准备对抗来犯的土耳其人。他参加了著名的勒班多大海战。这次战斗中，西班牙为首的联合舰队的二十四艘战舰重创了土耳其人的舰队。带病坚守岗位的塞万提斯在激烈的战斗中负了三处伤，以至被截去了左手，此后即有"勒班多的独臂人"之称。经过了四年出生入死的军旅生涯后，他带着基督教联军统帅给西班牙国王的推荐信踏上返国的归途。

不幸的是途中遭遇了土耳其海盗船，他被掳到阿尔及利亚。由于推荐信的关系，土耳其人把他当成重要人物，准备勒索巨额赎金。做了奴隶的塞万提斯组织了一次又一次的逃跑，却均以失败告终，但他每次事败，总把全部责任独自承担，冒着被抽筋扒皮的危险，不肯供出同谋，海盗们慑于他的勇气、胆识，竟终未加害于他。1580 年亲友们终于筹资把他赎回，这时他已经 34 岁了。

以一个英雄的身份回国的塞万提斯，并没有得到国王的重视，终日为生活奔忙。他一面著书一面在政府里当小职员，曾干过军需官、税吏，接触过农村生活，也曾被派到美洲公干。但不止一次被捕下狱，原因是不能缴上该收的税款，也有的却是遭受无妄之灾。就连他那不朽的《堂吉诃德》也有一部分是在监狱里构思和写作的。

1605 年，塞万提斯 58 岁了，《堂吉诃德》第一部出版，立即风行全国，一年之内竟再版了六次。但这部小说却未能使塞万提斯摆脱贫困，更没有赢得文坛的地位。因为这本书在出版后属于地摊读物，他的价值也被认为仅仅是"逗笑"。当时评论家这样认为："塞万提斯不学无术，不过倒是个才子，他是西班牙最逗笑的作家。"同时对时弊的讽刺与无情嘲笑也遭到封建贵族与天主教会的不满与憎恨。1605 年 6 月的一个晚上，在塞万提斯所住的街道上，有一个行为放荡的贵族青年被人刺伤了，刺客逃走。塞万提斯听到呼喊声，就赶到出事地点，他看那人伤势很重，便与家人将伤者抬到自己的家里，由他妹妹仔细看护。不料，这位贵族子弟因失血过多死了。于是这位"堂吉诃德先生"的创造者正像堂吉诃德似的"行了侠"却惹了祸。地方法官以涉嫌杀人的罪名，将他全家一齐收进监牢。虽然过了不久，因为证据不足他们被无罪释放了，但这件事给他心灵上造成的创伤和给他全家名誉上带来的损害却是难以估量的。

1614 年有人出版了一部伪造的续篇，站在教会与贵族的立场上，肆意歪曲、丑化小说主人公的形象，并且对塞万提斯本人进行了恶毒的诽谤与攻击。塞万提斯赶写了

《堂吉诃德》第二部，于 1615 年推出。由于长期贫困，营养不良，他患了严重的水肿病，1616 年他在贫病交加中去世。

其晚年，法国大使特意打听他的情况，得到的回应是："一个小绅士，兵士，老了，很穷。"法国人很诧异："假如他迫于穷困而写作，那么愿上帝一辈子别让他富裕，因为他自己贫穷，却丰富了所有的人。"面对自己悲剧性的人生，塞万提斯说了这样一段著名的话："假定我竟有回天转运的本领，对过去的事我可以重新抉择，我宁愿伤残了身体，还是要参与那场惊天动地的战役。战士脸上和胸口的伤痕好比天上的星星，能指引旁人争取不朽的声名，应得的赞誉！"

了解了这些，大家大约会将堂吉诃德与他的作者联系起来吧！是的，我们无法回避塞万提斯对生命的追寻与他塑造的主人公之间的紧密的关联。同时大家应该注意《堂吉诃德》上下册创作的不同背景，使上下册阅读的感受和我的同学说的一样，是有区别的。

永恒的堂吉诃德——历代对之的认识

塞万提斯死后被埋葬在一家修道院的墓地里，除了妻子外没有什么人参加他的葬礼，墓地上也没有墓碑。至今也没有人知道他究竟葬于何处。塞万提斯死后二十年的 1835 年，西班牙当局才在马德里为他建造了一座纪念碑。可见在小说发表后的很长一段时间里，塞万提斯不为人理解，像大家初读的感受一样。西班牙菲利普三世在皇宫阳台上看到一个学生一面看书一面狂笑，就说："这学生一定在看《堂吉诃德》，要不然他一定是个疯子。"差人过去一问，果然那学生在读《堂吉诃德》。"塞万提斯不学无术，不过倒是个才子，他是西班牙最逗笑的作家。"也许这就是当时最有代表性的评价。

《堂吉诃德》最早受到重视是在 17 世纪的英国，小说家菲尔丁强调了堂吉诃德的正面品质。他指出，这个人物虽然可笑，但同时又叫人同情和尊敬。约翰生说："我们笑他时，自己心里明白，他并不比我们更可笑。"

后来，更多的人发现堂吉诃德值得敬佩的地方。歌德说："我感到塞万提斯的小说真是一个令人愉快又使人深受教益的宝库。"英国诗人蒲柏说堂吉诃德是"最讲道德、最有理想的疯子，我们虽然笑他，但也敬他爱他，笑自己敬爱的人，不带一点恶意或轻鄙之心"。这时的堂吉诃德更多是一个道德家，有很强的理性。这样他从被讽刺者成为被敬仰者。

在 19 世纪浪漫主义影响之下，堂吉诃德又变成了一个悲剧性人物。海涅对堂吉诃德是"伤心落泪"和"震惊倾倒"。拜伦则说："《堂吉诃德》是一个令人伤感的故事，它越是令人发笑，则越使人感到难过。这位英雄是主持正义的，制伏坏人是他的唯一宗旨。正是那些美德使他发了疯。"法国浪漫主义作家夏都布里昂则说："我只能用伤感的情绪去解释塞万提斯的作品和他那种残忍的笑。"

德国评论家希雷格尔把堂吉诃德精神称为"悲剧性的荒谬"或"悲剧性的傻气"。著名俄国文学家屠格涅夫特意写了《哈姆雷特与堂吉诃德》，将这两个文学经典进行比较，对堂吉诃德大加褒奖："堂吉诃德究竟表明什么呢？首先表明信仰，对某种永恒的、不可动摇的东西的信仰，对真理的信仰，一句话，对那种处于个人之外的真理的信仰……堂吉诃德整个人充满着对理想的忠诚，为了理想，他准备经受各种艰难困苦，牺牲生命；他珍视自己的生命的程度，视其能否成为体现理想，在世界上确立真理和正义的手段而定……堂吉诃德确实很可笑。他第一次想要解救无辜遭受欺压的人的尝试失败了，反而给无辜者带来加倍的灾难，这又何妨；堂吉诃德认为他面对的是凶恶的巨人，便向有用的风车发起攻击，这又有何妨……这些形象的滑稽可笑的外壳，不应使我们不去注意隐藏在其中的含义……我觉得主要的问题在于信念本身的真诚和有力……而结果却掌握在命运手里。"

俄国著名评论家别林斯基则说："在欧洲所有一切著名文学作品中，把严肃和滑稽，悲剧性和喜剧性，生活中的琐屑和庸俗与伟大和美丽如此水乳交融……这样的范例仅见于塞万提斯的《堂吉诃德》。"

回顾了《堂吉诃德》评价的变迁，我不知道大家是否知道我的用意？——我们读书往往被所谓"教科书"的看法所围。常见的教科书往往进行这样的评价：表现了人文主义者塞万提斯对封建时代骑士制度的批判，堂吉诃德当然是旧制度的典型代表，理应受到大家的嘲笑。大家怎么看，可以讨论一下……

我们从其前言及小说文中的表述可以看出，作者要扫荡荒诞的骑士小说，塑造堂吉诃德无非是讽刺骑士制度的荒唐，说明其必然灭亡的命运，这一认识有一定道理。但如果把堂吉诃德完全作为反面的形象，受到一味的嘲笑则是荒唐的。堂吉诃德对受压迫者深切同情，为解放他们不惜牺牲一切的精神无论如何无法否定，甚至可以说他有高度的道德感，他怀念原始时代人与人的平等，他在不牵涉骑士道时的言论显然是进步的人文主义言论。就像我的同学所说，那时他有一双特别敏锐的眼光。这如何笑得下去？

　　还有一种"教科书"式的解释认为，堂吉诃德是人文主义的先进人物，但采用了旧形式（骑士制度）。言外之意，按惯常的理解，人文主义符合历史发展规律，应该肯定，但旧形式当然应该否定。这样对这部难以评价的名著似乎可以一分为二，全面辩证了。对此大家也可以讨论一下……但我们要问，是否这仅是个形式问题，堂吉诃德完全以此为出发点，若说骑士制度是旧理想，其行动不管怎样也是旧的。那么怎么评价堂吉诃德的"先进性"？

　　这些分析都有一种惯常的思路，都习惯将文学人物评价与时代政治简单联系，一定要把堂吉诃德冠以某个阶级的代表，或某种历史发展阶段的典型代表，这种分析方式在过去极左横行的时代就是金科玉律，但这种"必然规律"在堂吉诃德面前似乎陷入空前危机。

写得沉重还是轻松——几点认识

一、 历史地看《堂吉诃德》

　　对此，我们首先沿着时代的线索思索。人们总是容易在时代的交叉点（人文主义理想与当时的现实）找到契合点，从而发现真理。从上次讲座我们知道，人义主义者在不自觉中打倒了传统的信仰——个人主义的极端发展造成人欲横流、道德堕落，心无所依，价值虚无的苦闷，时代需要诗人站出来高瞻远瞩地指明一条道路。《堂吉诃德》可以这样理解，塞万提斯把这现实的矛盾（人本主义的张扬带来人欲泛滥、社会问题）、"拯救时代的荒诞"拿出来供人们品味，让读者不自觉地投入其中，在"自己的笑"的矛盾中去思考人类的命运。

其次，我们从文本出发来看看。我的同学那句看似冒傻气的话"《堂吉诃德》一共两部，分上下册……"其实正是智慧的表现。《堂吉诃德》上下册前后文本可以说是滑动的，前部作者将堂吉诃德捉弄得很粗暴，处处充满嘲笑，如把乡村客店当作城堡，把老板当作寨主，硬要老板封他为骑士，受到捉弄还不自知，走出客店把旋转的风车当作巨人，冲上去和它大战一场，弄得遍体鳞伤。又把羊群当作军队，冲上去厮杀，被牧童用石子打肿了脸面，打落了牙齿等等——但随着情节的突进，作者的态度似乎愈变愈温和，特别到了下册，可以说第三次出行的一个个冒险故事变成展现其口才，先进的思想，渊博的学识，忠贞、勇敢、坚毅的精神的载体。这与读者的感受也恰好同步：读者从开始看到一个可笑的疯狂的骑士，慢慢思考他的心里想法，随情节而逐步感受到疑问、困惑以至同情，发现他疯中的执着，甚至悲壮！而对桑丘的观感也是一样，慢慢发现他傻中的可爱，痴中有黠，更有忠诚——他与堂吉诃德的关系形成一种对照关系。堂吉诃德满眼是济世救人的伟大理想，一眼只看到未来；出行冒险时，他仿佛搭上一双魔眼，眼前已无现实。而桑丘首先想到的是一家温饱，一切从经验出发，处处从自己现实出发。但就这样一个脚踏实地的人，却为贪图更大的利益，会一起去和那个"疯子"冒险，同样做出荒诞的行为。这足以让读者反思人欲的可笑。

从上下册成书的历程我们也发现，作者开始本准备写一简短的讽刺故事，却在三分之一处延长了。作者的态度从讽刺到无法割舍、同情以至思索，在笑中思考现实种种问题，人欲、理想追寻、命运等的必然规律。"怀着伟大骑士的灵魂，苦苦思索着无人能明白的理想，在庸碌现实中——想非现实的梦。"这是一种怎样的情怀？

第三，我们还可以从作者身世进行猜想，为什么塞万提斯把本可以写成小丑式人物的堂吉诃德加上那么多崇高的品质、伟大的理想，甚至不少就是作者自己的品质、思想，如堂吉诃德独自一人向340架风车拼命地"奋不顾身"与狮子挑战的勇气，堂吉诃德谈及社会政治、生活问题时的种种人文主义的看法——这些无疑都是塞万提斯自己的想法，而塞万提斯的一生悲壮理想追寻，在穷困潦倒的自己看来，难道不是堂吉诃德式的荒诞吗？他曾有的满腔热忱，此时在大家看来仿佛与堂吉诃德一样的疯狂！这是作者对人生的思考与感慨！是他面对人的命运的深挚叹息！正如他自己所说"用笑脸来迎接悲惨的厄运，伟大的心胸应该表现出这样的气概——用百倍的勇气来对付一切的不幸"。谁的人生不曾是满腔热忱的呢？曾拥有崇高的理性——开始堂吉诃德式的漫游；或者拥有普通的愿望——开始桑丘式的漫游，最终不是被认为疯，或傻？

二、 现象研究： 笑的背后（我们为什么要笑）

在发现《堂吉诃德》承载了这么沉重丰富的内涵之后，我们必然想到读《堂吉诃德》的历程本身也值得我们去研究思考，就是我们必须思考我们为什么会对"堂吉诃德"发笑？

第一，是笑堂吉诃德是虚构叙事吗？

因为现实中我们会认为堂吉诃德生活在虚幻中，那很可笑！——但笑完你是否会突然反思，与现实相反的虚幻的现实难道没有意义吗？首先主观情感也是一种存在，它时时存在，且不会永储在心里，会在现实的裂缝中付诸行为，使过去直通未来。再者人类发展史不断证明：人类总是在不承认既成事实，超越现实中进步的，过去的荒诞完全会成为现实。堂吉诃德为匡扶正义，追求真诚地幻想，为什么被功利现实的我们一味嘲笑？再者人类有虚构现实的本能：游戏、各种娱乐的形式、艺术等等莫不如此——而这一切导引人类不断进步，该受嘲笑的恰恰应当是貌似合理、正常的现实，它们因为与我们贴近，便认为合情合理。该被笑的到底是谁？……

第二，我们可能笑的是堂吉诃德渗透到骨子里的执着、严肃、坚韧。

可能有人认为执着、严肃、坚韧都要分情况对待，堂吉诃德太认真。而我们不禁要问，这些纯洁高尚的品质若总是分情况、区别对待，往往可能失去了它原有的力度和抵人心魄的力量，而人恰恰有种难以持久、难以把握限度的本性，儒家的中庸之道慢慢消解为缺少力量的一种学说是不是一种证明？况且人类的历史动力不正是这种坚决的，决不讲条件的坚韧吗？如果人们总是戏弄一切真诚执着，那么人类的精神世界将心无所依，永远游荡于荒原。

第三，"笑"是人的本性吗？

有了上面的分析后，你发现堂吉诃德很多方面不应"笑"，但我们还是会笑，难道人性本恶？笑其实并非只是嘲笑，它所承载的可能很复杂。我们一些对本体、世界本质的思考往往无法从人自身抽离，但就像每个人总是在一定时刻停下匆忙的脚步，或被命运撞击不得不低下高扬的头，拉开一定距离去静观人生。也就像所有人都如堂吉诃德和桑丘冲杀着，但此时你想休息一下，走出战场站在山头俯瞰，笑别人也笑自己，快乐愉悦地审视一切，当你在刹那抓住了生命的本质后，你可能会再投入新的冲杀——其实这就是一种大幽默的态度。或者说是人类不可避免的宿命！

当然，人类不能在笑的荒诞中生存，他需要前进的动力，可以说正是那不惧笑的堂吉诃德代表了人类真正的精神，人类真正的超越都需要像堂吉诃德那样承担起沉重的十字架，以心头的力量创造全新的现实，引发众人走向未来。可以说没有被笑者决不可能有人类！

艺术成就

最后，我们看看《堂吉诃德》的艺术力量。海涅曾说："塞万提斯、莎士比亚、歌德成了三头统治，在叙事、戏剧、抒情这三类创作里分别达到登峰造极的地步。"塞万提斯开创了西方叙事文学的很多传统。如在结构近似流浪汉小说——通过流浪、冒险路程串起一系列小故事，但《堂吉诃德》比一般流浪汉小说严密，各个故事不是为猎奇而猎奇。

第二，小说到处运用的强烈对比引人深思，它模仿骑士小说，却批判骑士小说，构成一种滑稽模仿的反讽效果，文本中这种手法比比皆是，如旧精神与新现实之间，善良动机与效果之间，理想与现实之间，从而构成张力十足的作品。

再者，全书既夸张变形又真实可信，那些看似荒诞不经的行动心理存在于全书的体系中是真实的，使全书重构一幅真实的艺术世界。这一点也像那个比喻：堂吉诃德有两双眼睛，观照着现实，却又仿佛看到遥远的未来……

努力做一个骑士

马丽英　复旦大学硕士、现为某跨国公司中国公司资金经理

灵魂正要起行，一个人的战争，注定匹马单枪……

读到这个诗行，想起16年前我们在复旦小花园跟随樊老师，以天地为教室，偷偷坚持读书交流的场景，不禁热泪盈眶……

还记得有一次讨论西班牙作家塞万提斯的《堂吉诃德》，老师像平常一样，叫我们谈谈阅读《堂吉诃德》的感想，许多同学立刻七嘴八舌地讨论起来，"不过是冒险类的骑士小说啊……"有的说："它也太长了，内容又荒唐——说实在话，没能读下去。"小洪干脆说："堂吉诃德真是个傻子！我纯粹把它当作笑话在读，不知为何成为名著?"

樊老师听了，沉默了片刻，教导我们说："《堂吉诃德》其实是有许多隐喻和深刻内涵的伟大著作。他看似是个荒唐的骑士，举着长枪冲向风车，是为了奉行他心目中的骑士精神，做拯救世界的英雄，虽然像鸡蛋砸岩石那样，明知道要玉碎，也要向风车冲去——因为在他眼中，那是骑士的道义！"有的同学听到这里笑起来了，说："樊老师，这不是很傻的吗? 他到底图啥呢?"樊老师把书本放在桌上，严肃地说："你们有没有想过，我们为什么会觉得堂吉诃德很傻很荒唐，其实有一点是这个世界，现代社会已经容不下纯粹的东西，堂吉诃德所演绎的纯粹的骑士精神，会被人们当作是荒唐的，因为我们社会已经无法接受这样纯粹的人了，这难道不是我们社会也有问题吗?"当时初二的我们，听了这些陷入了沉思。

后来讲座搬到了樊老师家那个狭小的书房，大家围坐在一起听老师讲解名著，一起讨论读书心得。当时的我听着《浮士德》《双城记》《红与黑》这些名作，曾觉得是那样的高深和难以企及。但随着老师的循循善诱和启发式的教导，在一个初中生懵懂的心中，一个个世界文学巨匠的名字变得不再陌生，人文的意识也开始生根发芽。面

临初三中考，一些同学由于父母反对，不能再去参加人文讲座，老师语重心长地对我们说，你们听的这些东西可能和眼前的中考没有很大关系，但可能是未来很多年对你们人生影响最大的，不能只看眼前。庆幸的是我听了樊老师的教导，一直坚持到了最后。过去到现在我都相信，这是我中学学到的最有价值的东西，就像乔布斯所说"看似不能让我当时谋生的一些课程，却最大程度地帮助我创立了苹果品牌。"

是樊老师的人文讲座为我打开了文学殿堂的大门，带我领略了莎士比亚的激情，荷尔德林的圣洁，济慈、雪莱的诗意和陀思妥耶夫斯基的情怀等等，他们到现在还是我最喜欢的作家。更重要的是，它培养了我独立思考的习惯，批判的意识和用人文的视角来看待这个世界和在这个世界上发生的事情。

这么多年过去了，经历了社会上的种种，回头再看《堂吉诃德》，越发觉得樊老师当年教导之深意。里面的种种之"不公"，在当今的社会继续上演，而堂吉诃德作为大家认为的荒唐存在却越发显现他的光彩与力量！堂吉诃德在我心中不再是个悲剧角色，而是让我肃然起敬的英雄！樊老师在我心目中，就像一个举着长枪冲向风车的堂吉诃德，要唤醒学生们的人文意识。就算家长被功利驱使，学生被应试教育所压，人文精神的传承困难重重，樊老师也要努力让人文的种子在孩子们的心中发芽，因为这将影响孩子们一生的行为准则。教书更要育人，育人则需人文。让堂吉诃德们不再四马单枪，让人文意识在学生们心目中生根发芽，当是我们这些当年人文讲座参与者义不容辞的责任！

过去我一直是一个上海乖乖女，老师曾开玩笑说我是"三国演义"，小学在国权路，中学在国顺路，大学在国定路。也许是这提醒了我，大学之后我做出了一个令周围上海人震惊的决定，到北京的美国IBM公司任职，几年的摸爬滚打，确实让我吃了不少苦头，但我非常庆幸，我的这个阅历成为我其后发展与生活的财富！尽管在职场上，被许多人羡慕，可我始终坚持"得意不轻狂，失意不轻贱，得失沉浮去，心存一片宁"的做人原则，坚持读书，通过多种形式参与各种公益活动并力所能及地帮助人文讲坛！

有学弟学妹问我，是不是"高处不胜寒"，怎样才能在功利大潮面前，坚守自己的理想。我想说，有理想和信念的人最幸福！——对一个十几岁的少年，面前的路很长。你会明白，在你人生困难的时候，当你一眼望去，别人的生存状态让你感到不平衡，甚至愤怒于世道之不公、道德之沦丧时，什么能支撑你前行。那往往是荷尔德林的一句诗，莎士比亚的一声感叹，堂吉诃德执枪上路的形象！任何时代都是一样的，人心从来不曾单纯如水，路人皆圣的日子还很遥远，但你能坚持，就因为一点小小的信念，那来自十年前一点点人文的滋养。

我想这就是人文讲坛的意义，也是它传承下去的价值所在。

堂吉诃德，灵魂又要起行，但他不再单枪匹马……

西方文学与文化讲座实录选（三）
现代人的圣经《浮士德》（片段）

樊老师： 今天我们一起讨论一下《浮士德》。《浮士德》被称为"现代人的圣经"。从诞生之日起到现在，对于现代人的灵魂问题，《浮士德》可以说做了一个很好的尝试。大家看了《浮士德》有什么直观的想法？

同学： 不知道是不是翻译的原因，感觉不是很能读懂。

樊老师： 诗剧是很难翻译的，大家在读的时候可以只了解它的情节，把它当作故事来理解，那我们现在就简单地介绍一下作者歌德的生平和这本书的结构内容。作为一个伟大的智者和文学家，德国人对歌德的崇敬之高相当于孔子在过去中国人心中的地位……《浮士德》这本书内容庞杂，像百科全书式地表现了当时德国和西方社会的方方面面，是人类文明精神史的缩影……在介绍了相应的背景之后，有没有同学结合自己的阅读经验来谈谈对这本书的感受或者困惑？

同学： 我对第二部第四幕的这句话感触很深："这是智慧的最后总结：要每天争取自由和生存的人，才有享受这两者的权利！"我觉得这是全书的主旨。追求、实践，不满足、再追求，自强不息，精进不止构成了浮士德精神的本质内涵。

樊老师： 你说到的这句话出自于这本书最经典的片段之一。浮士德已经奄奄一息，梅菲斯特命令手下为他掘墓，他感到已经胜利在望了，他认为浮士德应该满足了。然而浮士德却把掘墓声误认为开发新土地的铁锹声，他还梦想着建立一个理想的人类社会。一方面瞎眼的浮士德在进行着非常宏伟的规划，在满怀豪情地奋争，去建立这个理想的社会。另一方面梅菲斯特代表着实情，以及那些鬼怪们在掘着坟墓。这产生了非常激烈的对比效果，给我们带来了非常大的触动。在这样的一个宏大戏剧背景下，我们来想象一下，它是怎样的一种触动？它是人类的追求与现实的比照。它不是一种悲剧吗？但它同时又让人非常的激昂。这确是一种悲壮的美。"因此在这里，幼年、壮者和老者都在危险中度过有限的岁月。我愿看到这样的人群：在自由的土地上跟自由的人民结邻。"浮士德说："我的尘世生涯的痕迹就能够永世永劫不会消逝。我抱着这种高度幸福的预感，现在享受这个最高的瞬间。"这确确实实是人类最美好的时刻，在自由的土地上和自由的人民结邻，浮士德正在享受这个最高的瞬间。

同学： 梅菲斯特终究没有打赢赌注。

樊老师： 是的，按梅菲斯特那种世俗的眼光来看，浮士德是输了，他的肉体会解散。但是从终极意义上、不是认知领域的角度来说，浮士德却是赢了，他的灵魂得到了一种永生。这种价值和主体意识在但丁的时候只是黑暗之中的一丝光亮；到薄伽丘、拉伯雷的时候已经被这种主体意识所鼓舞，但是还不能理解人的这种主体意识对人意味着什么；到莎士比亚时，他解释了人类主体意识刚刚觉醒后的惶悚不安；到莫里哀的时候他试图把主体意识限制在一个圣性的框架中；在卢梭那里，他把主体意识引向一个生命化、自然化的历程；最后在歌德那里可以说主体意识有了一个全面的认识和解答。

学生反馈

你是决定大声地死去，还是想要沉默地活着

汪一泓　毕业于上海交通大学、某独立乐队主唱、现于荷兰代尔夫特理工大学

樊老师说最喜欢我写的这首歌，于是做了文题。周围很多人都奇怪我的经历与选择，是的，我是在国外留学的工科硕士生，但也是一位独立乐队的主唱。去年出国前，我们乐队在京、广、沪进行了巡回演出并自费出了张小片子，当然早有台湾或大陆的导演、经纪人希望我去发展，但我决定还是要留学欧洲。

做出这个决定，冥冥中和人文讲坛有关，和我读的书有关。我不知道现在中学生的读书情况是怎么样的。我在大学时，身边的人读书不是很多，读文学的就更少了，尤其是我们这些念理工科专业的。在我看来，人生的任何阶段都应该读书，它给你能量，给你带来新鲜的信息。我们的生活基本是单调乏味的，特别是铺天盖地的作业和无数功利的远大前景，但是当我们到初高中的阶段时，内心会有一种渴求想要了解自

己、了解世界的欲望，这时候单单感受身边的生活也许不够，书给了我们很多的可能性，让我们感受到"远方的风比远方更远"的那种风，让我们领悟到"生活在别处"的那种生活。这样，我们的视野够开阔，跨越整个时空，对待现在自己的生活也够豁达，看得更远。看电影、听音乐的意义都在于此，不过书籍的信息传递是最直接的。

在初中高中时，我是三天两头会感受到对死亡的恐惧。那种深切的、害怕自己消失的"念天地之悠悠，独怆然而涕下"的恐惧将我笼罩。我把自己关在房间里，"还做什么作业呢？"我问自己。这时候，我会拿起讲座要求的书，开始疯狂地阅读，想要找到共鸣。就是在那样一种情境下，我邂逅了《浮士德》和《红与黑》。用樊老师的话讲，前者是"现代人的圣经"，后者关乎"人的追逐与死亡"，因为这个评价，一下子把我吸引住了。《浮士德》《红与黑》，我读这两个名字就能读出很"绝望"很"死亡"的东西。

只记得当时在家里，随着《浮士德》《红与黑》的情节，它们本身在结尾段进程的节奏突然加快，我也越读越快，心跳加速，恨不得窗外雷电交加来个配合，最后一气呵成读完，马上上网把当时所思所想全部记录下来，以免之后忘记，也是第一时间和大家交流。到现在我都能在我们的网站上搜索到我当时记录下的那些阅读感受。经过那么长时间，我才明白了樊老师建立这个讲坛和网站让我们交流的意义有多大。

到了讲座时间，我们每个人都有发言的机会。在每个人发言的时候，其余人都是倾听者。其实生命的本质就是如此。语言是心灵的家园，我做音乐也是如此，只是大多数人选择了沉默，生命的光辉无以绽放。就像《浮士德》所说："这是智慧的最后总结：要每天争取自由和生存的人，才有享受这两者的权利！"环境的压抑和艰辛不是我们逃避与沉默的充分理由，所以《中国新闻周刊》采访讲坛对我的影响时，我说"我一直感受到环境为我们安排了单调的所谓功成名就的生活方式，但这个课堂却让我知道自己想要的，希望自己能追求更加靠近生命本质的东西"。

聚是一团火，散作满天星。如今，我虽已离开讲座，但讲座对我的影响一直伴随着我，也一直感觉到樊老师和那些伙伴都还在身边，未曾远离过……

西方文学与文化讲座实录选（四）
普希金与《上尉的女儿》

樊老师： 开始一个环节就是我们大家随便交流一下，就从那些看不太懂的还有看得比较少自己还有疑问的这个角度出发，来！我们初三的两个同学说说。

同学： 因为我还没读完，所以我觉得很奇特的就是为什么他取名叫《上尉的女儿》，但是这个上尉的女儿出现在这么后面。

樊老师： 我觉得我们有的同学应该向她学习，初三这么忙的情况下没有读完情有可原，但是她提的问题确实也很有质量。其他同学都看过咯？下面就是说我看过了但是我觉得好像没有什么特别好，或者感触不是很深？

同学： 它又好像讲了一个人的成长，又好像讲了爱情，又讲了战争，还有什么知恩图报的感觉，它重点到底是哪个？

樊老师： 你们注意自己记一记，一会儿你们可以就这些问题来回答，来谈你的看法。还有吗？没什么那就是说你们都读好了，而且感触很深。在网上丁旭芸就提了四个问题，你先打个头吧。

同学（丁旭芸）： 这个小说它分为好多章，然后每一章它都有一个标题，在这个标题提出来之后有一段诗引出后面的一个故事，我想问这个诗对引出这个故事有什么作用？第二个问题就是这本书它是以我作为叙事者的，但是它经常会出现，举个例子吧，在第六章普加乔夫暴动这里有一段，它说"年轻的读者，如果我的手记落到了你的手里，那么就请你记住，那些避免暴力的震撼，通过改善习俗而进行的变革才是最好的最牢靠的变革"。这样一个比较特殊的写法有什么作用？

樊阳： 她刚才提的一个问题在很多西方小说里很普遍的。

同学： 他很多其他的短篇小说前面也有这种诗。

樊老师： 对。关于小说我们要注意叙事者的问题，而这是我们教材里面往往忽略的，丁旭芸能从这个角度切入我觉得非常好。只要我们不是去先看一下什么名著索

引或者是什么网上的评价,我们去真实地读这个小说的话,会有一些真切的动人的感
受。这个我又有感而发又插嘴了,我老爱插嘴。还有谁来说?这部小说里面有很多动
人的细节,大家都没有说到非常关键的细节,你说。

同学(丁旭芸): 不一定是你说的这种细节,但是我觉得就有一点,就是说,普
加乔夫和那个主人公在那个要塞相遇了,然后他送给他一件兔皮袄,一个小事但是这
也体现出彼得是一个非常有同情心的人。从这个细节看出普加乔夫内心深处是非常懂
得感恩的,本质上我觉得是善的。

樊老师: 这个就是我想要提醒大家的,这个故事之所以能够支撑就是在那个小
兔皮袄上。开始的时候,很关键的一个情节就是在那个风雪的路上他们迷路了,这种
寒冷,今天我们过来的路上大家肯定都感觉到很冷啊,但是你想想这个冷比上海不知
道要高多少倍,在这种境遇之下然后出现了普加乔夫,他坚定地把这样一个兔皮袄送
给了他。然后为此普加乔夫知恩图报几次拯救了他和他的爱人,并且到临死的时候他
们好像得到了一种心灵的相通相融。在这样一个历史背景下,一个宏大的叙事的背后
里面有这样一个小兔皮袄,有这样的一个风雪迷途的路,这让我们感觉很震撼,是非
常值得我们去思考的东西。

……

樊老师: 首先上海的初中教材里面关于俄国的历史几乎没有,只提到十月革命
以后的事,那肯定在读这些小说的时候会碰到一些困难。今天老师没时间来详细讲很
多,但是有几个要点希望同学们要注意。普加乔夫起义它的这个参与者到底是什么
人?还有就是关于俄国的农奴制,大家了解多少?

同学(陈天天): 其实我了解的农奴制应和大家了解的差不多,因为都是书上背
的那些东西。

樊老师: 那为什么你们当时不了解这个农奴制没有去问一下?

同学: 我们老师就说比较悲惨,然后就这样了。

樊老师: 历史教育不应让大家觉得无所谓。同学们,在整个俄国的这个农奴制
的几百年时间里,至少在俄国的这些这么黑暗的一种制度他们有多少反抗呢,你们肯
定有这个疑问的。真正的最大的反抗就是普加乔夫起义,这实际上就引出了另外一个

我们同学一定要了解的背景，就是说为什么它只有这一次，俄国的位置是在欧亚大陆形成的一个游牧民族的走廊，它的人类文明发展肯定是比较缓慢的。刚才同学们可能还没有很充分地理解，根据这些知识以及我们去讨论去阅读了以后你现在对这几点是不是有了新的认识。第一，为什么俄国命运是一个主旋律？第二，为什么道德探索成为俄国叙事主题的一个主旋律？第三，妇女的命运。第四，多余人的形象。我们同学已经提到了《上尉的女儿》在艺术手法上有几个非常值得回味的地方。我们又可以从这四个艺术特色的角度来考虑刚才那个背景的问题，对吧，那么留待我们下一次来说了。

学生反馈

人生中的"兔皮袄"

丁旭芸　现于上海大学

从樊老师的人文讲坛"毕业"已经两年。进入大学，在大类招生的一年学习后，我选择了"新闻"作为专业，也开始了自己不一样的生活。但我的人文素养与新闻理想却是深深扎根于那一本本名著，扎根于每一次讲座的时文讨论，扎根于樊老师的言传身教中。

如今拿起《上尉的女儿》，故事的细节我已不太记得。但贯穿小说始末、救了主人公性命的那件"兔皮袄"却清晰地浮现于脑海中，正如多年来人文讲坛在我人生中的意义和带给我的启迪。

初中毕业后，我继续在讲座学习。记得那时二三十人挤坐在樊老师的书房里，晚到的同学只能坐在地上。两个小时内，我们围坐在一起讨论文学、历史、地理，从古至今，由中及外。

在那一本本西方名著中，我读到了历史宏大的背景下，人物自身多舛的命途和他们高尚的品质。无论是《上尉的女儿》中因为偶然的善举而辗转获救的格里尼奥夫，还是《双城记》中为成全爱人而牺牲自我、从容赴死的卡顿，抑或是《九三年》中在生命垂危时出于善的本性拯救了三个孩子的朗德纳克，他们的身上都有一种博爱的精神，让人感受到"在绝对的革命之上还有绝对的人道主义"。也正是阅读了这些作品，让我由心底生发悲天悯人的情怀，让我在感慨人物命运的同时思考自己，明白了自己肩上的责任。

曾经获得诺贝尔和平奖的德国医生施韦泽曾在他的书中写道："无论如何，你看到的总是自己。死在路上的甲虫，它是像你一样为了生存而奋斗的生命，像你一样喜欢太阳，像你一样懂得害怕和痛苦，现在，它却成了腐烂的生命，就像你今后也会如此。"别人的命运即是自己的命运，关注他人、关注社会也是关注自己。或许就是那一本本名著、一次次课堂交流、思维碰撞的火花，点燃了我的新闻理想。

在大学里，许多人文社科专业的教授会感慨现在的学生从不读书也不会思考。应试教育的问题确实很多，也并非一朝一夕可以改变，但仍然有一些老师在默默地做一些努力，樊老师就是其中之一。义务开设人文讲坛二十余载，引导学生读书，传承人文精神，他的公益之举也在潜移默化地影响着我。毕业之后，我依然以志愿者的身份回归讲坛。闲暇之余，我也会在外滩美术馆、上海科技馆、巴金故居等地方留下自己志愿者的足迹。

现在想来，其实我是一个再平凡普通不过的人。如若不是在人文讲坛的数年熏陶，我一定和大多数同龄人一样"沉迷"于各种考证的同时，在自己未来的道路上徘徊不前。

翻开《写在人生边上》，钱钟书先生写道："文明人类跟野蛮兽类的区别，就在人类有一个超自我的观点。因此，他能够把是非真伪跟一己的利害分开，把善恶好丑跟一己的爱憎分开。"懂得分辨是非，在历史的浪潮中保持善的本质，我从一个不谙世事的少年成为一个有责任感的"社会之人"。人文讲坛正是我人生中的"兔皮袄"，它见证了我的成长，也在我们的青春岁月温暖了许多人的心田。

"人文讲座"，通向何方
——史金霞对话樊阳

史金霞： 樊老师，我是从去年通过新浪微博了解你的，也陆续在网上看了关于你的一些报道。那么，如果向一个对你一无所知的人，介绍一下你的"人文讲座"，你会选取哪几个关键词呢？你为什么要选取这几个关键词？

樊阳： 我首先选"人文"。这是我讲座的立意所在，是包括自己在内现代人可能特别欠缺的。

第二是"阅读"。阅读伴随的人生才是立体的、丰富的。也才会使讲座构成时代、作品、作者、读者（师生）间多重对话关系，构成动态的、永远的未完成状态——人生的戏剧呈现状态，这本身就是一种无以言说的美。

第三是"人类文明文化视野"。文学作品是主体，但不是全部。讲座立足在中西文化视野中，使我们的阅读有更高的品味，直至人文的积淀。

第四是"跨学段多年延续"。初二到高二是学生思想启蒙转变飞跃的黄金时间，阅读形成习惯，一两次单打独立片段式的讲座是难以达到效果的。有一定体系的阅读与体验的积累更可以发挥阅读的集团效应，包括书的相互参照，不同年龄学生的相互启发。

第五应该是"交流"。在多向的交流中才能促进心灵的进步。保持促膝谈心式的交流，可以打破传统课堂流水线式的教学方式给学生交流带来的障碍，构成师生共同体验成长的情感氛围。

史金霞： 促使你做"人文讲座"的直接原因是什么？

樊阳： 做了老师不久，就发现中学人文教育的空泛与教条。我教的第一篇课文是全国统编教材初二年级鲁迅的《一件小事》，教参、课本练习上大谈"劳动人民的高贵品质"，而且不用阅读你就可以得出这种概念性的结论。我没有师傅（名义上的师傅从不管我，退休前只听过我一次课，我从来没能听到她一节课），也没上过师范，不知该怎么上语文课。我就按我的理解，想让大家讨论看了文章的真实感受，但学生显然惊讶于我的问题，他们早已习惯按书上老师的暗示回答了。我不得不补充五四以来知识分子如何受"劳工神圣"的观念影响的背景，以及鲁迅所谓"多疑""自我解剖"等等。而《荔枝蜜》这样的课文我就没法按当时"共知"的认识和教法教下去。我引发学生试着去发现问题，学会质疑。但课堂上一篇篇课文的努力，我总感觉是片段的，那时学生接受的东西与学术的隔膜太深，经常处在"一问三不知"的地步，但他们非常欢迎我这种新奇的课堂，我课堂的活跃与深度很快为学生共知。只因南方谈话后，周围萌动着如何跳出教育这清水衙门的氛围，没老师关注这件事。

我读到大学，在广泛的涉猎和文明史的学习后，才重新建立起自己真正的精神世界。但是很多学生可能考不进像我这样好的大学，甚至都考不进大学，而且中学阶段是一个思想飞跃期，高中时世界观就差不多形成了，应抓住这宝贵的读书时光。而课内的教材本身文学份额有限，不成系统。教参的理念如此陈旧，和学术前沿相差太远。我想到大学时同学间围坐讨论的快乐，就像孔子讲学的那种氛围，觉得可以将我之所学为大家分享不是非常愉快的事吗？

于是，在 1991 年 11 月一个下午我开始了课外讲座的尝试，当时名为语文小组。

史金霞： 这么算来，你的人文讲座已有二十年之久了！能让你即使几次更换生活和工作的地点之后，仍然坚持下去的因素有哪些？

樊阳： 首先，是基于学生的需要。在现行教育氛围之下，学科教学都偏向功利化，人文素养的养成停于口号；学生囿于分数的争夺、功利目标的达成，甚至变成不会思考，缺乏独立人格创新意识的做题机器。但学生内心其实涌动着探究的天然好奇，表达评判的热情，求真的热望。每次讲座碰到困难，总有学生以各样的方式积极响应，努力解决。学生的热情和需要是我战胜困难、坚持下来的最大动力。

然后，是一个教师的职业道德使然。我从一开始做教师时就觉得大环境和教育的小环境都使语文教师有特别的人文思想启智的责任。站在讲台上不能尽兴，做老师的趣味减半，若言不由衷或说谎那就是害人。面对社会浮躁功利的现实、民族国家的问题不忍心无动于衷。

史金霞： 现在回顾一下你二十年的"人文讲座"，你能不能给自己的讲座历史勾勒出一个成长变化的坐标图？

樊阳： 我的讲座大致可以分为四个历程。

1991年至1996年，在陕西起步自由发挥时期。以文学文化讲座结合交流讨论为主，名为语文小组，但那是大语文概念，包括中国民族史、军事地理、地名文化、《美的历程》系列。文学讲座有古希腊神话悲剧、但丁《神曲》、诺贝尔文学奖、现代主义文学介绍、《诗经》、屈原、鲁迅等，不成系统。学生讨论自由热烈，情谊深厚。1993年开始有文化行走的雏形，带领语文小组骨干骑车去西安、去咸阳原顺陵等。讲座地点一般在教室，平时的某个下午放学后，学生教师都有相对现在宽松得多的时间空间。

1992年—1995年在陕西带领高中学生人文行走

上海再起步阶段：1998年至2004年，开始叫文学文化讲座，是艰辛探索阶段。

带 99 届、03 届初三毕业生，从他们初二下学期开始到高二暑假，按西方文学序列，从古希腊讲到现代主义兴起，中国文学只讲到陶渊明，儒释道思想概要等。开始重视书籍阅读的质量，更重视学生交流读书的感受，但 03 届后期坚持下来的只有三个人。讲座地点从复旦大学曦园、单身宿舍到我买房后一个小间（孩子们叫它"太太的客厅"，因为我还没有娶太太），风霜雨雪，生活打拼，消费大潮，初露峥嵘的应试氛围，异常艰辛。

1999 年刚有了自己的房子，人文讲坛转到"太太的客厅"

全面而多年级共学的尝试阶段：2005 至 2010 年，形成讲座、网页讨论、文化行走三位一体的人文讲座形式。带出 05 届、06 届、07 届、09 届学生。从 2005 年开始，几乎年年在初三，形成多年级共上课的局面。中国古典文学也形成了序列，从《诗经》到《红楼梦》。文化讲座也做了拓展，增加了语言文化系列与近现代历史系列。2007 年形成讲座网页，文化行走形成上海市区十条线路，比较成熟的如鲁迅旧地游学，上博雕塑馆——看中国文化的演变，文庙——追寻失落的儒家传统，苏州河到外滩源——一座城市的演进等。

新阶段：2011年至今。因为报道，有更广泛来源的学员，人数也一下子增长到80人，地点从家里走向茶室和教室，建立讲座微博，希望运用新的形式，让更多的人受益。

史金霞： 二十年中，有没有对于你个人的成长和人文讲座的组织，产生过比较重要影响的人与事？

樊阳： 第一个应该是95届高三毕业生这个群体，当时因为与他们年龄只差六岁，却给他们带来学校无人替代的启蒙作用，使他们这届的教学经历无论对他们个人还是对我都影响巨大。他们上大学，我在上海打拼，那一两年每天晚上，我都在给他们回信。多少年后，我们依然将讲座的经历作为我们人生的新起点。

第二个影响讲座的事大约是上海讲座的源起。1995年底到1997年，在上海打拼，一下从高三到六年级，全身心投入班主任琐细繁忙的工作，讲座无法进行。为生活所迫，业余不得不靠上门家教辅导弥补。多少次冰冷的夜晚骑车经过都市的繁华，眼望高楼，心叹不知何时才有自己的一窗灯火。1997年底到1998年，因为工作太劳累，两次查出肠息肉在医院做手术，和癌症病人住在一起。一天晚上眼看着身边的肝癌病人，在窗外五角场的灯火中痛苦呻吟，直到死去。我深深地感到生命的脆弱与短促。那一夜辗转难眠，逼使你不得不考虑人生的价值，我在陕西的经历让我觉得讲座不应让她只停在记忆里。期间我的一个学生身患脑癌，因为我率领学生对其的关爱以及受我的影响对语文的喜爱，使他不断创造生命奇迹。听说我第二次住院，他哭着叫父亲背着来看我。这段爱的故事后来上海电视台拍成了专题片。这些经历促使我重新把讲座开起来。

第三个难忘的是 99 届、03 届、06 届和 09 届的几个讲座骨干。他们在我生活艰难，无人理解的困境中，始终坚持讲座，在力所能及的情况下，给我支持。他们自己建立起讲座网页，一次次被关，就一次次凑钱想办法维护网页的安全运转。他们录下那时讲座录音，帮我做成课件，作为历史的记录，他们称为"零点计划"——零点才能开始行动。我评高级职称时，被我家楼下的外校教师告发，为搞家教差点职称批不下来。孩子们动员家长写证明信，从此以后的讲座就像秘密工作一样，分批到小区，蹑手蹑脚地上下楼，对任何无关人等一律不说讲座之事。还有些孩子必须与不支持的家长、班主任等"做斗争"，他们必须像我一样用业内的出色成绩赢得反对者的认可。甚至有学生不得不和家长以补课的名义来坚持讲座。因为他们的懂事努力，让讲座度过一次次艰难时刻。

1998 年偷偷在办公室坚持人文讲座时期与学生留影

第四个重要的人是在北京中央电视台技术部门工作的 95 届学生任志刚和在北大、人大学习的 07 届学生。2010 年 11 月任志刚和我两位 07 届学生交往的过程中，惊喜地发现两位讲座学生和他这些年接触的大学生大相径庭，他们有思想又有活力，更有胸怀。他激动地打电话做我的工作，让我考虑讲座形式的推广，让更多的学生受益。因此我才有和我的同学著名媒体人交流，以至广泛关注的事发生。

第五个重要的人是珠海的张若楠老师。她身在体制外，身患重症，但心系人文教育，特别是对应试教育所谓的"失败者"，通过每晚的教导影响他们，当她了解讲座的情况，毅然飞赴上海来学习并将人文讲座带到珠海。她的精神深深感动着我。

史金霞： 通过报道，现在的你也算是一个有些名气的语文教师了，组织人文讲座的环境发生了哪些变化？

樊阳： 名气算不上，可能只是某方面特色的知名度。语文界圈内的很多老师并不知道我。包括我所在的区里，因为这种人文讲座的形式和内涵可能并非大多数老师所追求的。

至于关注的原因，开始不少人惊奇于义务不收费、坚持 20 年等。当然，我在年初接受采访，是基于自己理念的变化，希望让讲座发展得更好，能让更多的学生受益。所以我觉得在目前的教育环境之下，只有走进学校，跟体制内的拓展型课接轨，才会让普通的孩子受益。同时我也希望对教育改革、对教育环境的改善起些作用。

现在看来，变化总是有的。积极来看，讲座的人数几乎翻倍了。年初时面临的场地问题，也得到一定程度的解决。学校成立人文阅读工作室，跟拓展型课的接轨有望。我的事也曾引起部分人的讨论和思考。

当然，新的问题又接踵而至。人员的庞杂、场地的扩大使学员管理变得困难，讲座的氛围与形式都在向传统课或中型公益讲座靠近，让老会员和我痛失促膝谈心似的交流。不断有"新人"加入和记者、社会人士的"观摩"，让讲座内容不断受限。

史金霞： 前几天，我在新浪微博上看到你写了一条微博，"昨天担任重要任务的几个高一的学生在关键时刻却莫名不到，到的也几乎都未做好阅读准备，几乎所有高中版主都不做事，全我来做。我感到非常悲哀"。我想这条微博应该与你的"人文讲座"有关。目前，从整个大的环境而言，学校、家长和社会各个方面综合起来，你举办"人文讲座"主要面临哪些困扰，有些什么忧虑和遗憾？

樊阳： 这种事情的发生既有大环境的问题也有目前讲座转型探索的原因。

首先是大环境应试教育的氛围愈演愈烈。功利的世风让家长、教师都跌落在分数的追逐中，超大量的作业，永远做不完的题目，上不完的补习班，学生的业余时间被这些占用殆尽，读书越发成为一种难得的奢侈。学生思想的启蒙越发变得困难。从讲座网页留下的同一部作品的感受评价来看，质量在不断下降，以前05届、06届、07届时的评价显然高于现在同一年级的学生。学生坚持讲座的困难也越来越大，本来初三中考结束的暑假是孩子读书的大好时机，可去年很多重点高中办起了数理化英"提前班"，初中物理、化学提前班，高中各种补习班如火如荼。不在外面补课的学生越发凤毛麟角。有的媒体说，我总在和家长"斗争"，其实孩子也是在艰难地斗争，不少家长也在这个过程中和内心和环境斗争。

就学校来说，当时绕开学校，自己坚持补充性的教育，就考虑到学校教学改革的困难。我认为教育者不能"一等二靠三要"，我还是相信自下而上的推进才更有意义。现在学校通过成立人文阅读工作室给予支持，这就是一个很大的进步，尽管实质性的推行很难，但有了起步总是好的。

同时，因为去年暑假以来学校支持场地，讲座更注重普及，所以人员来源更广泛，平时学生都要到六七十，但像之前的促膝谈心似的交流难以展开。如果老会员的失望蔓延，讲座的一些本质的东西就会丧失。在普及和精品之间，两难全。因为个人的力量毕竟有限，但目前还难有人顶替我的工作。

加上，自己身在体制之中，学校的需要让我连续七年在毕业班，还身兼数职，无穷多的琐事和巨大的压力使自己身心俱疲。

史金霞： 二十年来，你一直坚持利用自己的业余时间义务举办"人文讲座"，这一点确实令人钦佩。但是，作为同行，我比较关心的是你有没有在你的人文讲座与你的语文课堂之间搭建一个桥梁？你都做了哪些尝试？

樊阳： 其实，我一直在做这个桥梁工作。我的语文课与讲座的很多内容是相通的。比如语文课里的文学课程，我的课堂就和讲座的精神追求是一致的。哪怕在初三，我都非常珍惜课文里一些文学课程的深入研讨交流，注意它们和现实生活的联系，挖掘它们在文化当中的意义。

而对非文学课程，我会根据其文化价值进行详略处理。对于考试型阅读除了培养学生阅读习惯、思维习惯，我也很重视文本的选择，一般是从我认为有意义的文本进行合理发掘。学生也会很感兴趣，潜移默化就会受到影响。

由于我不是师范出身，工作早期没有什么教育理论功底，但我喜欢和学生交流思想的形式，生生对话，师生对话，这其实就是以学生为主体的理念。而我接受它，是讲座交流的过程中给我的启发。

史金霞： 有没有想过，网罗志同道合之士，把你的"人文讲座"推广开来，做大做强？甚至以"人文讲座"为主业，拓展另一片生存空间？比如：像杭州郭初阳的"越读馆"、深圳蔡兴蓉的"另类家教"？

樊阳： 我很希望推广，希望在体制内有所推进，在课堂中成为语文拓展课。本想通过近三十篇的报道和评论、讲座的公开课以及有关领导对公开课的肯定实现这一目标应该并不难，但目前在学校开成真正拓展课的设想还在努力中。

我对郭初阳的"越读馆"很感兴趣，很想有机会和他交流一下。他是志同道合之士，您也是。希望有更多和大家交流的机会！从本意上，我希望让所有学生都能受益，而且教育改革不可能一蹴而就，大家从不同方面的努力都是有意义的！

史金霞： 对于自己的"人文讲座"的前景，你有什么样的预期或者规划？

樊阳： 在目前的教育环境之下，只有走进学校，跟体制内的拓展型课接轨，才会让更多普通的孩子受益。而这需要教育管理者给予更多的支持帮助，需要大批的老师参与其间，需要其他所有学科的老师认识到养成阅读的习惯，培养学生的人文底蕴不仅是语文老师的责任！认识到做题补课不是学习的唯一形式。目前我周围的老师直接愿意参与其间的极少。本来区里教育局有领导希望变成区里的特色课程，但目前看没有下文。

我也希望大家注意讲座形式上的一些突破意义，如在"跨学段多年延续"的尝试中，我发现初高中整体影响对孩子的教育更有利。目前初高中的分离，对初中教育走出应试中考的怪圈，提升初中教师的师资水平很不利。讲座的经历让我深深地感受到初高中教师应该携手瞩目学生的成长，因为十三四岁的少年到十七八岁的青年，这段人生突破发现的黄金时间，仅仅是一两年的好老师的影响是远远不够的。

我还希望人文讲座大受瞩目的原因是能引起人们对我们教育的思考，特别是语文教学内容及教育理念的改进，如阅读书籍的必要性、文明史的序列对单篇教学的意义、时文的引入、以学生为主体讨论交流的贯穿等。在这点上，史老师您走在我们的前面，您的《不拘一格教语文》我非常喜爱。在思想理念上我们是一致的，很多形式和方法我也在课内或讲座中运用过。但我没有您深入，更缺乏您在课内教学上的胆识与能力。我当然盼望能从日常的一些事务性工作中有所解脱，对讲座进行深入的研讨，能有时间、机会向您和其他探索者学习。

人文讲座从它诞生之日起，就是一种不得已而为之的产物。二十年对我个人是艰辛，也是快乐，现在也因此带来些荣誉。但对我们整个教育来说，它依然被拿出来说事，从某个侧面说，我们教育问题的解决实在任重道远！

因此规划它的未来，其实是期盼它消亡，如果我们的学校教育能达到人文讲座的目的，它就没必要以这样的形式存在。

2012 年 4 月

人文行走

行走中的课堂
——谈谈中学教育中校外课程资源的开发

"去年年底，教育部着手在全国中小学生中实施研学旅行试点，苏州、合肥、西安被确定为首批试点城市。"人民网这则消息让我想起 2013 年 9 月在上海市教委下属上海教育网等单位主办的暑期"中国好作业"颁奖大会。主办方在八十多个学者、艺术家、教育家中选择五个代表交流发言。在前四个著名专家的交流之后，我作为唯一基础教育基层教师的代表发言——这个特殊场景的发生，我想不在于我设计的"人文行走苏州河"作业多么有学术价值，也不在于我从事类似的校外课程资源的开发已有22 年，而是主办方也深深感到中学教育开发博物馆、科技馆、动植物园、名胜古迹、名人故居等身边各种校外教育资源的必要性！

正如我在发言和接受采访时所说的那样："诸多青少年在暑假里冒着酷暑来完成'人文行走'的'中国好作业'，这本身昭示了当代学生对新的学习方式的渴求、对回归教育本源的呼唤和对缺失的人文精神的追求。"

当代中国基础教育欠缺什么，虽然不同的人侧重点会有所不同，但大家肯定会在教育本质的追问方面找到共同点，正如怀特海所言："教育不在于使知识僵化，而在于使之充满活力。"其实学习者对意义的建构都是内省的，而不是把意义简单呈现给他们。这就告诉我们，学习的过程性、体验性是最根本的。

古人所推崇的"知行合一"的做人行事方式正符合教育这一本质。但可悲的是应试教育、功利主义让当代青少年普遍缺乏社会实践的机会与行动的勇气，自然也就缺失创新的能力、敏锐的观察力与批判意识。开发生活中的教育资源，就是促进学生学习方式的转变，让学生在实践中体验，在实践中探究，形成创新意识，生成生活智慧。

对于教师而言，弗莱雷曾特别强调"教师是文化工作者""其非常重要的工作就是教学空间的营造。对教学情境有高度的理解，在教学中他们能因时因地制宜，而非墨守成规或教条，积极地进行课程建设。教师必须清楚自己的社会位置与文化资源，深入挖掘其中的教学资源，即自己的工作既深植于社会位置中，又能超越具体位置的种种限制。"

拿语文课程来说，《语文课程标准》中称语文是实践性很强的课程，应着重培养学生的语文综合实践活动能力，应该让学生更多地直接接触语文材料，在大量的语文实践中掌握运用语文的规律。传统课堂的容量有限，怎么通过有效途径激发学生将阅读写作延伸到课外，一直是语文教学的难点，而我多年开发的"人文行走"的学习形式，就是将阅读与行走（实践）紧密结合，使学生在行走的课堂中和其后的写作实践里，交流反思，内省沉淀，内化一个人的人文素养与语文能力。

只要教师善于开发校外的教育资源，在人文行走的流动课堂中，就会有师生、生生、环境与人、书籍与现场，人与书籍之间一系列的对话关系，在直观的形象冲击下激发学生与历史和文化对话的兴趣，引发他们在观览前后进行文字的准备与深入解读，从而激发其不断阅读，进而穿过时空的阻隔，俯瞰历史与生命的风风雨雨；在博物馆、名胜古迹现场中的师生交流对话也构成了直接的语言实践，它比传统的课堂形式活泼，动静结合，声像相映，自然亲切。其后的文章随笔写作交流又可以深入表达。这种立体多重的对话实践不正是"知行合一"的人文教育吗？不也是古人所言"行万里路"的一种特别形式吗？

那么怎样合理地开发各种校外教育资源，发挥它们更多的教育功能呢？我觉得对人文类资源应秉承"人文视野，活化历史，贯通古今；活动贯穿，激发读写，广泛交流"的基本原则，借鉴传统书院教育的优势，保持促膝谈心、师生共同游学式的交流模式，打破传统课堂流水线式的教学方式给师生交流带来的障碍，构成师生共同体验成长的情感氛围。

为此可以从以下四个方面加以设计开发。

一、以线贯穿，主题统帅。由于校外课程资源表面零散，又是全开放性的空间，每一个"景点"不能停留过多时间，要吸引学生，就要找到不同的"景点"彼此内在的联系，串成线路，形成流动的课堂，发挥其综合效应。根据上海在中国走向现代化历程中的特殊意义，我将上海的人文教育资源分成古典文化与近现代文化两大系列。

古典文化系列如"上博雕塑馆——看中国文化思想演进""上海文庙——学习《论语》,感受儒家文化与科举文化""豫园、城隍庙——寻访身边的道家与道教文化""松江方塔、醉白池——唐宋诗词韵味的投射"等。近现代文化系列如"苏州河——一条河与一座城市的成长""武康路——法租界与近代政治风云""福州路——光怪陆离的海派文化""多伦路、山阴路到鲁迅公园——走近鲁迅""从宋庆龄故居到巴金故居——'家'的故事"等。这30条线路从不同的侧面展现了中国文化的博大精深,联在一起,又形象地体现了近现代中国波澜壮阔的历程。

2012年10月带领法国学生人文行走

二、发掘内涵,草木传情。课程资源不是旅游资源,也不等同于研究资源。教师应该在教育目标统摄下,善于发现细节中隐含的教育内容,引导学生亲身观察体验,并用自己的率先垂范启发学生,在看似平常的情景中,善于观察,勤于思考。比如去鲁迅纪念馆,我发现展品中有一篇鲁迅手稿《藤野先生》和藤野先生给鲁迅改的笔记,我便设置了课前阅读此文,并且带出与原手稿对比的环节,观察思考鲁迅笔画分明的字迹中运思与情感的集聚,再看藤野先生的细致批改,感受他治学的严谨和鲁迅对老师的崇敬之情。我1998年带的初二学生洪之卿现在美国微软总部工作,16年后回忆当时的情景,他这样写道:"我从小就似乎是个理科生,在学校里面读书,我都有种感觉那就是书本里的世界和现实世界是两个完全不相干的平行宇宙，然而就这一张小小的手稿，这一次不一样的行走让我突然感觉到历史是那么的真实，我们和鲁迅和那些书本中的人物就在同一个世界里面！"我后来也明白，人文讲座也和我钻研的高数一样，知识只是载体，知识的背后是接纳，是思考，是感悟！"

　　三、多重对话，激发思考。课外教育资源比传统的课堂对话多了一个景物与师生的关系，而景物内部又会有丰富的意蕴，它的对话关系自然会丰富不少，从而激发学生创新思维。上海博物馆虽然有较好的语音导览系统，但对学生来说，还是不够生动亲切，怎样让学生更热爱博物馆，让展品能够和学生进行更好地交流，一直是个不小的难题。我发现雕塑馆是按照历史陈列的，从形体与实用的演变中可以感受中国宗教信仰与世俗化生活的进程。每次从第一个展品汉朝陶狗讲起，激发学生思考，为什么汉朝人将人生中所有都葬在墓中，这样的讨论贯穿始终，总是吸引一大堆听众。有一次我让学生寻找南朝石刻，思考为何佛教造像多出现在北方的原因。在讨论之后，一个恰巧在展馆的中科院博士上来和我交流，后来他还将他的博士论文发给我，赞叹这个讲法也给他不少启发。

2013 年 7 月人文行走——镇江雨中焦山

2013 年暑假，我带领学生前往镇江游学，力图从中国文化地理空间和历史脉络两个维度还原镇江在中国文化中的特别意义——作为中国南北文化交汇的一个节点，长江和京杭大运河在此汇聚，其文化包容、融合的特征非常明显。引导学生实地感受与其相关的诗词名篇的魅力以及"江南""南渡北归""儒道互补"等文化意象的意义。学生在江山之间，历史与现实的碰撞中，激发了写作探究的热情。《文汇报》就此将我和黄玉峰、黄荣华老师的探索和学生富于创意与深度的文章发了一个整版，巧的是，黄老师的学生里就有初中时跟我游学的学生。这个学生在高三已经写出有一定学术价值的几万字论文。像黄老师所言："这样的游学对于正处在立志阶段的学生具有重大意义，可以促使他们自觉形成大关怀、大悲悯、大抱负。"

2013 年 7 月人文行走——镇江西津古渡街

四、读写一体，知行合一。这种流动的课堂必然是一种综合性的学习，我们应发挥它立体生动、激发学生多智能开发与实践知行合一学习本质的特色，巧妙地贯穿读写伴行走，达到行走促阅读、激写作的多种实践形式。如在"苏州河——一条都市的长河"的行走课程实践中，我选择从河南路桥到外白渡桥的 1.5 公里路程，从河边观察水起步，沿河上溯一段，追寻吴淞江的古意乡愁，贯穿《世说新语》大量典故和杜甫诗、苏轼词等写到吴淞江的名句；在从河南路桥天后宫与上海总商会旧址，引发朗读茅盾《子夜》开头所写的此地，回忆近代上海因交通与工商业而兴起的历程；再通过观察河滨大楼，阅读张爱玲的《公寓记趣》，感受近代上海市民生活的别样情趣；又在邮政总局、新天安堂读《外滩的影像与传奇》，讲述电影《八百壮士》《战上海》的故事，回顾在战争与"文革"灾难中，民族的英勇与人性的光辉；最后在外白渡桥唱起《苏州河边》的歌曲，诉说《苏州河》电影给我们的思考。

读写结合，学生佳作连连，有三个学生在"中国好作业"活动中获奖；更重要的是激发学生和自身生活的联系。我 2004 年的学生张晶，现在香港大学读硕士，她在《人生诗社》这样写道："那时在笔记本上匆匆记下的感动一直存着，在老师带领我们人文行走中跳跃而出，苏州河边，陆机陆云兄弟的言行体貌活脱如见，四鳃鲈鱼永恒的乡愁引人深思，张季鹰《思吴江歌》言犹在耳：'秋风起兮木叶飞，吴江水兮鲈正肥。三千里兮家未归，恨难禁兮仰天悲。'直到如今有时会蓦地浮现出来，引我再咀嚼。年岁加增，涉世愈深，面对诗人倾心吐意，才渐渐心有戚戚焉。生命苦短，是追求荣名以达不朽？还是寻觅理想的爱情以求慰藉？抑或是及时行乐以排遣死亡的恐惧？这样的命题在我的生活里一旦遇到了，竟也不觉仓皇，仿佛生命早有预备。想来许是那些诗句带来的安慰，也或许是那些和老师一路行走带来的勇气！"

校外课程资源的开发也许对很多老师而言还有不少的困难。首先政策的保障还不到位，虽然有教委的提倡，专家的大力弘扬，但应试的压力让大多数老师将此视为可有可无。同时目前学校处在安全保障的两难境地，即使学生自愿，如果有一些安全问题，有些家长也会不依不饶。学校、教师当然没有开发的热情。

但现代教育理念让我们发现，要打破应试的僵局，我们必须回归教育的本源，国外发达国家类似的游学早已兴起多年。现在教育部在几个省市的试点，更增强了上海开展这方面工作的紧迫感。面对于此，还是有不少行动者，杨浦区在邵志勇局长的直接支持下，我和教研员黄琴老师率领六所初中的骨干教师开展"人文行走在上海"区本课程建设工作。目前课程建设已进入到关键期，上学期我们开设的示范课受到广泛好评，上海教育新闻网还进行了报道。相信会有更多的教师投入到校外资源课程开发的洪流中。

人文行走（一）

博物馆行走
——一本人文教育的大书

情境

"同学们，你们发现上海博物馆的外形像什么？"七嘴八舌中，一个不很肯定的声音冒了出来："是鼎吧？""是的，那鼎有何作用？为何以此为外形？大家能想起关于鼎的哪些成语呢？"……

这样的对话讨论，不知进行了多少次。恍惚间，20年的光阴已过。人文讲座创办初期，我就梦想实践古人"读万卷书行万里路"的修行学习方式，那种寓教于乐、从生活体验出发的学习，曾让学生时代的我陶醉，让一般人认为文科学习只是不断记诵的误解在我的实践中不攻自破。

还记得10岁时第一次踏进咸阳博物馆的冬日，不经意间，跟随讲解员的讲解，倾听那些钟鼎背后的故事。我开始迷恋史地文化的美，开始积攒零用钱买下一本本反映这片古老土地历史文化的书籍。不知多少次步行好几站的路程去博物馆比对还原书中描写的传说典故；不知多少次伏案阅读，手画地图器物，再骑车登上咸阳古原，考察当时野兔出没、荒冢累累的汉家陵阙。当别人惊讶于我的高考地理、历史几近满分的成绩时，我知道，那是因为我读的一本大书开发了我的潜质！

多年后的1991年，阴差阳错我回母校做了中学语文教师。语文课需要课堂情境的激发，还原诗文的情境，体味诗人的情怀。学校地处咸阳西郊，每每讲到唐诗元曲，什么"咸阳游侠""长安古意"，我总让学生远望窗外天际边的五陵原。在历史的时空交错中，课堂诵读是千年不朽的绝响！那时我就想，为什么博物馆是历史教学的专利呢？我的语文课堂可不可以进入那个对人类文明见证物进行保存、研究、传播和展览的宝库？于是我带领语文小组的成员骑自行车前往西安，登大雁塔，上乐游原，造访长安城中曾经的诗歌圣地；到陕西历史博物馆，面对那些周原古物、石鼓金文，回溯《诗经》的源流……

1992 年—1995 年在陕西带领高中学生人文行走

　　1996 年，我来到上海这个现代大都市。一次春游组织学生去上海博物馆，我随口的讲解却让这群调皮吵闹的初一学生一下安静下来，听众也越围越多，有人误以为我是专业的讲解员或教授，这使孩子们对自己的老师充满自豪，由此对我那"旁逸斜出"的语文课也更加喜爱。

同构

　　我开始进一步思考博物馆与人文教育的紧密关系。《语文课程标准》指出，语文是实践性很强的课程，应着重培养学生的语文综合实践活动能力，语文又是母语教育课程，其学习资源和实践机会无处不在，无时不有。因而应该让学生更多地直接接触语文材料，在大量的语文实践中掌握运用语文的规律。语文材料主体当然是书籍，但传统课堂的容量有限，怎么通过有效途径激发学生将阅读延伸到课外书籍，一直是语文教学的难点。我认为，语文综合实践活动中的博物馆观览应该是一个独到、生动的形式。

博物馆是通过文物的有序陈列，让观者在直观的形象冲击下激发与历史对话的兴趣，进而穿过时空的阻隔，俯瞰历史的风风雨雨；书籍是通过文字构建的形象激发人们打破时空限制，与书中人物对话，产生情感与思想的共鸣。它们在形式上有某种同构关系，只是博物馆对话更直接，它可以引发人们在观览前后进行文字的准备与深入解读，从而激发观者不断阅读。同时在博物馆中师生的交流对话也构成了直接的语言实践，它形式活泼，动静结合，声像相映，自然亲切。其后的文章随笔写作交流又可以深入表达。这种立体多重的对话实践不正是杜威所言"知行合一"的人文教育吗？不也是古人所言"行万里路"的一种特别形式吗？

于是我在人文讲座中常设了一个"文化行走"项目，每月一次，通过参观博物馆、游览山川名胜等形式，实践"知行合一""行万里路"的理想。通过不断地尝试，我发现要发挥观览活动的最大效应，必须根据博物馆类型，结合教学目标巧妙设计路线，精心设置与学生的组团对话，穿插一定的学生活动。

对话

作为国内著名的艺术性博物馆，上海博物馆的青铜器馆、书画馆、陶瓷馆是其"三足"，雕塑馆、印章馆、书法馆等也各具特色。根据讲座教学的需要，我设计实施了以下几条观览路线：从青铜器馆看中国文字的魅力和礼乐文化的变迁，从陶瓷馆看唐宋文学与艺术的关系，从雕塑馆看中国文化思想的演进等。

参观青铜器馆之前我根据"看中国文字的魅力和礼乐文化的变迁"学习目标设置，将学生分成几个探究小组，再根据几个国宝重器的位置，设计几个对话组团：第一组同学课前收集有关青铜器皿基本造型的名字，了解其基本功用并联想收集与之有关的一些汉字。首先观察商朝的爵、鼎，明确酒在商朝礼仪通神中的作用，比较商朝和周朝鼎上饕餮纹饰的不同，引出《美的历程》的介绍，明确在商朝时，神与人关系之重要性大于人与人之间的重要性。提问小组成员关于汉字中"示"字旁字广泛存在的原因，引出甲骨文、金文的变迁及《说文解字》的意义。

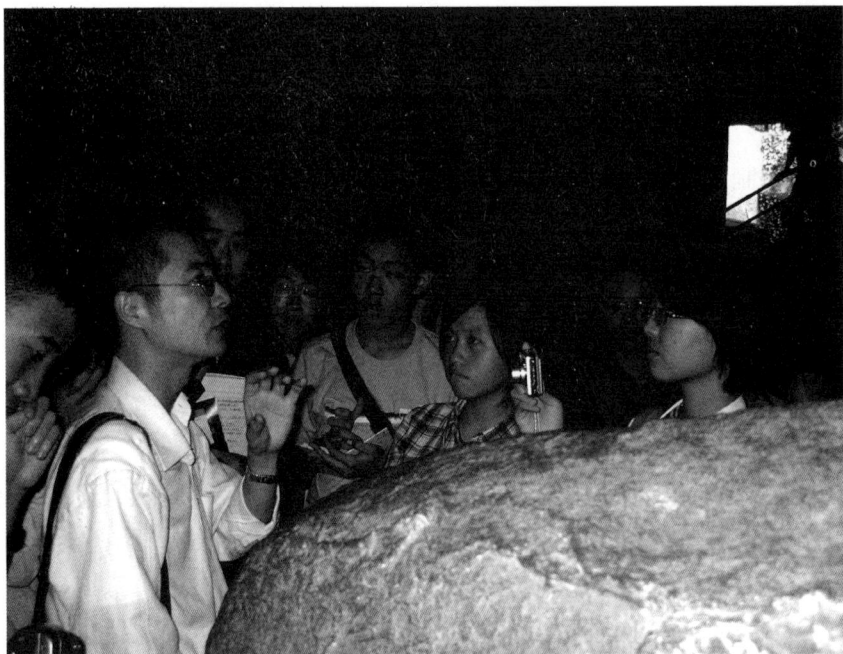

2010 年 10 月人文行走——从雕塑馆看中国文化思想的演进

第二对话组团，以周大克鼎为代表的几个有铭文的鼎和簋的观览探究为主，根据贴出的铭文，让学生推测大意，感知汉语因为有文言系统，不同于英语等表音文字，形成独一无二的文化传承优势，以至三四千年不辍，让今人可以跟三千年前的古人对话。同时文字与器物、石碑的结合，使文化、文明、精神世界的探索物化，传之永恒！可以说汉字使汉语文明成为五大文明古国唯一未曾中断的文明，使汉族成为世界第一大民族，使东亚文明作为世界文明的一极。当学生理解了没有任何一种活着的文字具有这种特殊的作用时，他们才明白没有汉字就没有中华文明的道理。

第三组以父乙觥、牺尊、子仲姜盘、齐侯匜、晋侯钟等精美的青铜器为代表，观察它们高超的制作工艺，联系"觥筹交错、牺牲、钟鸣鼎食、玉盘珍馐"等词语的文化原型及变迁，穿插齐侯匜的爱情传说，感受春秋战国贵族生活与礼乐的关系。在晋侯钟美妙的钟声里，明确周的礼乐制度对中国文化的巨大意义，并且讲解礼乐崩坏面前，孔子"克己复礼，郁郁乎文哉，吾从周"的意义，回顾《论语》精彩片段，激发学生阅读《论语》的兴趣。

第四组则以吴王光剑、吴王夫差剑、镶嵌几何纹方壶等春秋末战国时青铜器为例，说明吴越争霸既体现了江南在中国文化地位的凸显，也预示着一个以杀戮征伐为特征的时代的到来。而以天子九鼎失落的故事为结，在鼎的兴衰背后，诸侯争霸，百家争鸣，时代变换，文化转型，中国文化的孕育期——世界古典文明的鼎盛期在文字被铸刻，礼乐崩坏转型中，迎来一个秦汉帝国的新时代。

作为近现代文明的集聚地，上海还有一类独具特色的博物馆，那就是近现代文化名人故居。这类博物馆及周边社区街道，可以让学生还原作家当时的生活环境，体验作家思想性格与作品风格形成的因素，激发学生拓展阅读，形成探究实践体验的立体方式。教育者应该善于抓住所居住地这类博物馆资源，巧妙加以利用，推动学生读书。如我设计的"走进鲁迅的情感世界——上海鲁迅旧地游学活动设计"贯穿《自嘲》《自题小像》《答客诮》三首课本上的鲁迅诗歌，走进鲁迅的情感世界，将鲁迅故居周边四川北路拉摩斯公寓、原日军海军陆战队司令部大楼、多伦路左联纪念馆、山阴路内山书店、虹口公园鲁迅墓、鲁迅博物馆连为一体。中间在相应的空间和展品前适时穿插《故乡》《孔乙己》《为了忘却的记念》《风筝》《从孩子的照相说起》等鲁迅作品及《一面》（阿累）《回忆鲁迅先生》（萧红）等散文的经典片段，使书籍的历史场景与现实场景巧妙叠加，构成体验鲁迅时代与其特别情怀的读书之旅。

而像"家的故事"——武康路巴金故居，日月楼丰子恺故居，寻访张爱玲的足迹等也是类似的尝试。对于像上海文庙、徐光启墓与纪念馆等则可与《论语》、晚明诗文的阅读巧妙地结合起来。只要教育者善于发现，巧妙组合，博物馆资源就会构成我们身边一本读之不尽、生动立体的大书！

"文化行走"最近四年就有 50 次的历程，其间的风风雨雨、阳光月色，只有一直在行走的人才会真正领悟其中三昧。

2001年带领上海第二批人文讲座学生人文行走——鲁迅故居

　　正如我的一位学生在成年后所写到的那样："随着人文行走的脚步，我一次次迈进博物馆，一次次翻阅着一本本新的大书，青铜大克鼎上铸刻的饕餮图案与贵族克的赫赫战功，为我们展现了一个陌生的古代世界。让我在《美的历程》中漫游，让我追寻《诗经》的韵律，中华文字的魅力在那一刻呈现……樊老师的解说似乎再一次活化着曾侯乙不死的灵魂，再一次活化着《论语》中孔子与弟子们沂水边礼乐的争论……我们静静地听着、听着，仿佛存在于永恒的'天圆地方'，那古老文明的诉说亘古绵长……"

博物馆起步，爱的践行

徐陆洋　现于美国布兰戴斯大学

我曾在樊老师家中的小书房里聆听老师畅谈人类历史与宗教起源，也曾随着老师的脚步走过上海大大小小的里弄古迹与博物馆。记忆中的讲座，没有声势浩大的队伍，没有遍布全城的宣传，只是一位博学的人文教育者，尽心尽力地将自己毕生所知传授给每一个渴望探求的追随者，亲切热忱地和一群少年交流思想和心灵的回声……

由于我天性喜爱自由，随性而行，应试教育的氛围经常让我喘不过气来，更不知自己学习的目的是什么，只想早早考到国外读高中，摆脱眼前的一切。而人文讲坛给我枯燥的初中生活打开了一片天！虽然备战中考课业异常紧张，大家还是利用周末与假期，与樊老师一同游上海。

印象最深刻的一次是在上海博物馆，老师将大家不注意的雕塑馆的展品，以中国人精神世界的变迁为线索，从东汉陶狗身上所体现出汉朝人的"视死如生"，到魏晋佛教造像的超凡脱俗，再到盛唐三教互补，直到宋以后的重归世俗，不知不觉中，中国人几千年对精神的追求活化为眼前流动的陶塑、佛像与侍女俑，让我对这个古老的民族之魂心神激荡……

还有一次是在上海犹太难民纪念馆，当时正好讲座讲到犹太教到基督教的变迁，而樊老师在带领我们游历中将自己祖父、父亲在40年代与犹太难民的真实经历贯穿其中，对照展品我们仿佛能亲身感受犹太民族在流离中的呼喊，仿佛在这历史的空间见证着犹太民族所经历的苦与难，仿佛亲身体验着这两个伟大而苦难的民族相互包容、相互扶持的温暖！讲座不仅让我更深层地体会自己祖国丰厚的文化底蕴，也让我进一步地理解他国的文明，让我深信文化包容与相互关爱的巨大价值！

而这一切，对于高中就选择赴美留学的我来说，有着深远的意义与影响。我毕业于波士顿的一所天主教高中。宗教，对于许多刚出国的人来说是一个陌生的文化冲击，而硬性规定的每日神学课和每月一次的礼拜对于 16 岁的留学生看来更如一个难以跨越的大坎。幸运的是，宗教恰恰是我参加讲座时曾经覆盖到的主题之一。带着已有的领悟，我很快便抓住了神学课的要领并能在考试的小论文中，将天主教、基督教与佛教作联系或对比。时间久了，神学课甚至成了我最喜欢的课之一，因为它不仅仅要求学生读圣经，更多的是一种爱的教育。

爱是善良，更是给予。在讲座与神学课的影响下，我突然也想像樊老师一样，利用自身优势和较长的暑假为祖国做些什么。2011 年初，我与其他七位国内外学生组成了 Eduoutreach 志愿者团队，利用课余时间在美国各自的学校与教堂等地进行了募捐，设计项目与课程，并于同年 7 月下旬前往陕西省安康地区石泉县，对当地的贫困家庭学生进行了探访与善款发放，还为当地学生开展了为期十天的夏令营。通过夏令营，这些学生学到了他们平时在课堂上得不到的知识，还了解到地球另一端同龄人的生活，一如当年通过讲座才学会宏观这大千世界的我。在离开石泉县时，我不仅与当地学生结下深厚友谊，也深深体会到樊老师作为一名教育者，在每次讲座结束后从自身的给予所获得的快乐。

一年前，机缘巧合，我最终选择进入布兰戴斯（Brandeis）大学就读。有趣的是，这所美国顶尖的私立大学由犹太人集资创立，并以第一个犹太人法官路易斯·布兰戴斯的名字命名，号称"犹太哈佛"。虽说布兰戴斯是一所无宗派大学，可校内的犹太学生数量为数不少。得益于讲座和人文行走，我深知犹太民族所经历过的颠沛流离，也能更好地领会我们学校所提倡的"社会公正"的理念。作为学校中国学生会和亚裔美籍学生会活动策划部长，和大家一起开展各种活动，以实践"社会公正"的理想。短短一学期时间，我已与许多犹太同学成为了好友。他们的坚持，对自己文化的热爱，对犹太教的恪守，都不仅让我想到樊老师对讲座的坚持，对文学与历史所倾注的时间与心血。

作为一名在海外的留学生，一名大地上的异乡者，我曾面临认同危机、身份危机，甚至仍不断地在找寻答案。然而我在讲座的经历，以及每一次与樊老师的交谈，都好似一股强大的力量，支持着我突破重重难关，在海外与各族裔同学学习各国文化与新知的同时，我积极参与各种志愿者服务活动，并且多次策划中秋与春节晚会，开展剪窗花、贴春联等中国民俗活动，以自己的实际行动实践传扬民族文化的信念！

在以巴冲突升级的今夏，国际全球研究学专业的我决定自助前往约旦和以色列，以更好地了解当地历史和世界三大宗教的起源。

虽然前途漫漫，但我知道的是，参加过讲座与行走的学生，心中都有一份爱，而经由爱，我们会从点滴做起，去改变身边每一个人，甚至是改变这个世界……

人文行走（二）
上海鲁迅旧地立体阅读
——走进鲁迅的情感世界

（上海鲁迅旧地游学主题教学活动设计）

古人"读万卷书，行万里路"，在现实都市生活中似乎离我们很远，但如果我们转变对教学资源的传统认识，就会很快发现，都市中处处是人文教育的立体课堂。

我们就从四川北路北段说起。从东江湾路、多伦路到山阴路、甜爱路再到鲁迅公园，可组合成一个环形多学科的游学路线。我们可以根据学科的要求选择多个主题，如走近鲁迅、感受左翼文学运动、淞沪抗战风云、万国建筑与文博览胜等。

特别作为语文学科来说，这里所拥有的鲁迅学习资源最为丰富而独到。因为北四川路地区集中有其在上海的三个故居、藏书处、内山书店等在内的鲁迅后期生活场所，及其身后国内重要的纪念地——鲁迅墓、纪念馆、鲁迅公园。它们作为上海的重要文化遗产是学习鲁迅作品，感受鲁迅精神的天然讲堂。游学的方式便于激发走近鲁迅的热情，其本身也是开发学生多元智能、激发探究精神的一种良好方式。

选择走近鲁迅为游学的主题，也可以有很多切入点，上海初三语文教材本身就有"走近鲁迅"单元，根据我 15 次带领各届学生游学的经验，我们可以选择单元固有的鲁迅诗歌一课《自嘲》《自题小像》（可再增加《答客诮》等）作为探究载体，既可增强学生学习的心理期待，发挥诗歌情感渲染感情激荡的优势，又可结合鲁迅的有关作品及他人回忆性散文的阅读，使学生在听读观感说的立体阅读中全面感受鲁迅对民族、对民众、对亲友博大深沉的爱。

当然在游学之前应做好充分的"教学准备"，如安排一节单元引导课进行动员，布置单元探索主题："鲁迅的情感世界"。在单元学习过程中，随时关注调控，后期可根据兴趣将学生分为两大探究专题：

①组——鲁迅对民族大众的情感（以理解《自题小像》为核心）；②组——鲁迅对青年友亲是一种怎样的爱（以理解《答客诮》为核心）。在游学课前两大专题组各

自查阅相关资料，提出具有价值的问题，分别复习相关课文，补充阅读文章。①组侧重《故乡》《孔乙己》《为了忘却的记念》。②组侧重《风筝》《从孩子的照相说起》《一面》（阿累）《回忆鲁迅先生》（萧红）。在出发前，教师要整理学生有代表性的问题，学生以 20 人以内为宜，人多的班级由两位教师带领，学生带好相关材料与笔记本。好了，我们出发！

整个游学过程我们可以把它分为四个部分，便于掌控时间和学习节奏，使游学既生动自然又不至过于散乱。

（一）多伦路——感受鲁迅生活的时代氛围与环境。

我们可以先在多伦路文化街西北口（近东江湾路）集中，提出学生在鲁迅诗歌学习中有价值的问题，如"横眉"与"俯首"如何统一，仅仅是对象不同吗？然而引而不发。笑问："鲁迅这时期有本杂文集叫《且介亭杂文》，大家知道为何叫这个怪异的名字？且介是哪两个字的一半？"笑答中，介绍上海的租界，四川路作为通仟万国商团靶场之路的来历，及"半租界"虹口的有关情况，指认四川北路东江湾路口，"那个体量超级庞大，远看像巨舰一般的特殊建筑为何物？"——"日本海军陆战队司令部大楼，日本将司令部修在中国土地上，大家作何感想？鲁迅生活的是怎样的时代？"简单讲述一·二八事变，虹口公园韩国义士尹奉吉爆炸义举的故事等，感受民族矛盾、民族救亡的激烈与悲壮。带领学生来到旁边的鲁迅拉摩斯公寓旧居，交代鲁迅来沪的大致情况及住进这第二处故居的原因，读背《自题小像》，答问，词句理解。引发学生思考：如何理解"荃不察"，回顾《孔乙己》等思考鲁迅对国民性的批判。指认鲁迅故居窗口，日本友人增田涉曾经回忆："有一次，夜里二点钟的时候，我走过他所住的大楼下面，只有他的房间还亮着灯，那是青色的灯光，在漆黑的夜里，只有一个窗门照耀着。"在这样的漫漫长夜中，启发学生"鲁迅走着一条怎样的路？"回顾《故乡》的片段："世上本没有路……"

分两组在多伦路文化街自由活动 30 分钟，重点参观左联纪念馆，了解左联五烈士情况，感受当时的阶级矛盾与时代氛围。指认四川路回顾《为了忘却的记念》著名片段："但他和我一同走路的时候，可就走得近了，简直是扶住我，因为怕我被汽车或电车撞死；我这面也为他近视而又要照顾别人担心，大家都仓皇失措的愁一路，所以倘不是万不得已，我是不大和他一同出去的，我实在看得他吃力，因而自己也吃力。"然后在多伦路东南口鲁迅雕像前集中。简单汇报参观收获。再次点拨"横眉"与"俯首"的关系，《自题小像》与鲁迅晚年"韧的战斗"精神的关系，大恨来源于大爱。

（二）四川路山阴路口内山书店——进一步感受鲁迅对民众与敌友不同的情感。

从"公咖"到"千爱里"步行的路上，请学生随便讲讲这两处地点的掌故，从鲁迅最后安家在"闹中取静"的山阴路大陆新村的故事中，引出鲁迅面对的威胁与痛苦是否仅仅来自反动政府的迫害？"千夫指"仅仅是指敌人吗？（适当补充一些鲁迅当时论战的情况）在内山书店旧址内外，请二三学生简述《一面》的相关内容，"'我卖给你，两本，一块钱。'什么？我很惊异地望着他：黄里带白的脸，瘦得教人担心。头上直竖着寸把长的头发。牙黄羽纱的长衫。隶体'一'字似的胡须……正是他！站在前进行列最前面的我们的同志，朋友，父亲和师傅！"感受散文所表现的鲁迅对普通人的态度，补充些反映鲁迅对文学青年萧红、萧军、柔石等深深情谊的故事。面对严酷的政治文化形势，面对很多人对鲁迅的不解，甚至围攻，鲁迅是何态度呢？读背《自嘲》，结合相关文章与材料，请学生谈谈"华盖运""遮颜""千夫指""躲"等重点词语的理解，来带动对诗歌颈联的认识（"横眉"是表，"俯首"是里）。

（三）山阴路大陆新村鲁迅故居——感受鲁迅以笔为枪的忘我战斗生活，思考对民族的大爱和对青少年儿童的挚爱与期望。

故居门前，朗读《回忆鲁迅先生》经典片段，如"鲁迅先生自己说：'坐在椅子上翻一翻书就是休息了。'鲁迅先生从下午二三点钟起就陪客人……客人一走，已经是下半夜了，本来已经是睡觉的时候了，可是鲁迅先生正要开始工作……全楼都寂静下去，窗外也一点声音没有了，鲁迅先生站起来，坐到书桌边，在那绿色的台灯下开始写文章了。许先生说鸡鸣的时候，鲁迅先生还是坐着，街上的汽车嘟嘟地叫起来了，鲁迅先生还是坐着。"再补充鲁迅长期受肺病的折磨，最后惊人的体重，连外国医生都感叹肺已经这样的病人怎么会多活十年等，以期为进入故居营造肃穆气氛，在参观中回应文章勾勒的动人情景。

2011 年 9 月 24 日人文行走——鲁迅故居

　　故居出来后，可以提醒学生注意观察记录感受，特别是顶楼周海婴房间与鲁迅卧室的陈设。为什么让孩子住顶楼，为什么房间多藤条家具？比较鲁迅卧室的床为什么比儿子的还小？这是一种溺爱吗？——这对一向以硬气著称的鲁迅来说多么不可思议！读背《答客诮》，"答客诮"就是回应客人认为自己溺爱的嘲笑，思考"怜子如何不丈夫"与一般父爱的区别。请学生结合周海婴卧室墙上照片与《从孩子照相说起》，《风筝》与客厅里周海婴的玩具柜，谈谈对鲁迅式父爱的理解。

　　可以朗读以下几段，"春天，海婴在花园里掘着泥沙，培植着各种玩艺。三楼则特别静了，向着太阳开着两扇玻璃门，门外有一个水门汀的突出的小廊子，春天很温暖地抚摸着门口长垂着的帘子，有时候帘子被风打得很高，飘扬的饱满得和人鱼泡似的，那时候隔院的绿树照进玻璃门扇里来了。海婴坐在地板上装着小工程师在修着一座楼房，他那楼房是用椅子横倒了架起来修的，而后遮起一张被单来算做屋瓦，全个房子在他自己拍着手的赞誉声中完成了。"（《回忆鲁迅先生》）

　　"但中国一般的趋势，却只在向驯良之类——'静'的一方面发展，低眉顺眼，唯唯诺诺，才算一个好孩子，名之曰'有趣'。活泼，健康，顽强，挺胸仰面……凡是属于'动'的，那就未免有人摇头了，甚至于称之为'洋气'。又因为多年受着侵略，就和这'洋气'为仇；更进一步，则故意和这'洋气'反一调：他们活动，我偏静坐；他们讲科学，我偏扶乩……"（《从孩子的照相说起》）

"我已经是中年。我不幸偶而看了一本外国的讲论儿童的书，才知道游戏是儿童最正当的行为，玩具是儿童的天使。于是二十年来毫不忆及的幼小时候对于精神的虐杀的这一幕，忽地在眼前展开，而我的心也仿佛同时变了铅块，很重很重的堕下去了。"（《风筝》）

学生发言后可作一小结：不仅不是溺爱，更是一种饱含期望与反封建追求的深沉的父爱。

（四）鲁迅公园、鲁迅纪念馆、鲁迅墓——自主收集鲁迅资料，纪念鲁迅。

先在鲁迅纪念馆大厅，两组分别提出仍存在的问题，请同学记录。两组同学分别行动，参观中观察记录相关资料，试图解答自己的疑问。参观后重回大厅集合，两组分别根据找寻的一些资料，谈谈新的感受，并且提出新的疑问作为作业。

到鲁迅墓前背诵《自题小像》。将自己想对鲁迅说的话写在卡片上，墓前鞠躬献花。

最后请轻轻朗读《回忆鲁迅先生》最后几段结束这段鲁迅怀念之旅："在病中，鲁迅先生不看报，不看书，只是安静地躺着。但有一张小画是鲁迅先生放在床边上不断看着的。那上边画着一个穿大长裙子飞着头发的女人在大风里边跑，在她旁边的地面上还有小小的红玫瑰花的花朵。记得是一张苏联某画家着色的木刻。鲁迅先生有很多画，为什么只选了这张放在枕边？许先生告诉我的，她也不知道鲁迅先生为什么常常看这小画。有人来问他这样那样的，他说：'你们自己学着做，若没有我呢！'1936年10月17日，鲁迅先生病又发了，又是气喘。17日，一夜未眠。18日，终日喘着。19日，夜的下半夜，人衰弱到极点了。天将发白时，鲁迅先生就像他平日一样，工作完了，他休息了……"

一个差生眼中的人文讲座与行走

洪之卿　毕业于上海交通大学、现于美国某跨国电脑科技公司总部

不管你信不信，我是樊老师人文讲座的成员之一，这真是一个奇妙的世界。

从小我就只对数理化感兴趣，在我的记忆里面，语文从来都是一件恐怖的事情。每次语文考试我都是中下游水平。最讨厌背课文，背古文。我倒是挺喜欢写作文的，可惜字比较难看，当然文章内容也很不受待见，高中时满分 70 分的作文，得个 15 分 18 分的很正常。老师老说我跑题，我无数次冲到语文教研组和老师 PK，为啥我这个就不算是"自选一个角度"。高考成绩出来以后，我的高中语文老师拉着我的手含着泪对我说，你这次考得不错啊，不仅及格了，还多了 13 分，我也算是可以交差了。

就是这样一个一直游走在语文及格线附近的我，却是和樊老师以及他的人文讲座有好多故事。

牟取暴利

记得初二的时候，樊老师是我们的班主任。有一次得知他因为结肠息肉需要动手术切除，不得不停课住进医院。第二天，我和几个同学相约下课后去医院看老师。当时我们的行动还有个代号，叫"牟取暴利"。为啥是这个代号呢？因为我们去看老师动机不纯，除了真的是想去看望一下之外，还暗自希望这次老师被我们感动了，下次语文卷子就可以出得简单一点了。不料这个"牟取暴利"的行动不知被谁泄露了出去，班里同学都争着要一起去，结果就是，樊老师住的那个病房当时聚集了超过 30 个人，把病房堵得水泄不通。

樊老师的病床上还是厚厚的一叠卷子，他还在抽空改卷子。不过我们发现了一个笔记本，里面密密麻麻地写了好多，不过乍一看好像不是我们上课的东西。我们问樊老师这个是啥，他说，"哦，这个是我以前在陕西开讲座的笔记"。

"这是什么讲座?"

"除了课本以外的人文讲座。"

"为啥不给我们开呢?"

......

樊老师的手术还在排队中,我们隔了一天又去看他,那天樊老师看到这么多学生来也很感动,他对我们说,这几天他想了很多,觉得他除了语文课本里面的那些,他还有很多知识想教给我们。他想利用自己的休息时间义务给我们讲讲座,这个讲座凭兴趣参加,这个讲座不仅仅是语文,还有历史,还有地理,还能聊聊政治,不会有考试——我承认,最后一点最吸引我。

等樊老师顺利做完手术出院回来上课了,人文讲座也正式开张了。虽然当初的"牟取暴利"计划和想象有点不同,但是整体来说还是非常成功的。可惜的是,作为差生的我毫无悬念地几乎全忘了第一次老师讲了啥,但是我依稀记得樊老师讲到了台湾。事实上,我那时第一次知道原来台湾是个很发达的地区——之前所有对台湾的认识是国民党反动派的聚集地,眼睛一闭满脑就浮现出土匪窝的样子。也是那个时候,樊老师带我们接触了一份叫《南方周末》的报纸,1.5 元一份,我们都很爱看。虽然大多数文章我都不知道它在说些什么,但是从那仅有的几篇看得懂的文章中,我幼小的心灵也受到了不少冲击——原来事情可以从这个角度去看。

人为什么要活着

十四岁是叛逆的,我的十四岁更是。我当时一直在想,这些老师有啥厉害的,给语文老师一张数学卷子,给数学老师一张英语卷子,给英语老师一张物理卷子,给物理老师一张语文卷子,分数还指不定谁比谁高呢。

有一天,我们几个跑去找樊老师:"你讲座的时候说有任何想法都可以提问是吗?"

"是呀,你有什么问题?"

"人为什么要活着?现在读书这么辛苦,就算以后读了大学能挣钱养家,到最后还是会死去,那我们这么辛苦是为什么?"

这些问题其实并不是我们有意想刁难老师，这是我们好多同学当时真真正正在思考的问题。我们每天上学，做作业，考试，放假。我不知道为什么要这么做，只知道这是所有人都在做的事情，那我们只好也这么做。现在想想，我们的教育从小到大，确实从来没有提到过这些问题，哪怕一点点。樊老师略有所思，然后和我们说，放学以后有兴趣的话可以留下来，我们来探讨一下这个问题。

我是最高兴不过的了。虽然这个问题我的确想知道答案，但是比这个更重要的是，可以打发放学后无聊的时光了。叛逆的我那时放学以后一直不太愿意回家，觉得回家了就是那一成不变的样子，特别没有意思。另一个方面，只要不是上课要考试的东西，我都特别愿意花时间去，比如文艺演出拍个小品啦，再比如听听老师的人文讲座。

那天放学后，老师来到了教室，其他的同学大多都回家了，剩下几个和我有着相似问题的同学，我们围坐一圈，开始了一段不同寻常的讨论。

"芸芸众生，各有各的活法：有的人活一天算一天，抱着做一天和尚撞一天钟的想法而活着；有的人看破红尘踏入佛门认为那才是自己最终的归属；有的人选择放弃，认为一死百了；有的人为追求更好的生活质量而不断进取，不断地努力，最后成功。"

"有的人活着，他已经死了；有的人死了，他还活着。"

"我们首先来探讨一下，活着的定义是什么？或者说，什么叫活着？"

……

这一晃应该已经是十六年前的事情了，我也是毫无悬念地忘记了大多数内容，然而就这些仅有的记忆碎片却一直不停地冲击着我的内心。当时就这一个问题我们就深入探讨了好多次，我们谈古人，谈历史，谈地理，谈哲学。我依然懵懵懂懂，但是我们每次结束的时候确实让我觉得生活充满了阳光。

内山书店

已经记不清是初中几年级了，有篇课文叫《一面》，讲的是鲁迅先生的事情。对于我来说，上语文课依然是那么的无聊。正当我期盼着快点下课的时候，老师突然岔开了话题：

"你们知道吗？你们生活在上海非常幸福，我不是说生活物质上的，而是指上海聚集了相当可观的人文遗产。外滩万国建筑群大家都已经熟知了，你们也应该知道，鲁迅最后就生活在上海，鲁迅故居就在离我们不远的地方，内山书店就在鲁迅公园旁边。这周末我可以带大家去探访一下鲁迅的足迹，大家有兴趣吗？"

我"噌"一下就精神了，这不就是出去玩吗？太给力了，我喜欢！第一个举手说好的，要去的。好多同学也一同响应，如果我没记错的话，这个应该就是樊老师到上海以来第一次的人文行走了。大家也都非常兴奋，我们从来没有想过语文课可以在教室外面上，我也是第一次发现，原来人文也是可以像物理化学一样，有看得见摸得着的东西可以验证的。

周末那天天气有点阴，但这一点也没有影响到我们激动的心情。大家早早地在鲁迅公园门前集合，樊老师带队走到了山阴路，走进了那传说中的大陆新村9号，鲁迅故居。这是一座砖木结构，红砖红瓦的三层楼房。故居坐北朝南，走进黑铁皮大门，是一个小花园。走上台阶，就是会客室。中间摆着西式餐桌。西墙放着书橱、手摇留声机和瞿秋白去江西瑞金时赠给鲁迅的工作台。我们了解到，住在这里的9年间，鲁迅写了许多战斗性杂文，并编辑《译文》杂志，翻译《死魂灵》等作品。二楼的前间是鲁迅的卧室兼工作室，朝南窗下放着书桌和陈旧的藤椅，鲁迅当年身伏书桌，写出了许多叫论敌胆战心惊的文章。他在藤椅上沉思，许多杂文就在这里诞生。大家在参观的路上都很安静、很专注，仿佛瞬间回到了那个时代。当导游说起鲁迅卧室里面的那个闹钟永远地停在了5点25分的时候，好多同学眼睛里都闪着一丝泪光。

走出鲁迅故居后，我们又来到了传说中的内山书店。其实这里已经变成了新华书店，只有从新华书店旁边的一块小铜牌上看到了名字。从小到大一直在学校里面读书，我都有种感觉，那就是书本里的世界和现实世界是两个完全不相干的平行宇宙，然而就这一块小铜牌，这次的行走让我突然感觉到历史是那么的真实，我们就在同一个世界里面。我也有点明白了在经历了这么多风风雨雨后，政府还在这里树立那块牌子的意义，他们就是要告诉我们，我们的的确确生活在同一个时空里面。

樊老师和人文讲座的故事太多太多，三天三夜也讲不完。

我是一个理科生，从小父亲给我的电池电阻电灯泡让我对物理化学充满了兴趣，父亲教给了我人生中最重要的一课——有些学科学习起来是很快乐的。然而樊老师的人文讲座和人文行走确实是除我父亲之外对我影响最深远的东西了——他让我感受到人文的学科也是这么的有乐趣。作为差生的我虽然记不住讲座的大部分内容，但是我从讲座中学会了独立思考，学会了接受各种不同的声音。人文行走让我感受到了历史的存在，也感受到了我自己存在的空间。大学毕业工作近7年了，我时时刻刻都不忘学习新东西，并且对人文历史医药音乐数学哲学都非常感兴趣。我的书架上并排放着《量子力学》《史记》《斐多》，《Machine Learning》……我每天都会翻看几页，是的，各种知识在一起才让人感到完整。

　　学习学的是知识和技能，知识固然重要，但是学到的技能是终身受益而且可以应用在各个地方的。就像我的高等数学一样，我承认学完以后公式什么的差不多都忘记了，但是学习高等数学得来的那些异常严谨的推理能力，都时时刻刻影响着我的生活和工作。人文讲座也一样，知识是载体，知识的背后，是接纳，是思考，是感悟。

人文行走（三）

上海文庙
——寻找失落的根

（儒学文化寻根游学设计）

　　长期以来，大家误以为上海是传统文化资源匮乏之地，除了严重商业化的城隍庙，找不到合适的传统文化教育场所。其实上海文庙作为中心城区唯一的儒学圣地，却被我们遗忘在教育视野之外。

　　文庙总是清净的，无论时日。挑选秋冬时分前去，如果周日（有文庙书市）再有个风霜雨雪可能更能营造文庙的文化古韵吧。学生当然需要准备好《论语》一册在手，读过若干篇章，关于儒家文化总略知一二才好。

2014 年 7 月"中国好作业"活动——文庙行走

让学生自己迈过喧嚣的老西门，来到一边低低矮矮沿街小店，另一边被现代主义风格黑压压的建筑逼仄下的文庙路，商铺与地摊满路，店主的叫卖声不绝于耳——这环境的反差，有些飞扬跋扈的不羁，自然给学生视觉上的冲击。古雅冷清的文庙藏身在这氛围中，正是传统文化在功利大潮中悲哀处境的立体写照。不用先点破，亲身感受，体验激发思考，可以成为最好的教育。

复古红的门框映衬着镇庙的雄狮，在棂星门前集中后，告诉学生"千百年来，人们经过孔庙必须遵守武官下马，文官下轿的原则……"据统计，明、清时期，我国共有孔庙近3000座，汉族聚集区每个县级单位都必然有一文庙，这样的规模，大约世界上其他任何历史人物的纪念物都无法与之相比。除了因为孔子地位崇高之外，更因为孔庙担负着传统中国人"精神圣殿"的地位，可以说"国外处处有教堂，国内处处有文庙"。而上海文庙从南宋咸淳三年有镇学到元朝建县有文庙，数次扩建，几经兴废，太平天国战火焚毁后，移址重建，700多年终究挺立。那是一种怎样的精神的支撑？让我们迈进中国人的圣殿，感受中国人的精神家园……

沿着祭祀崇圣线依次进入，包括棂星门、大成门、大成殿、东西庑廊、崇圣祠。可以告诉学生文庙兴于汉，唐代明皇开元二十七年（739年），玄宗皇帝特别加封孔子为文宣王，从此孔庙也叫文宣王庙，后来简称为"文庙"。宋徽宗崇宁三年（1104年），文宣殿由皇帝下诏，改名为"大成殿"。取义孔子之功"圣集大成"之意。边讲边引入长长的甬道，带学生进入漫漫历史时空。进入大成殿，给学生介绍最上是清嘉庆皇帝所题"圣集大成"匾，中间是道光皇帝所题"圣协时中"匾，下面是咸丰皇帝所题"德齐帱载"匾；并且讨论匾额之意及作用。随之关注殿柱上的楹联："好学近乎智，力行近乎义，知耻近乎勇，先哲明训；富贵不能淫，贫贱不能移，威武不能屈，今人右铭。"追问学生楹联巧对的出处与深意。对所承载的儒家思想内涵加以点拨。宏伟殿堂的空间感自然带学生仰望圣贤大道。

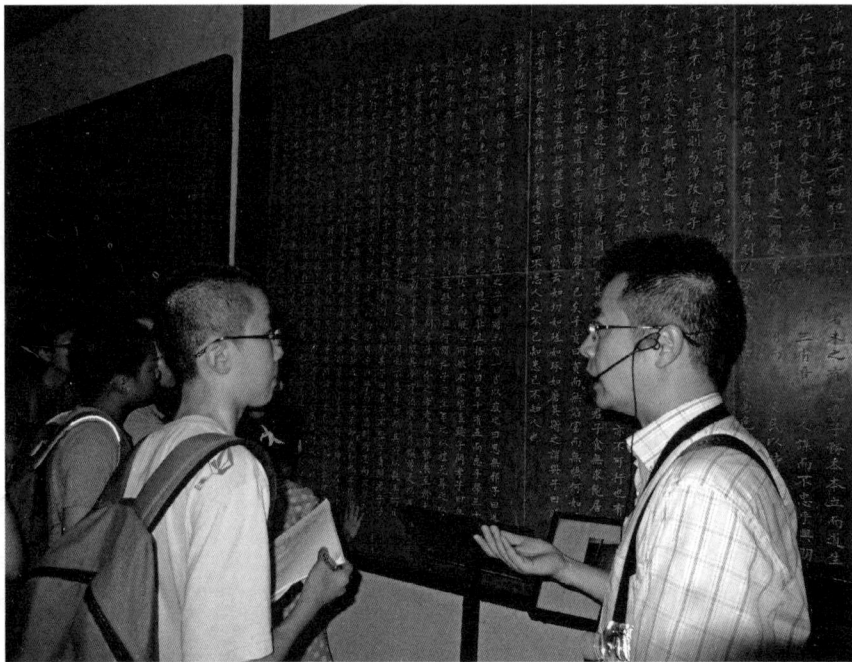

2014 年 7 月"中国好作业"活动——文庙行走

　　不经意间让大家的目光掠过右旁古朴编钟而侧转，顿时会生出惊愕和震动——这是怎样的一番景象？灰硬的石壁上，竟如蝗蛾一般地布满了密密麻麻的刻痕，横竖勾捺，赫然分明的楷书，却又对齐地组成一排排古经方阵，由上而下地，流出文字的瀑布——全国罕见的《论语》石刻殿墙！我们可让学生三五一群，到四围石壁去阅读，找寻自己熟悉或感兴趣的文字。于是，或抚摸，或比画，或摩挲，那经典古意会富有质感地在学生的指尖下呈现，竟比书香晕染的书册铅字更让人叹为观止。在笔锋凌厉，曲折有致的摩划中轻轻地吟诵，"子曰吾十有五而志于学，三十而立，四十而不惑""子曰不知命，无以为君子也；不知礼，无以立也""君子不器""士不可以不弘毅，任重而道远"……带着久别重逢的亲切与深沉的敬意！老师穿梭其间，点拨文意与《论语》的传承故事。也许学生们在看似冰冷的石头文字间会感到"文字也仿佛有了生命，它缠绕在你我的指间，灵动飞舞，气势飞扬……因为我们是中国人，中华文化流动在我的血液中，我的心就会为那久远的温暖而悸动！"（引文摘自学生随笔转身带领学生向东进入尊经阁，进入与祭祀崇圣线并列的讲学线参观。首先介绍宋朝范仲淹在苏州文庙创立文庙学宫并立"道学一体"的特殊形制，延续千年。使中国人将儒学纳入现实生活而远离宗教神学空缈，却又有宗教般的神圣的地位。观看尊经阁内留存的儒家经典，简介四书五经的成书历程和科举制的发展历程与历史功绩，它让儒家文化"修身齐家治国平天下"有了制度的保证，使社会阶层不再固化，文明传承，社会安定，道统延续……

　　踱步明伦堂，在仿古讲坛下坐定，在学生因新奇而试着跪坐之时，介绍古代跪坐、长跪、起身的姿势。介绍古代礼节，说明礼乐制度的意义。然后和学生一起拿起《论语》朗诵，"学而时习之，不亦说乎？有朋自远方来，不亦乐乎？……"让琅琅书声回荡于殿宇之间，那将是普通课堂绝不会复制的情深真纯之境！

　　下面让学生轻松一下，可以在明伦堂背面元、明、清279位进士名录墙上根据有关知识找寻上海城隍秦裕伯和大科学家徐光启，谁先找到给予奖励，赠予幸运卡，挂在大成殿前的许愿树上——过去各地文庙都有这样的习俗，学子将许愿卡挂在大成殿前，祈求孔圣人保佑自己一举成名。欢乐之余也将对圣人对文化的敬意熔铸期间。

　　之后在刚才解散的地方，明伦堂与尊经阁之间的小院集中。观察小院中的一块麒麟石，"大家知道为什么这里会耸立此石吗？这与孔子的一生紧密相连"。传说孔子母亲感麟而生孔子。《史记·孔子世家》记载："鲁哀公十四年春，狩大野。叔孙氏车子■商获兽，以为不祥。仲尼视之，曰：'麟也。'取之。"那时孔子已七十多岁，面对礼乐崩坏的世界，周游列国而无功的人生，他不能不伤怀，《孔子家语》中说："孔子曰：'麟也。胡为来哉？胡为来哉？'反袂拭面，涕泣沾衿。叔孙闻之，然后取之。子贡问曰：'人丁何泣尔？'孔子曰：'麟之至，为明王也，出非其时而害，吾是以伤焉。'""出非其时而害"是孔子对其生命悲剧的总结。孔子一生周游列国，执着于在礼乐崩毁的岁月恢复大道，终于壮志未酬，两年后就去世了。《春秋》的最后一句话即是"（鲁）哀公十有四年，春，西狩获麟"。孔子用他的人生追求告诉我们什么叫作"知其不可而为之""知天命"的内涵。

　　最后来到最东面听雨轩，面对一池清净方塘，老师将对岸魁星楼与天光云影池的故事娓娓道来。魁星楼相当于过去各地的文峰塔的作用，远望像一支巨笔，象征着文化的命脉，直立于天地之间，而一旁的天光云影池恰似一观清砚，闪耀着熠熠光泽。朱熹《观书有感》："问渠那得清如许，为有源头活水来。"文化的命脉来源于什么？当我们关注于文庙和它周围高耸的"曼哈顿公寓""圣菲家园"，那些喧嚣和所谓的"不要输在起跑线上"的拼死追赶，那些永远做不完的考卷，那些关在教室里的无穷无尽的补课，我们不得不追问，我们遗失了什么"源头活水"?！我们可以在孩子们眼中看到答案，因为我们在学生游学的过程里种下了一颗心灵的种子——那是我们必须寻找的失落的教育之根，文化之根！

2014 年 7 月人文行走——文庙

学生反馈

文庙足迹

吴鼎闻　现于复旦大学附属中学

　　雪，纷纷扬扬地飘下，雪地里深浅不一地被踏上了学子与老师的足迹。在文庙的院落里，伫立风雪中的我们或聆听或笔记，时间被定格，那一刻，是属于我们的永恒。

静静地坐落于高楼间，任由周遭的一切如此突兀，它仍空自独守着空旷的场院，被白雪披上一层银霜，悠然地维护着自身的和谐。我们的进入并未给老庙以太多的喧嚣，因为我们知道，此刻安静地聆听是对它最崇高的敬意。

汉武帝时期被推崇，宋时达到鼎盛。儒家思想的传扬与延续也昭示着中华文化的发扬与壮大。科举的推崇更是打破了人与人之间的界限，为中华文化的繁荣起到了极大的作用。于是文庙作为儒家在物质上的载体，构筑起现在文化的精神家园。听樊老师追溯文庙的历史与发展，渐渐从文庙的屋檐瓦墙中体悟到了一种传递与历史的厚重，即便这是清后重修的格局了。

寻文庙的轴线随老师徐行以入，文庙的建筑如画卷一般缓缓铺开。房内是木构的窗、门、几、案。建筑中总能隐隐捕捉到一丝亲切、一种坚韧。于是儒家平和自然的生活态度、中庸的思想理念也借于此得到表露、传递。屋外也有翠竹、劲松、梅花那"岁寒三友"。楼阁屹于池旁，代表着"天光云影共徘徊"的朱子情韵，真是无处不是景，无处不蕴含着儒家的哲思。

天色渐暗，雪已经停了。我们的旅程即将迈向终点。我却对今日的见闻有几分思索。我们离去后的老庙又会变得空寂了吧！但谁又可曾想过科举犹存的年代这里是多么的熙熙攘攘。自1905年科举制废除后孔孟经典渐不如从前，文庙也渐渐衰败。但文庙代表的中华文明难道也要在这个时代的冲击下，被庞杂的潮流取代吗？文庙在守候，任凭文庙街一侧的敬业中学已筑起高墙。文庙的守候不应只是被当作过往的记忆被尘封，它更应该被我们所尊敬，所延续……

文庙的院落再一次安静了，我回头凝望，地面上我们留下的足迹还未消融。我赶上前行的同伴们，发现点点火光似在我们心间跳动，我相信我们留下的不仅是深深的足迹，文化的种子更在我们心中深深埋下。

常回家看看

彭元凯　现于同济大学

　　游览文庙的日子正是号称"中国第一史诗大片"——《孔子》热映的时候。樊老师也带领我们前去观看，随着很多关乎这部电影的负面新闻，网民们对这部电影的评价也是一落千丈。《孔子》受此冷落，不能说是全因为国人对于传统文化已无兴趣，却也不能忽略这一点，着实令人悲哀。

　　樊老师在大成门前点拨一二，一位妇人正在擦门的镜像引我瞩目。深红大门由于擦拭，而显得一半鲜艳，另一半披灰带尘。在这个科技高速发展的时代，所谓快餐式的现代文化牢牢地把持了大众视线，而古代文化就显得寂寞古板，令人敬而远之。可正像这扇被擦拭的门一样，新文化就如同水一般使之明亮鲜艳，赏心悦目，可是它是在古代文化这扇大门上才显得功用非凡。奥斯卡大片《狮子王》，借莎士比亚经典悲剧《哈姆莱特》而熠熠生辉，也说明了这一点。

　　大殿里，老师的指点让我们惊奇地发现两边墙面上刻着的《论语》全本。一块一块石板，一枚一枚汉字，刻着的是先贤智慧，留下的是仁心仁义。我们不约而同地去寻找一些熟知的名句，"学而时习之，不亦说乎？有朋自远方来，不亦乐乎？人不知而不愠，不亦君子乎？""吾十有五而志于学，三十而立，四十而不惑，五十而知天命，六十而耳顺，七十而从心所欲，不逾矩。""温故而知新，可以为师矣。"……这看似平常的场景却让老师面含微笑，是的，人文讲坛的日日夜夜不会白费。

　　孔子的像矗立在大殿外，一位博学庄严的老人，佩剑作揖。他正对着文庙的门，似乎是对每个踏进文庙的人作揖，在家恭敬地欢迎客人。说到"家"，不禁想到"丧家狗"这个称呼。最近在看《百家讲坛——孔子是怎样炼成的》，鲍鹏山教授说"其实我们每个人都是丧家狗。《圣经》里说'人是被上帝从伊甸园赶出来的'。那么，伊甸园就是人类的家。因为我们有家，我们才知道自己'丧家'。"就像樊老师所言：文庙就好似一个家，一个文化的家，一个中国文化的家，文庙的清冷景象，亦是家庭的清冷，亦是人心的清冷。

　　文庙，孔子。常回家看看。

人文行走（四）

苏州河
——一条都市的长河

引入

听《苏州河边》，放苏州河行走录像。

歌词："我们走着迷失了方向，尽在暗的河边彷徨，不知是世界离弃我们，还是我们把他遗忘。夜留下一片寂寞，世上只有我们两个，我望着你你望着我，千言万语变作沉默。"

自暑假来三次苏州河行走的影像历历在目，而这首 20 世纪 30 年代流行的歌曲，到今天依然引人深思，通过人文行走与阅读，我们发现，面对历史、文学和都市的发展，我们应该思考"是世界遗弃了我们，还是我们把他遗忘"？

古代吴淞江

下面让我们借助文字的力量，再次走近苏州河，走近这条大都市的精神之河。

我们沿苏州河北岸静静地行走，古代有很多诗文写到苏州河，你作品印象最深的是哪首哪篇，为什么？

诗词例举：

秋风起兮木叶飞，吴江水兮鲈正肥。三千里兮家未归，恨难禁兮仰天悲。——《思吴江歌》（张季鹰）

君不见吴中张翰称达生，秋风忽忆江东行。且乐生前一杯酒，何须身后千载名？——《行路难》（李白）

焉得并州快剪刀，剪取吴淞半江水。——《戏题王宰画山水图歌》（杜甫）

犹有鲈鱼莼菜兴，来春或拟往江东。——《偶吟》（白居易）

寒江春晓片云晴，两岸花飞夜更明。鲈鱼脍，莼菜羹，餐罢酣歌带月行。——日本平安朝嵯峨天皇，拟张志和的《渔父》词

苇蓬疏薄漏斜阳，半日孤吟未过江。唯有鹭鸶知我意，时时翘足对船窗。——《泛吴松江》（王禹偁）

季鹰真得水中仙，直为鲈鱼也自贤。（苏东坡）

休说鲈鱼堪脍，尽西风，季鹰归未。——《水龙吟》（辛弃疾）

它们有什么共同内容指向？——美丽、回归（板书）

2012 年 4 月 7 日人文行走——苏州河

近现代苏州河——讨论文学作品给予城市景物的特别魅力

下面让我们顺流而下，从河南路桥（天后宫桥）到四川路桥。自 1842 年上海开埠以后，近现代文学一些重要作品都诞生在苏州河边。

1. 茅盾《子夜》的开头是从苏州河河南路桥开始的，这样开头的作用是什么？

①简要概括《子夜》主体故事。

②说说对整部小说展现的内容有何作用，朗读景物描写的片段。

《子夜》（开头）

"太阳刚刚下了地平线。软风一阵一阵地吹上人面，怪痒痒的。苏州河的浊水幻成了金绿色，轻轻地，悄悄地，向西流去。黄浦的夕潮不知怎的已经涨上了，现在沿这苏州河两岸的各色船只都浮得高高地，舱面比码头还高了约莫半尺。风吹来外滩公园里的音乐，却只有那炒豆似的铜鼓声最分明，也最叫人兴奋。"

2014年5月24日人文行走——苏州河

2. 可张爱玲《公寓记趣》等作品却展现了同时代上海看似不一样的风貌、格调。"公寓记趣"的"趣"在哪里？朗读相应语段。

《公寓记趣》（片段）

"读到'我欲乘风归去，又恐琼楼玉宇，高处不胜寒'的两句词，公寓房子上层的居民多半要感到毛骨悚然。屋子越高越冷……

但是你没看见过电车进厂的特殊情形吧？一辆衔接一辆，像排了队的小孩，嘈杂，叫嚣，愉快地打着哑嗓子的铃：'克林，克赖，克赖，克赖！'吵闹之中又带着一点由疲乏而生的驯服，是快上床的孩子，等着母亲来刷洗他们。车里的灯点得雪亮。"

张爱玲最经典的海派作家的"趣"又在哪里？

3. 无论是茅盾眼中被资本异化、被革命激荡的魔都，还是张爱玲笔下那个市民玩味爱恨交织的上海，都活化出一个充满激情活力的国际大都市形象，无论称她为"地狱天堂"。

小结：这就是文学的力量！她使景物充满韵味，有了人文的生命——从莼鲈之思的吴淞江到涌动着激情活力的国际大都市的苏州河，一条河因为文学而永远流淌在人们的心里。

当代苏州河——语文综合实践活动中的思考

下面让我们继续沿河行走，走进当代的上海：我们拍摄了一些苏州河的照片，做过《苏州河》小报、设计了上海文化说明文应用型题目，进行了《苏州河边》歌唱展演。这些引发了我们一系列思考，下面请就你感触最深的照片说说你的发现与感想。

1. 照片命名

①天后宫、上海总商会旧址；②河滨公寓；③邮政总局与雕像；④外白渡桥河水。

2. "苏州河小报"的创意

3. 应用

说明文命题展示：

①假如有一天天后宫重回天后宫桥（河南路桥）头，请你为她写一句欢迎词。

②请你为河滨公寓写一句广告语。

③假如保护雕像的文艺青年获得了"感动中国"十大人物的奖项。请你为他写一段颁奖词。

尾声——参与《苏州河边》演唱

在应试教育一统天下的今天，我被大家行走都市，实践传承（板书）的热情深深感动，就像那首《苏州河边》给我们的提醒——我们不能遗忘历史、遗忘文学、遗忘千百年来人们对美好、自由的追寻，那是城市的灵魂，是人类永恒的主题！

让我们一起歌唱，让那条苏州河永远留在现代人的心里！

作业：阅读以下"中国好作业"获奖作文，选择你喜爱的加以点评。

（2013年暑期上海市教委主办"中国好作业"学生实践活动，邀请了中科院院士、大学教授、科学家、艺术家、中小学名师等组成导师团队，我也荣幸受邀，大家努力为学生提供一个广阔的学习实践平台，让他们发现学习的本质。我于7月28日冒酷暑带领从全市各个区及外地赶来的30位学生参加了"人文地行走——苏州河"活动，并在后来的颁奖大会上代表导师们，对缪书婷同学的作品进行了点评。）

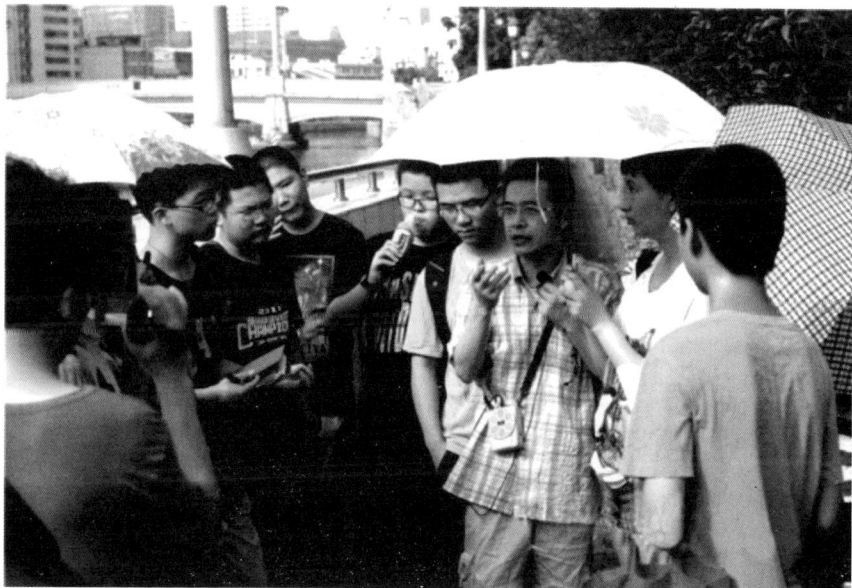

2013年7月"中国好作业"活动——苏州河行走

"中国好作业"银奖作品

我曾走在苏州河畔

缪书婷

　　"如果有一天我走了，你会像马达一样找我吗？""会。""会一直找吗？""会。""会一直找到死吗？""会。""你撒谎。像这样的事情只有爱情故事里才会有。""你不信？""我不信。"

　　电影？苏州河？关于四个年轻人的生活，摄影师意外地邂逅了美人鱼，马达在风雨中漂荡数年最终找到了牡丹，两个面容相似的女人，两段截然不同的故事，因为一个男子的疯狂将故事互相拉扯、交织，汇聚成一个巨大的旋涡，不由分说地将这四个年轻人，不，还有每一个观影者每一个忙碌于大街小巷的人们裹挟。电影的结局是摄影师的信誓旦旦，最终还是化为一纸浮云。他说："我知道一切不会永远，我想我只有回到阳台上去，我知道我的爱情故事会继续下去，宁愿一个人闭上眼睛，等待下一次的爱情！"而马达和牡丹也化为两具冰冷的尸体，躺在外白渡桥上。

　　不算太好的像素，不合时宜的镜头摇晃，让我记住了这样一条"沉淀了这个城市的繁华、往事、传说和所有的垃圾"的河。

　　于是我们真的去了苏州河，这条流淌了五千年的河，高楼大厦在其周围鳞次栉比，构搭出大半个上海。它的确没有让我"失望"，在烈日的炙烤下，难掩其恶臭，可是老杜却说"焉得并州快剪刀，剪取吴淞半江水"，是不是有些讽刺呢？鲜美的四鳃鲈鱼成批的在大坝面前死去，其悲壮令人唏嘘。

　　只是她到底还是我们传统意义上的母亲河，她催生出的上海的人，上海的文化，都值得我们细细品味……

　　上海人在我的印象中，似乎并不太受其他地方人的待见。那些说有被上海人鄙夷地称之为"乡下人"的人，大概也会嫌弃上海人太精明，太刻薄，又没有钱；也会嫌在上海看到的只有熙熙攘攘的人，没有古迹可循。一个只有170年的开埠历史，从一个小渔村而腾空出世，一跃成为领跑中国经济的大城市多少让人有些不服气。在余秋雨的《上海人》中曾提到"真正地道的上海人就是上海郊区的农民，而上海人又瞧不起'乡下人'。于是，上海人陷入了一种无法自拔的尴尬。"我总在想，是否这样的一种由来已久的尴尬让上海人对自己也没有太多的信心可言，于是反倒更加的浓妆艳抹起来，从而遮蔽自己内心的惶恐，就像是一只虚张声势的小狮子呢？于是，我们在中国富豪榜上看不到上海人的名字，至多也就是大企业的高管；于是，我们就看到了一群踩着高跟鞋却去挤地铁的上班族，他们渴望着可以左右逢源，晋升加薪。在苏州河的边上，我们看到很多高耸的住宅楼，抛开美学理念，抛开高昂的房价，上海人只求能有这样的一个住所。哪怕背上高昂的贷款也在所不惜，于是在上海再也不会有像张爱玲这样的女子了——"非得听见电车响才睡得着觉的。"那些住在最高楼层的人们，大概也只会感到"高处不胜寒"吧！再也不会有在高楼上"换衣服的惬意"了。

城市化的进程或许改变了很多人心中的价值观，但每一次想到在上海还有像鲁迅，像张爱玲，像王安忆那样的作家，看到他们用笔构筑出的一个上海，心中就会感到些许安慰。或者还有一些更普通的人：那个我不记得名字，却用生命保护下了邮政总局上的雕塑的年青艺术生；那些死守最后一道防线的八百壮士，即使手无寸铁，也依然试图守住这片挚爱的土地，守住一份民族的尊严。他、他们，无论是否是土生土长的上海人，但是这样一份美丽的心灵已经扎根于有幸知道这个故事的人的心中。苏州河依然清澈干净，洗刷着我们的心灵。

提到上海不得不谈的就是他的海派文化。20 世纪 30 年代由沈从文先生引起的京派、海派的争辩到如今也不知是否是真的停歇了。无论是批评者例如沈从文，还是辩护者例如苏汶，他们都很清楚地晓得"海派"意味着"爱钱，商业化"。苏汶于《文人在上海》一文中曾写道："于是上海的文人更迫的要钱。这结果自然是多产，迅速的著书，一完稿便急于送出，没有闲暇在抽斗里横一边竖一遍的修改。这种不幸的情形诚然是有，但我不觉得这是可耻的事情。"苏汶的看法大概会让很多北平的文人心生鄙夷，但也确实是大实话。对于京派，海派，还是鲁迅先生说得好："要而言之，不过'京派'是官的帮闲，'海派'则是商的帮忙而已。"只是到了如今，无论是哪里的"文人"都"迅速的著书"，而且并未感到"不幸"，这大概才是真正的不幸。急功近利、乌烟瘴气，又怎可奢求在文学上能有什么佳作出现呢？

然而如今，人们提到海派大多是啧啧拍手称赞，从周立波的海派清口，到我们逢人就说的海派文化。要是知道了它最初的意义，大概又会陷入到无法自拔的尴尬之中吧！

行走那日，因为人数众多也堵了不少行人的路。不知是否是意外，遇到的行人大多是有些上了年纪的，遇见我们当了他们的去路时，也只是拨一拨清脆的自行车铃声，或者侧身挤过。他们依旧做着老年操，和老伴一起散步，并不因我们的到来而显得惊惶。有的老者还帮着樊老师一起介绍上海的老故事，让我们感动不已。他们或许不知文化为何物，但他们却是历史的见证者，文化的延续者，他们因为苏州河水的洗涤因而在生命里多了一份坚韧和涵养。

苏州河静静地流淌，这条"沉淀了这个城市的繁华、往事、传说和所有的垃圾"的河，是所有生在这个城市的人都不可忘怀的。她只是那样静静的，不会激起浪涛，俨然一个熟睡了的老者，她的每一滴河水都蕴满了这个城市的故事……

樊老师的点评：

读书、写作与实践如何更好结合，是自己做中学教师22年来一直苦苦追寻的问题。为此，多年来我以上海为基点，开发了古典文化体验15条线路，近现代文化体验15条线路，这次作业选择了"苏州河——一条都市的长河"这一主题线路。

参加活动的有三四十人，包括从成都赶来的学生和他们的老师，一些志愿者家长等。在应试功利的现实中，在烈日炎炎炙烤下去行走，本身就昭示了当代学生、家长和老师对新的学习方式的热情，对回归学习本质的思考，对缺失的人文精神的呼唤！

缪书婷同学的作业是其中的佼佼者，她以电影《苏州河》里的著名台词"苏州河是一条沉淀了这个城市的繁华、往事、传说和所有的垃圾的河"入题。抓住上海文化在错杂中演进的特质，在矛盾碰撞中引发读者沉思现代上海人、现代中国人的迷失，并张扬一种坚守的精神，那份如苏州河一般的坚韧、尊严与富于人性光辉的精神。

为此，她发现了苏州河的污染，四腮鲈鱼的绝迹，乡愁之思的消亡，当代建筑的断裂；她阅读了鲁迅、张爱玲、王安忆有关上海的文学作品，查阅了《文化苦旅》《上海读本》等书籍；她思考着现代上海人在财富与权力的追逐中的迷失；她感动于河边那些普通市民安详热忱和对自己城市文明的追寻；她更震撼于八百壮士的壮烈，

"文革"灾难中保护艺术的无名青年人性的光辉!

读万卷书,行万里路。阅读——行走——再阅读——再行走,这个相互促进的历程正是知行合一理想的完美体现!愿更多的学生伴着书籍踏上人文行走的历程!愿"中国好作业"带领学生走上人生全新的旅程!

"中国好作业"铜奖作品

行走——平凡却沉稳地前进

毛星雨

不知何时已习惯在空调间内看窗外阳光燥热,不知何时习惯一瞥而过书刊上的文字,不知何时习惯了奔跑,而忘了行走。忙碌使我们不得不压缩时间,不知多少个像今天这样的阳光炙热的早晨,我们步履匆匆,从路上小跑而过。身旁晃过的景色,从未留心。

今天早晨的苏州河浑浊,没有波纹。我的行走就在这里开始。我们一步一步跟着樊老师,一面听讲,一面用眼睛捕捉苏州河边的景色。

老师在河南路桥边停下,他手上拿着打印的图片,说起故事来:"这是四腮鲈鱼,原本在苏州河产卵,却在近几十年内绝迹……大家知道为什么吗?""是污染吧。"几个学生随即回答。樊老师点头,"这种被称为人间美味的鱼,因为我们上一辈的破坏而只能活在我们的想象中了"。他说着,声音却略带沧桑,眉头紧皱。心中不禁无奈,痛苦起来。

在四川路桥边的小路,我们又停下来。阳光有点刺眼,有心的同学立即为老师撑了一把伞。老师继续讲起河对岸的邮政总局的建筑风格、四川路的兴衰、黄浦公园初建时的种种。偏头看向四周,原来不止我们学生在听老师的讲座。晨练的老人、散步的小孩驻足聆听,老人站在树荫下,时不时答出我们难以回答的问题。"有谁知道河对岸的建筑是什么吗?"老师突然指向河那头一幢好似轮船的建筑。我们一片茫然,反而是一位在树荫下晨练的老人回答:"河滨大楼,好像是20世纪30年代建的。"老人声音早已沧桑无比，但他的眼睛里闪着光，好像回到了小时候在河边玩乐的时光。"看来你们要向这位老先生学学了！"老师说笑着，随即引来大家的笑声，讲座又继续下去了。

小孩或被抱着或被牵着，虽然不确定是否听懂，但他们的眼神是那么闪亮，充满希望。老人们作为一些事件的亲历者，不知听讲座讲到那些事的时候是否会有些感慨？听到种种故事后心中徒然伤悲的感觉突然消失，我意识到，讲座并不只是要告诉我们这些。若只有伤感，听这些就毫无意义。

转眼间，已临近中午，讲座也临近尾声。慢慢捕捉起同学们的神情，有些目不转睛盯着老师，有些埋头匆匆记下笔记，有些若有所思，看着这条缓缓流淌的苏州河。想起多少个夜晚，老师总在那个教室，等着我们，慢慢地，把一切教给我们。那个下午刚回上海就匆匆赶来介绍日本之行的夜晚，那个暑假请来以前学生时眼中闪过一丝欣慰的夜晚，那个临近考试人数寥寥却仍然讲宋词的夜晚……看着现在的老师，他的神情，还是与那无数夜晚中的一样。

突然明白老师多年坚持行走的意义。老师一步步走着，他坚实的脚步带着我们一步步前行。奔跑是不行的，因为我们会跌倒。

这条河，一点点渗透水中的污泥，一点点流进我们的生活。这行走，一步步向前，一步步带我们看清这个世界。这座城市的未来，也是由像老师一样的筑梦者，一步步筑踏的。

附： 媒体报道

带领学生人文行走 23 年的"执着教师"

洪卫林《上海教育新闻网》

7 月 28 日，申城天气预报最高气温为 39℃。早上 7 点多，地铁 10 号线天潼路站的 5 号出口处，已聚集了 10 多名中学生。

上海松江、宝山、杨浦、虹口、静安、四川成都……学生们从不同地方赶来，只为参加"中国好作业"活动组织的一次人文行走，而带队者是他们崇敬的樊阳老师，一位坚持23年为学子开设公益人文讲座的语文教师。

一次人文行走，究竟有何魅力？一位语文教师，为何始终坚持？

"人，究竟追求的是什么？"

7月28日清晨5点，上外附中的卢天诚就从松江家中出发，乘头班车赶往市区。虽然睡眠惺忪，但他无怨无悔，因为樊阳老师的"中国好作业"——"选一条路线，人文地行走"，他非常感兴趣，更何况，今天樊老师亲自带队，沿着苏州河走到外滩，为他们讲述沿途的风土人情。

上午8点，20名学员悉数到齐。两名来自四川的同学尤为引人注目。来自成都的崔涛老师告诉记者，从网上获悉今天的活动，他专门带学生赶来。对于上外附属双语学校的樊阳老师来说，这样的人文行走已经不计其数。

沿着苏州河，佩戴着"小蜜蜂"话筒，他一边走，一边讲述着那物那景的前世今生。

"河水与乡愁""交通与商业""居所与生活""通讯与娱乐""战争与'文革'""永远的一首歌"……这是樊阳精心准备的六个专题。河南路桥、河滨大楼、上海邮政总局、真光大楼、外白渡桥……每到一处，樊阳都讲得绘声绘色，好像上了"百家讲坛"。说得兴起，他还会读上一段名著，甚至唱上一曲。

对于这样的场景，控江中学的缪书婷很熟悉。初二那年，她就报名参加了樊老师的"人文讲座"。苏州河沿途的人文行走，让她第一次知道，有着"江南第一名鱼"之称的"四腮鲈鱼"曾盛产于苏州河，但水质变化等因素导致其濒临灭绝。缪书婷迄今难忘樊阳老师当时所讲的一句话："我们这代人，决不能干只顾眼前得利而不顾后代的事！"

在河南路桥边，樊阳指着远处的"河滨大楼"告诉学生们，这座典雅的建筑曾被誉为"亚洲第一公寓"，打开窗，楼下就是波光粼粼的苏州河。"从美学角度来看，一座大楼的高度，不宜超过门前河流的宽度。如果两者之间的比例失调，反而就不美了。"

就在不远处，一幢高耸的大楼在苏州河边拔地而起，"市中心豪宅，上海地标"的偌大标语非常刺眼。樊阳说："一座建筑不是越高越美、越豪华越美丽。希望同学们不断思考：人，究竟追求的是什么？"听完这番话，学生们陷入沉思。

"很多景物都有'灵魂'"

"选一条路线，人文地行走"……对一些学生而言，这道"作业"费时费力，而在另一些学生看来，这道"作业"很有价值。

上大附中的张家钰和邢郑妍是同班同学，今天结伴前来。张家钰用"一见钟情"来形容首次看到樊阳老师"作业"的感受。就在前不久，这个爱阅读的女孩，沿着苏州河，自己已经有过一次行走，但这一次，感受很不同。"前一次走，更像走马观花，而这一次，有了樊老师的生动讲解，我惊奇地发现，很多景物都有'灵魂'。"

2013 年 7 月人文行走——外白渡桥

在外白渡桥上，带着学生行走了 2 个多小时的樊阳，擦了擦额头上的汗，为学生们唱起了邓丽君的一首歌——《苏州河边》："我们走着迷失了方向，仅在岸堤河边里彷徨，不知是世界离去了我们，还是我们把她遗忘……"

虽然樊阳的声音有些嘶哑，但学生们依然用热烈掌声，表达对他的深深敬意。"有很多东西，如果失去了，就再也回不来了！希望同学们多读书，通过追寻历史，懂得慎终追远、珍惜现在。"樊阳的结束语再次引来雷鸣般的掌声。

　　从起点到终点，人文行走的距离不到两公里，却走了两个多小时。学生们感叹，短短两公里，没想到蕴藏着那么多历史沧桑。

"不懂历史，那我们的根在哪里？"

　　从教23年，从陕西到上海，人文教育是樊阳始终不变的坚持。

　　周末，他为学生义务开设人文讲座，迄今已有近千场次；课外，他带学生深度参与人文行走，迄今已有近千公里……

　　这样的人文行走，樊阳精心设计的路线已有近30条。他带学生们去文庙，为他们讲述孔子的一生；他带学生们去山阴路，让他们感悟鲁迅的精神；他带学生们去天蟾舞台，为他们解说戏剧的魅力；他带学生们去国歌广场，让他们了解民族的奋起……

　　樊阳说，教育的本质是让孩子享受学习的快乐，而不是异化成了"死记硬背"。樊阳迄今还记得，因为痴迷地理，初一那年，家住陕西的他曾步行10多公里，拿着地图逐个走访咸阳周边的帝国陵墓，快乐无比。"学习都是辛苦的，但如果是自己喜欢的事，再累也是快乐的！"樊阳总是这样告诫学生。

　　讲座中的樊阳神采奕奕，但个中艰辛何其多！为了让人文讲座更吸引学生，他总会定期去图书馆，查阅各种史实资料，不放过每一个细节；为了让人文理念更深入人心，他在网上构建了"我的精神家园"，让学生们交流读书所获，不再是精神的"负翁"；为了让人文教育更持续开展，他的双休日几乎都在工作中度过。食管炎，糜烂性胃炎，让他体重从没超过50公斤。

　　青少年人文精神的缺失，一直是樊阳的"心病"。"在今天人文行走时，我曾问学生：'有多少人知道淞沪抗战八百壮士坚守四行仓库的历史？'20个学生中，举手的只有1个。"说这话时，樊阳的语气有些沉重。

　　"在国外，母语、历史和数学，一般是最重要的三门学科，但在中国，最重要的却是语数外，历史学科的重要性并没有得到应有的体现。不懂历史，那我们的根在哪里?"樊阳反问。

　　曾有人问他:"为啥不考虑补课赚点'外快'?"樊阳的回答是:"教师，必须是一个理想主义者。我希望用自己的行动让学生们知道，追逐自己的理想是多么可贵、多么快乐!"

　　某外国语大学副教授杨琳是樊阳带的 95 届高中学生，也是美国芝加哥大学首个来自中国内地的意大利语言文学博士。她说，樊老师给学生讲的人生哲理从来不是空洞的，"这些年来，他一直在用自己的人生实践着'知行合一'和'执着坚守'"。

　　昨天，参加完上午的人文行走，卢天诚当晚又参加了樊阳老师的人文讲座。虽然从市区到松江的家里已是深夜 11 点多，但他乐此不疲。卢天诚说:"做自己喜欢的事情，很快乐!"

人文行走（五）

外滩
——上海梦—中国梦

（外滩南京路口）

樊老师： 我们眼前就是被称为"中国窗口"的南京路，为什么这样称呼？

同学： 中国最繁华的马路。

同学： 第一条现代化大街，好像命名是因为通过《南京条约》，上海开埠，有了租界。

樊老师： 大家说得不错，同时外滩是过去从世界各地来的人们上岸看到中国的第一面，南京路自然是"中国窗口"，我们也可以通过外滩，了解中国百年来，现代化的进程。

同学： 有种说法叫"冒险家的乐园"。

樊老师： 对，大家看左面的沙逊大厦，现在叫和平饭店北楼，因当时内部装修豪华被称为是"远东第一楼"。具有美国芝加哥学派建筑风格，外形简洁明朗强调垂直感，花岗石的墙面，圆锥形的屋顶，紫铜的屋面，无不渗透出古朴典雅之气。饭店内部设有英、美、德、法等九国套房。餐厅、大堂装饰富丽堂皇。他的主人"跛脚沙逊"就是个冒险家典型，成为上海滩最著名的犹太富商，沙逊家族和哈同几乎垄断了上海地产大部分。有谁知道这座大厦的有关故事吗？

同学： 好像我听说过，鲁迅说过，电梯生因为他穿中式长衫而不给他开电梯的故事。

同学： 好像说沙逊不让周围的楼超过他……

樊老师： 对，是旁边的中国银行。当时中国作为一战战胜国收回了德国的地产，计划要造34层的中国银行大厦，但沙逊通过工部局的影响阻止了中国人的这个计划。请大家找找看这座外滩唯一的中国设计师设计的高楼，有哪些中国因素？

同学： 楼顶是蓝色的琉璃瓦。

樊老师： 攒尖顶，下面还有斗拱。

同学： 窗口好像是一个个灯笼形状，哦，中间有一个个"中"字装饰。

樊老师： 大家可以想想近代国人面对国力衰弱、"国中国"的耻辱，用大厦争国权的悲壮。所以大家也就明白为什么辛亥革命成功，孙中山先生选择从外滩上岸，在南京路口南面的汇中饭店举行了"中国17省代表召开欢迎孙中山先生回国就任临时大总统会议"，宣布将前往南京就任。当然，外滩也正因为是西方先进文化最集中的体现地，所以近现代很多先进的设施和思想都在这里上岸，第一盏电灯，第一部电话，第一辆电车，更有一系列新思潮。外滩将二十世纪二三十年代最流行的现代建筑理念都体现了出来！爱因斯坦、罗素、杜威一个个在这里登岸。同样这座建筑，1909年世界上第一次禁烟运动"上海万国禁烟大会"就在此召开；新时期伤痕文学代表作《伤痕》主人公在经历"文革"灾难，母女阶级对立到生离死别，这样结尾："夜，是静静的。黄浦江的水在向东滚滚奔流。忽然，远处传来巨轮上汽笛的大声怒吼。晓华便觉得浑身的热血一下子都在往上沸涌。于是，她猛地一把拉了小苏的胳膊，下了石阶，朝着灯火通明的南京路大步走去……"所以，外滩不仅记载着上海梦，还隐含着中国梦！

2012 年 4 月 7 日人文行走——外滩

（外滩汉口路口江海关大楼）

樊老师： 大家听过"海关大楼"的钟声吗？它建成于 1927 年，花去 430 万两白银。大楼具有折中主义建筑风格。大楼顶部的大钟是仿英国伦敦国会大厦大钟式样制造，花白银 2000 两。它是亚洲第一大钟，又是世界上著名的大钟。大钟直径 5.4 米，分针长 3.17 米，时针长 2.3 米。钟内有三个重达两吨的钟摆，这个大钟每周开三次，每次上发条要四个人操作一小时。现在奏响的是《东方红》乐曲，谁知道原钟声英国皇家名曲《威斯敏斯特》的钟声是怎样的？

同学： 铛——铛——（模仿曲调）

樊老师： 这首曲子在江海关响了近百年，20 世纪 50 年代后因为反对帝国主义，变成了《东方红》，80 年代到 90 年代一段时间，恢复了历史的钟声，后来又改回《东方红》。你们怎么看这件事？

同学： 我觉得曲调都很好听，无所谓。

同学： 我觉得历史建筑应延续它的钟声，不必要政治化这么强。声音也是一种历史遗产！

樊老师： 我到澳洲布里斯班时，那里也有一个著名的钟楼。我们乘钟楼电梯时，电梯老人知道我们是中国人，便很兴奋地用中文说"上海！上海！"，并用《威斯敏斯特》的钟声说起两座大楼作为姊妹楼的渊源，大家顿时感到无比亲切。我非常赞同大家刚才进行的讨论，很多事情怎么评价是有争议的，我们应该把握更多材料，进行独立思考，就像对中国海关第一人英国人赫德的评价一样——原来外滩北京路口树有他的雕像，人称之"铜人码头"——我们不能简单地将所有过去历史出现的人物、事件都政治化、简单化。当然最重要的是允许讨论，在争论中自有公断。

（外滩福州路口汇丰银行大楼）

樊老师： 这座宏伟的大楼属新希腊建筑，与江海关是同一个美国设计师设计的姐妹楼，是上海的标志性建筑。汇丰银行大楼雍容典雅，海关大楼雄健挺拔。并列一起相得益彰。共同承担外滩凝固音乐的第二高潮。曾被称为"从苏伊士运河到远东白令海峡的最讲究的建筑"。更重要的是当时外滩被称为"东方的华尔街"，集中了中国以至亚洲重要银行，那时上海是一座真正的国际都市，被认为是世界第五都会，在亚洲东京、香港都无法与之相比!

（走到门前铜狮子面前）建成时大楼门前就放了两只引人注目的大铜狮,据说狮子铸成后,立刻就在英国将铜模毁掉了。从而使之成为绝版珍品,现已将其送入上海历史博物馆。大家看很多港币上仍有它的形象。20 世纪 50 年代,汇丰银行撤资到香港,银行全称仍是"上海香港汇丰银行"。大楼在后来 30 年中成为上海市人民政府,大家看看南面的那只狮子尾巴有什么特殊之处?

同学： 怎么尾巴上有深深割痕?

樊老师： 据说"文革"时期,这只狮子的尾巴被红卫兵"割资本主义尾巴"。

同学： （笑）为什么如此愚昧?……

樊老师： 我们走进大楼,感受它当年的气势。陈丹燕在《外滩的影像与传奇》里写道:"在外滩,当你走进一栋建筑,堤岸上的嘈杂之声被门切断,门厅里的光线照耀你,大楼里的空气包裹你,你顿时落入另一个时空,落入丧失自己方位的恍惚中。也许这是一种令人感到舒服的恍惚,假扮成另外一个人的可能,像迅速上涨的水一般令身体浮起,划动四肢是这时的本能,它令你开始漂浮。从外滩经历沧海桑田时的各种遗留物中浮起……"请看大厅八角形的顶部（手指离地面 20 多米高处,八幅由几十万块仅几平方厘米的彩色马赛克镶拼成的壁画）。大家看看有哪些图景。

同学： 上海、香港、伦敦、巴黎、纽约、东京、曼谷、加尔各答……

同学： 并配有神话人物形象,壁画间有一圈文字。

樊老师： 是的,译为"四海之内皆兄弟",其象征了在新世纪到来之际,整个世界的和平繁荣。当时大楼作为市政府时有人认为这幅壁画有"帝国主义"的痕迹,必须全部铲除,有一个建筑专家巧妙地用涂料将其遮住,使其躲过了一劫。外滩每栋建筑过去都有雕塑、绘画,但全部在"文革"中破坏,连中国银行的大型浮雕"孔子东游图"也作为封建主义被铲平。改革开放后提出要恢复外滩远东华尔街的风貌,提出市政府大楼搬迁。消息对外公布后,汇丰银行便很想把楼给买回来,出资两亿美金买楼。市政府请了英国的房产评估师评估,他们认为这幢大楼没办法用金钱来衡量。当时政府开价 16 亿美金,而汇丰银行最后决定在陆家嘴（遥指陆家嘴）另起大楼。现在这里是浦东发展银行……

2012 年 4 月 7 日人文行走——外滩

外滩在过去的一百六七十年间风云变化，上海梦里孕育一个"中国梦"，希望大家行走人生中，探究历史，学会思考，做一个真正拥有梦想的人！

学生反馈

记忆中永恒的外滩

张邕恺　某煤气第二管线工程有限公司安全总监

学业感悟

1998 年，樊老师第一次带着我们 99 届的学生用行走的方式进行了人文讲座，地点选择了外滩建筑群。也许那时候都讲不清楚人文是什么，但就是在那样的情况下，迷糊地开始今后对我深深影响的人文行走。

当时特别倾慕老师在陕西带的那一代学长们，总是能自如潇洒地书写优美又含义深刻的文章，那些思想就像完全继承了老师的闪光一样。记得有个叫王忠的学长当时就在外滩工作，让我们着实兴奋。他写的《语文和物理》，那淡定洒脱的文字让我们从小就树立文、理分家观念的小朋友们深深地震惊和倾慕。

很快到了高中选课，自己的兴趣爱好是历史地理，家人却因为日后工作选择面广希望我选择物理化学，也曾一度的闹气矛盾，而最后说服自己的便是文理本一家，选择了物理化学并不是放弃兴趣爱好。

而如今，我喜欢上相机和摄影，因为他美，不仅有理学的极致逻辑，有工学的完美工艺，还因为他有人文内涵。一幅优秀的摄影作品，配上淡淡的文字，就像《大闹天宫》里孙悟空对着蟠桃七仙女那一声"定！"刹那间的定格变成瞬间的永恒，记录着风花雪月和沧桑巨变、人间百态和嬉笑炎凉，而这一切，都在理、工、文完美结合的镜头前谱写。

回想起这些年求学的路程，人文讲座无一不在我的选择和坚持上起到了很大的鼓励和支持，老师的话语总是能够在困惑的时候给予我信心。

工作感悟

从小生活在城市，对家、家乡都是模糊的概念，缺少那种"独在异乡为异客，每逢佳节倍思亲"的感悟情怀，但对这座城市的感情却如同黄浦江的水一样长流不息，至今还能清楚地记得小时候妈妈带着我在外滩碎石砌筑的围栏旁边看江水的情景。而真正的走在浦江边，第一次用身心感受这个城市的历史，又是老师的行走外滩人文讲座。

无论是极具有文艺复兴风格的东方汇理银行，百年来延续国人富国、强国梦的中国银行，还是记载沙逊家族兴衰的和平饭店，抑或是从汇丰银行门前的割尾铜狮到亚细亚火油公司的一度辉煌。这短短的旅途上，竟如此紧密地承载了上海开埠以来的历史。每一面砌墙，每一片砖瓦，每一根立柱，每一塑雕像，都诉说着自己的故事。

一边行走，老师一边详细地解说：哥特式的教堂、爱因斯坦、罗素住过的黄浦饭店，上海滩最早使用电梯的汇中饭店，伴随了上海人近百年的江海关大楼钟声，被砸毁的女神雕像，白水泥落户的"红灯区"福州路……时间就是赋予生命传奇称号的外套，在看尽了喧嚣与争斗之后，留下的只有铭刻在历史长河里的精神，而这些被赋予了灵魂的建筑们在经历了各种风雨之后都静静地立在那里等待人们的触摸。

樊老师算是我人生的启蒙老师，大多数参加过老师讲座的师兄弟、师姐妹们也在学习、工作、生活、家庭、事业上深受老师的影响。从进入上海城建集团下属燃气施工企业开始，我也在多个岗位上摸爬滚打。从最初的施工工人到工会组织，到广州分公司市场经理，再到如今的安全总监，变化的是工作岗位，不变的是我工作的精神动力。企业是个小社会，初入职场的自己，往往因为不懂得大染缸的规矩而"做错事"，有时候甚至是撞得头破血流。但每当站在外滩旁边，看着林立的建筑，回想起老师曾经说过的浸透在历史的旋涡里的故事，想起站在外滩的盛宣怀、叶澄衷，想起《高老头》中拉斯蒂涅眺望巴黎，想起魏晋诗人回首京城，仿佛重新积聚了力量。在工作的旋涡里挣扎，有时也因生存的意义而迷惘，朋友的父亲因疾病被折磨得奄奄一息，他在酒后也曾流着泪感慨生命的存在和意义。在社会里翻滚，常常淡漠了理想、犹豫了动机，甚至迷失了方向。有时候常常无法诉说这种无力感，你如何能责怪环境？如何能责怪同样是在泥潭里挣扎求生的同伴的嘲笑？每每回望心里宁静的那块土地，人文精神就像是温柔的港湾，是我们安身立本的根本，不管在什么地方，什么岗位，什么状态，他都如此地安静而有力。

个人修养

这些年来，老师的讲座对我更深的影响却在励志之外。

人们常说"做事前先做人"。几年来，无论事业如何起伏，我总爱背上相机，重走外白渡桥，脚步和记忆同时伴随着16年前樊老师带领我们走过的路，似乎让两个不同的时空神奇地贯通起来。重走这样的旅途，心里却如同漫步在历史的大河之上，悠悠地沿着浦江厚重的烟煤气味，浓墨重彩如画卷一般铺展开来。江海关钟声变化的争论，"文革"惨烈的触摸……

虽然老师的讲解内容已随着时间而依稀，也一度痴迷于记录老师当年的词句，但如今才渐渐明了行走的意义更在于老师让我们学会独立思考和铭记历史。不因为这个世界的众声喧哗而迷失自己的见解，用你自己的思想和头脑去思考，去给出结论，而不是人云亦云；用头脑指挥身体，而不是用身体指挥头脑。在工作中也是一样，面对着领导交给你的难题，面对着技术上的难关，面对着大家都沉默不语的尴尬，独立思考，慎言笃信，都会让你以崭新的角度来看待这个世界。

现在想来，行走的灵魂早已在那时那刻深深地刻进了自己的血液和骨髓。这条短短的道途开创了混沌世界的一条幽雅小径，事实上，我很幸运。

人文精神，立人之本。套用《南方周末》的话来说，就是"让无力者有力，让悲伤者前行"。

人文行走（六）

北京天坛
——寻找曾经的圣殿（片段）

（天坛丹陛桥）

樊老师： 最初的天坛就是这里一块儿（遥指祈年殿），嘉靖皇帝因为他的出身，对祭祀又进行了改造，把天地祭祀又分开了，就造了这个圜丘坛，圜丘坛是专门祭祀天的。大家知道北京还有哪些皇帝祭祀的坛？

同学： 北面好像有个地坛。

同学： 还有日坛和月坛，东面是日坛，西面是月坛。

樊老师： 对，都是嘉靖皇帝改造的。所以现在就形成了这样一个格局。他还修建了这个丹陛桥，把祈年殿和圜丘坛这两个部分连在一起（分别指）。这两个部分它们祭祀的对象是不一样的。这个是祭天的，是圆形的，下面没有建筑，只是一个坛。那边祈年殿是祭祀什么的呀？

同学： 祭祀天神吧？

樊老师： （笑）圜丘坛是冬至的时候祭天的。那么这个祈年殿是春天的时候祭祀什么的呢？如果你知道汉字中"年"的本意的话，就会知道祈年殿真正的用途了。"年"在甲骨文中是一个人手里拿着麦穗的样子，所以"年"本来的意思就是指"丰收、收获"。

同学： 哦，祈年殿是用来祈祷风调雨顺，五谷丰登！

同学： 怪不得它的外形看起来像一个麦垛。

樊老师： 我们看一下这个图，看一下我们去看的这些是起什么作用的。这边（手指祈年殿部分）有神厨和宰牲亭，这边（手指圜丘坛部分）也有神厨和宰牲亭。神厨和宰牲亭，顾名思义，是干什么用的？

同学： 给神做饭，宰杀、宰杀……

同学： "牺牲玉帛，弗敢加也"——宰杀猪牛羊。

樊老师： 好，古文学习就该这样联系。在这里宰牲，做成，然后前去祭天。这边是斋宫，皇帝在这里静心三天，不吃荤腥的东西，必须洗净身体，不能在皇宫里住，但是雍正把斋宫放到了皇宫的养心殿旁边，后来到乾隆皇帝的时候再恢复了。雍正尽管非常勤政，但他是个专制而疑神疑鬼的皇帝。皇帝去斋宫之前有一个非常浩大的仪式，从皇宫一直沿着中轴线，穿过前门大街一直到这边，以示隆重庄严。这是国家最重要的一个祭祀活动。希望大家好好感受这份敬天的庄严神圣，思考其意义。

（天坛回音壁）

樊老师： 很多人来天坛，就是好奇于这个著名的回音壁，其实这又是庸俗化天坛的一种表现，它本来不叫回音壁，它本来叫什么，看谁能找到？

同学： 你们看，这上面写的，叫皇穹宇。

樊老师： 当然这个牌子也是后面加上去的，因为它上面没有满文，所以肯定是后面加的。皇穹宇是干什么的呢？其实皇穹宇是配圜丘坛的，在祭祀之前呢，要从皇穹宇把天地的牌位给请出去。它就是放天地牌位的地方。皇帝代表天下的人来进行祭祀的时候，非常郑重。三天斋戒，到皇穹宇来把牌位请出来，然后再到圜丘坛，去祭天，有九道仪式。最后把祭品烧了，由皇帝亲自来送，看着这些祭品"送到"天庭，最后再把牌位送到皇穹宇。后来人们就发现有回音的现象。大家想想为什么古人作这样的设计？

同学： 应该显示郑重吧！让声音放大……

樊老师： 是的，这个地方是非常神圣的，只有祭祀大臣和皇帝能来，他们走近的时候，在这里商量关于祭祀的事，也就是对天说话，所以它就是通过回音的效果给你一种"天在回应你"的感觉，你再小声说话，天神也能听到的。

同学： 以声衬静。

樊老师： 对，宁静严肃，促使内心生发庄严，言外之意就是内心要有敬畏之情，这是为人的根本！不管你是否信仰宗教，作为人都该有对天地自然的敬畏之情！这是人类文明共通的东西——今年寒假我到巴黎圣母院，给我最深的感受就是神圣庄严，圣母院是巴黎的中心，巴黎又是全法国的中心，院前一块石碑刻的是到全国重要地点的距离，你不由将历史、地理空间打通，让你感到这个民族的力量与尊严！

同学： 去年我在台湾碰到人们在妈祖庙为妈祖过生日，仪式非常隆重……

2013 年暑假人文行走——北京

樊老师：是啊，可我们神圣的祭天场所，几乎变成了娱乐场，还没有圈起来的时候，每个人都趴在那儿，哇啦哇啦叫，哪儿能听到，根本听不到，听到的只是你的哇啦哇啦的声音，然后再刻上好多"到此一游"，你看，现在上面还有好多的名字，真是耻辱壁！

"文革"的时候，所有的牌子全部都砸毁，天地的牌位被付之一炬！

那烧掉的哪里只是牌位，那烧掉的是这个民族曾赖以安顿灵魂的精神圣殿！

……

学生反馈

和孩子跟随樊老师北京行走

黄靖　北京专注教育的自由职业者

我相信一个人的灵魂深处总有那么几个有分量的人物。他们在那个幽深的角落散发着光芒，照亮我们的心房。在我成长的道路中，樊阳老师就是这样的一个人，他宛如一秉理想之烛，炙热忘情地燃烧着，发散他的光辉。

　　2013 年夏季赤日炎炎，作为一个毕业近 20 年的人文讲坛的老学生，我带着自己一个 9 岁、一个 1 岁多的孩子去参加樊老师的"北京古都人文行走"。在无数人惊讶的目光下，我愉快地和孩子以及近 20 人的同行者在历史与现实中穿梭。20 年前中学生的自己与现在作为母亲的自己，光影叠加，老师虽已有些白发苍颜，但在我们眼中，他还是那样青春永驻——八达岭长城上，我们瞭望昔日边关的呐喊厮杀；故宫午门房檐下，我们凝视一幕幕血雨腥风；颐和园昆明湖畔，我们雨中饱览湖光山色；孔庙国子监里，我们沉浸在儒家传统精神的思索中……

　　在天坛公园，我们在圜丘坛中心伫立，极目远眺。有很多游人在天心石上饶有兴趣地大喊，试验着回音壁。耳畔却是樊老师浑厚凝重的声音："在古代，祭天仪式并不仅是为体现帝王皇权的统治权威，更是农业社会一种对天对自然的敬畏精神。那时，皇帝作为人间的代表登上圜丘坛祭天，表达对天的诚意与信仰。"此时的我随着老师的目光仰望苍穹，全心沉浸在古人与天对话、天人合一的境界。"今天天坛公园对老百姓开放，本应让更多人有了存放天地敬畏的庄严之所，但百多年来，国人在赶走皇帝的同时，却在不知不觉中也赶走了对天地的信仰，文革更是将文化的命脉彻底斩断，失去神圣信仰的天坛也失去了它真正的灵魂，更可怕的是民族的灵魂该在哪里安放？"

　　是啊，如今的世界光鲜亮丽，信息迅猛扑面而来，人们似乎将要无所不能，无处不及。大家高昂着头，阔步奔向那最便利最舒适的新生活。为了创造这样的生活，多少土地被侵蚀，河流被污染，村庄被荒芜，良田被丢弃；为了创造这样的生活，我们终于笼罩在浓浓的雾霾中！——中国人啊！是该放缓脚步，低下头来衡量一下内心与外在的距离了；是该反思我们对历史的轻蔑与决然了；是该找回对天地的敬畏之情了。敬畏意味着尊重，对自我、对生命、对自然的尊重。对自我在乎，就不会用垃圾食品填塞胃，庸俗娱乐消遣充斥神经。对自我热爱，才会真正地热爱他人，热爱世界。

　　正是樊老师二十年前的人文熏陶给了我最初坚定的内心支撑，给了我一份人文关怀。正是从他身上我日后才逐渐懂得教育的深意。几年前我毅然放弃外资银行管理职位，回到家庭陪伴孩子成长，并开始和不少同行者一起参与孩子们教育事业，力求在应试教育笼罩的今天努力走出一条新路，这些选择与努力都是想更尊重于自己的这份需要！

带着孩子跟着老师人文行走，其实说到具体文史知识的掌握，可能在我老大这个八九岁正贪玩的年纪，不见得能听懂多少，吸收多少。重要的在于"滋养"。我一直认为孩子是灵性劲很足的，他能敏锐地感受到周围事物人物所散发出的精神气息，并为之感染和影响。先纳后吐，欲呼先吸，老师那平和又富有活力的言谈举止，炯炯目光所及之处，还有已成为人父人母的同学们簇拥着老师的气氛，孩子全都感受着、吸收着。这一切和平日里琐碎庸常的生活是不同的，他能感受到某种敬仰崇高的气息。那天晚上回来和他聊白天的事，就觉得他的神情一下变得不一般，带着种严肃沉静的劲儿。这几天下来，老师如同温暖明亮的光线时时笼罩着他。还有小宗乘，那个看上去个子矮小成绩平平的孩子，却也因为在父亲这束暖而坚强的光照耀下显得与众不同。我都感觉得出他浑身散发的正义和抖擞的精气神。我的老大和他虽差两三岁，但个头相当，很快混熟，所以更能感觉得到。小宗乘的身材偏瘦小，但五官轮廓分明，有樊老师的坚定，还有樊师母的清秀。他总是很认真地听讲解，有时会找出小本记一记，这是同行孩子里我没见到的。有次逛完雍和宫，在餐桌上他还抱着本《中国青铜器》在看。有时在博物馆孩子们静得久了难免要追逐放纵一番，我的一岁多的老二就成了他们可爱的娱乐对象，他们会哄他搞怪做一些捣蛋事，但宗乘总是要摆出一幅一本正经的认真模样跳出来大声叱责大家"不要欺负小孩子，不要教坏他！"小宗乘由父亲继承来的精气神儿想必也给我的老大留下了深刻印象。

很遗憾儿子身处北京，也许不能有樊老师长期耳鬓厮磨的影响，在他们短暂又漫长的少年生涯中，他们避免不了会受到各种平庸的、萎靡的甚至罪恶的不良气息的影响。儿童时代，他们可能有时贪玩，热衷搞怪；少年时期，他们也许一度消极颓靡；青年岁月，他们或者一时挥霍光阴，迷失方向。但我坚信，只要从小不断给孩子们输入真善美的气息，一旦在他们成长的路上遇到某些契合，他内在那些正义向上的力量就会源源涌出，支撑他们，带领他们走出生命旋涡，踏上人生理想之路。这也许就是樊老师二十三年如一日坚持人文教育实践的期望所在吧！

樊老师，我想没有什么比学生理解您的价值更能让您欣慰的吧！保重自己！

人文行走（七）

成都武侯祠
——士者的圣地

（成都武侯祠大门前）

樊老师： 今天我们来的是武侯祠，可匾额上写的是什么？

同学： 汉昭烈庙——汉昭烈是谁？刘备吗？为什么会这样？

樊老师： 问题提得好，它是中国唯一的君臣合祀祠庙，由刘备、诸葛亮蜀汉君臣合祀祠宇及刘备惠陵组成。始建于公元 223 年修建刘备陵寝。武侯祠（指诸葛亮的专祠）建于唐以前，初与祭祀刘备（汉昭烈帝）的昭烈庙相邻，明朝初年皇帝认为大臣与皇帝并列，有失体统，重建时将武侯祠并入了汉昭烈庙，但老百姓还是千百年来叫它"武侯祠"。大家想想这说明了什么。经过明末的战火，祠庙多半焚毁，其主体建筑于 1672 年清朝康熙十一年重建。大家想想这是什么时期，这又说明了什么。1961 年公布为全国第一批重点文物保护单位。1984 年成立博物馆，2008 年被评为首批国家一级博物馆，享有"三国圣地"美誉。

同学： 我来回答第一个问题。大家始终叫它武侯祠，说明这是民心所向，诸葛亮在人们心中的位置之高，皇帝、官方的一厢情愿也没有用。

樊老师： 说得太好了！关于第二个问题我提醒一下，听过我上《三国演义》讲座的同学就明白，三国故事在什么时期流传最广，并最终在这一时期末形成小说？

同学： 哦，是元末。《三国演义》不是"尊刘贬曹""三分实七分虚"吗？

樊老师： 对啊，"尊刘贬曹"原因是什么？"七分虚"也就围绕着这个倾向展开。除了百姓将他们推崇的美德与智慧给予刘备君臣外，是否有民族矛盾原因？再提醒大家——"汉昭烈""汉"在元朝是何含义？十七年前，我带学生在汉中定军山下历史最悠久的武侯祠里看到正中匾额"大汉一人"，我叫当时的高二学生卢瑜拍了一张照片——她现在就站在你们中间，你们最小同学晁璐辉的妈妈……

同学（卢瑜）： 是的，当时老师就提醒我们，为什么有人说"崖山之后无中国"。元朝是第一次汉族亡国之痛，以诸葛亮为代表的蜀汉君臣争的正统，正隐含了当时汉民族内心对"兴复汉室"的追求。

同学： 哦，那么清朝又是一次"亡国之痛"，那么在康熙年间重建，统治者不愤怒吗？为何还支持重建？

同学： 所谓"民心不可违"！

樊老师： 对，同时这也是清朝初年统治者高于元朝统治者之处。这是一种安抚。清兵入关就打着为崇祯皇帝报仇的旗号，打到南京还祭拜了明孝陵。当然清末覆灭也跟四川有关，武侯祠的对联特别有名，有一副对联就预见到这一点，这是后话，待会我们再说。我们应该思考的是为什么诸葛亮在中国士者心目中地位这么高。

（武侯祠三绝碑前）

樊老师： 武侯祠千年不衰，是世道人心。留下最有名的这块"三绝碑"，大家找找此碑原名是什么，"三绝"在哪。

同学： 我找到了："蜀丞相诸葛武侯祠堂碑"。

同学： 我也找到了：因为碑文由唐朝曾任宰相的裴度所撰，由曾任吏部、兵部尚书又是著名书法家柳公权之兄的柳公绰所书，由当时蜀中名匠鲁建所刻，文章、书法、刻工均属上乘，故被称为"三绝碑"。

樊老师： 好，碑文开始回忆了诸葛亮协助刘备建立蜀汉政权，六出祁山等功绩，赞扬诸葛亮革除汉末弊政，执法公允，任人唯贤，治戒讲武。他认为经诸葛亮的苦心治理，僻陋的蜀汉政令划一，道德风行，一跃而为殷富之国，拥有一支能征善战的劲旅。大家注意这些字句，我们一起念一下："天未悔祸，公命不果，汉祚其亡，将星中堕。反旗鸣鼓，犹走司马，死而可作，当小天下。"认为诸葛亮"出师未捷身先死"，但不可以成败论英雄，假如上天再给诸葛亮一些时间，必能完成统一国家的大业。这里包含了无尽的悲慨。大家想想裴度生活的唐宪宗中唐时期，正是宦官专权、藩镇割据、弊政重重之时，这里寄予了他多少兴叹！

（武侯祠刘备殿东西壁前）

樊老师： 西壁挂有据说为岳飞所书《出师表》木刻，东壁为现代书法家沈尹默书《隆中对》木刻。大家和我一起朗读这些字句：

同学（众）： "今南方已定，兵甲已足，当奖率三军，北定中原，庶竭驽钝，攘除

奸凶，兴复汉室，还于旧都。此臣所以报先帝而忠陛下之职分也。"（《出师表》）

"天下有变，则命一上将将荆州之军以向宛、洛，将军身率益州之众出于秦川，百姓孰敢不箪食壶浆，以迎将军者乎？诚如是，则霸业可成，汉室可兴矣。"（《隆中对》）

樊老师： 大家对三国故事应该是熟悉的，诸葛亮后来无法实施当年"隆中对"的战略部署，是他六出祁山终都失败的根本原因。但是蜀汉政权能够以最不利的地理人口形势，对抗强大的曹魏政权，怎么看都是奇迹！从诸葛亮的德能，他当然能预感到得胜的几率之小，可为什么一再出兵？这也是我课堂上《出师表》提出的问题。

同学： 我一直觉得诸葛亮是悲剧的英雄……

樊老师： 是啊，可正是这悲剧的英雄赢得了千百年来人们的崇尚，成为士者的偶像！大家走进武侯祠看到最多的是柏树，杜甫那首《蜀相》谁能背一下？

同学： 丞相祠堂何处寻？锦官城外柏森森。映阶碧草自春色，隔叶黄鹂空好音。三顾频烦天下计，两朝开济老臣心。出师未捷身先死，长使英雄泪满襟。

（武侯祠诸葛亮殿前）

樊老师： 杜甫这首诗代表了古代社会士者对诸葛的崇敬与悲慨，诸葛亮殿悬"名垂宇宙"匾额也就不难理解了，大家看两侧为清人赵藩撰书联。

同学（众）： "能攻心则反侧自消，自古知兵非好战；不审势即宽严皆误，后来治蜀要深思。"

樊老师： 他借对诸葛亮、蜀汉政权及刘璋政权的成败得失的分析总结，提醒后人在治蜀、治国时借鉴前人的经验教训，要特别注意攻心和审时度势。大清王朝最终背离民心，不能审时度势，四川爆发了保路运动，最终辛亥革命让其走向灭亡。

大家再看大殿顶梁，上书诸葛亮写给儿子诸葛瞻《诫子书》中的名句。

同学： "非淡泊无以明志，非宁静无以致远。"

樊老师： 我们人文讲坛墙壁上就是西安碑林的拓片："宁静致远"，这是千年来士者追寻的，也是我寄予大家的。

学生反馈

坚 守

卢瑜　法学硕士、西安某检察院检察官

从"语文小组"的旁听生，到带着孩子跟着老师文化行走，二十多年来，樊阳老师对我而言，是恩师、是兄长，是我生命中最重要的导师……

当年因为樊阳老师只代二班、三班的课，所以我们这些非嫡系班的学生总是想方设法去挤到"语文小组"蹭听讲座。一个羞涩但满怀憧憬的女生立刻被全新解读的专题讲座、开放式的探讨辩论激发了潜力。同学们从未有过的对文学的热爱，对经典名著的无限遐想，对人文精神的启蒙意识，热血澎湃的思想火花都一一迸发……至今都令我们难以忘怀！

樊阳老师不仅是带领我们畅游文学艺术海洋的领路人，对于我，还是生命中最艰难时刻的鼓励者、指引者。至今还记得那个夏令营的夜晚，我因为父亲的突然离世，得病的母亲艰难地带着我和妹妹，我唯一能做的就是不在母亲面前流露出任何软弱与悲伤。然而我也只是个十六七岁的孩子，突如其来的家庭变故打碎了我所有美丽的梦想，甚至要不要继续读书求学都是个问题。在我最痛苦迷茫而又无处倾诉时，哪知道樊老师早已看在眼里，那个秦岭的雨夜，我把积攒了很久的痛苦委屈和困惑无助都倾倒给了老师，他默默地倾听，缓缓地开导，直到雨停下来，我们凭栏远眺。现在想想并不仅仅是樊老师的话给了我莫大的支持，而是在那个你人生最低谷的时刻，有人驻足关注了你，有人平等地理解了你，你从此便可以走出阴霾，翻开人生新的篇章。

第二天游览武侯祠，拜将台的情景也如在目前。我们一起回忆《出师表》，在"大汉一人"匾额下拍照。老师说诸葛亮拥有崇高的人品、完美的人格，虽然是君臣之间的"忠"字，但也是谦谦君子的信守诺言、执着的负责精神的呈现。在我后来看来还有一些公正廉明的法治精神。在定军山下老师讲到诸葛亮明知不可为，仍然竭尽全力去完成使命，鞠躬尽瘁，死而后已的情景时，我们泪眼潸然，那情景深深感染着我，我知道自己也将成为一个坚守内心理想信念的人！

2011 年国庆带老学生和同学的孩子成都武侯祠行走

　　这个画面的定格让我想起了 2011 年带着孩子在成都适逢樊老师川大同学聚会，于是带着孩子和樊老师又一同文化行走。在成都的武侯祠里，听着樊老师在另一个时空讲着诸葛亮和他的精神……随行的有樊老师同学的四五个孩子，樊老师教学形式多样，多以提问思考的方式进行，以至于年龄跨度很大的几个孩子均能在这次游览中用心聆听，兴趣盎然，远不同于以前的走马观花。让孩子受熏陶、感受历史文化绝不是课本上死的知识，而是生动的故事。对人文历史保持兴趣是我对孩子最大的期许。所以只要有机会，我的孩子就会同我一起追随樊阳老师，行走在这片土地上，感受历史传承。我认为这是一种很好的人文教育，也是我们现代人缺失的一种精神追求。

　　樊阳老师赤诚坚韧，默默守候着自己心中的理想，也带给包括我们在内的一批批学生以真正的精神盛宴。不管我们从事的是什么职业，都会有樊老师的思想印记。我自己一直从事基层法律工作，从法官到检察官，法律的公平正义是什么？尤其是在现有法制环境下，如何实现一个法律人的职业追求？冷冰冰的法条和纷繁复杂的矛盾凸显中，往往自保都是问题，那还要不要遵从内心信条和理想？这样的问题时常困扰着我，但是每次遇到具体案件时，我反而变得清晰坚韧，因为心中早已播下了种子，那种人文精神的外化，那种默默的坚守，就如樊老师讲的诸葛亮的坚守和他自己的坚守，我不敢有丝毫懈怠。

2014 年 2 月 4 日晚于西安

人文行走（八）

西安乐游原
——长安怀古， 交融传承

（乐游原登原途中）

樊老师： 登原辛苦吧？其实我是让大家稍稍体验一下我们先民的生活，大家想过吗——为什么周部族将自己部族从渭河边上的邰（现在杨凌）迁到北边高地黄土台塬豳（现在咸阳的旬邑、彬县），后来又迁到岐山下的周原，而因此命名为周部族，以至周朝？

同学： 那肯定黄土台塬有好处，土地肥沃吗？那为什么离开渭河水源？

樊老师： 大家知道我们王朝文明起于大禹鼎定九州，"州"本义是什么，怎么写的？

同学： 川中有三点……

樊老师： 对呀！这可以印证所有文明都发源于大洪水的说法，战胜了洪水，文明再生。周部族大约也是如此。所以最早诗集《诗经》有表现周部族民族史诗般的诗歌《生民》《公刘》和《绵》。《公刘》篇这样记载公刘率领部族来到豳的喜悦："京师之野，于时处处，于时庐旅，于时言言，于时语语。"但豳原靠近北方游牧民族犬戎，在长期的黄土台塬耕作和与游牧民族战争中，锤炼了周部族远鬼神、近人事、重礼仪的性格，孔子一直强调"郁郁乎文哉，我从周"。这清楚地告诉我们后来影响中国几千年的儒家学说，是起源于周部族的生活环境，一直说陕西是汉文明的发源地，最关键的就是这一点。

同学： 怪不得最早的典籍都源于那时！

樊老师： 所谓"中国""中华"不仅仅是地域上，更是文化上，由于避闪游牧民族侵扰，在《诗经·绵》中写道："古公亶父，来朝走马。率西水浒，至于岐下。"《史记·周本纪》载："古公有长子曰太伯，次（子）曰虞仲。太姜生少子季历，季历娶太任，皆贤妇人，生（姬）昌，有圣瑞。古公曰：'我世当有兴者，其在昌（周文王姬昌）乎？'长子太伯、虞仲知古公欲立季历以传昌，乃二人亡如荆蛮，文身断发，以让季历。"这里清楚地告诉我们，江南文化源于泰伯、虞仲，源于他们主动让贤的孝义与谦逊，敢于融合当地的"披发文身"（这在古代一直是大逆不道的行为）的勇气，源于将北方先进文化传入的道义！

（乐游原上惠果纪念堂、 空海纪念碑前）

樊老师： 大家向南眺望，看见什么？

同学： 大雁塔！那面的洼地是曲江池吗？还有一个是谁的陵墓？

樊老师： 对，曲江流饮，长安八景之一，大唐芙蓉苑，那陵墓是秦亡国之君秦二世陵，再往南就是秦岭。

同学： 真是壮阔形胜之地！

樊老师： 是呀，汉宣帝就看中了这块风水宝地，将他的一个苑囿放于此，所以名为"乐游"。到唐朝长安城更将之括入城内，每年重阳登高，更是一大幸事！所以留下很多动人的诗篇。

同学： "乐游原上清秋节。"

樊老师： 在世界文化史上，乐游原值得大书一笔的就是眼前唐朝青龙寺遗址，惠果纪念堂、空海纪念碑，它是东亚文化传承融合的纪念地！大家在西安碑林第四展室可以看到一块棱柱形，由书法家徐浩书写的"不空和尚碑"，那里记载了佛教密宗的传承历史，以及荣任唐王朝玄宗、肃宗、代宗三朝国师印度高僧不空和尚的业绩。他的大弟子是中国高僧惠果大师，他将印度传来的密宗佛教在青龙寺中国化，而他有新罗、日本等国的弟子，最出色的就是在日本被称为"大师"的空海，创立佛教真言宗（又称"东密"）。

同学： 是不是那个日本文字的创造者？

樊老师： 是的，传说空海大师参考梵文将日文字母以平假名排序成阵。此外他亦是有名的书法家，与嵯峨天皇等共称三笔。当时，长安是真正的国际大都市，亚洲甚至欧洲都有使者商人，沿着陆上或海上丝绸之路前来。那是一个文化传承交融、开放灿烂的时代。大家可以从这组仿唐建筑的大气舒展的风貌中领略一二！

1992年—1995年在陕西带领高中学生人文行走——乐游原、青龙寺

（乐游原唐诗碑廊前）

樊老师： 请大家站在高处，往北面眺望。唐朝时，正对龙首原上大明宫巍峨的宫殿，天好的时候，可以看到咸阳原上汉十一帝陵，远处的九嵕山是唐太宗的陵墓。王国维称赞："太白纯以气象胜。""寥寥八字，遂关千古登临之口。"其气魄之雄伟，实冠今古，誉为"百代词曲之祖"。那八字是？

同学： "西风残照，汉家陵阙。"

樊老师： 周汝昌曾用下面一段话评价："立一向之西风，沐满川之落照，而入我目者，独有汉家陵阙，苍苍莽莽，巍然而在。当此之际，乃觉凝时空于一点，混悲欢于百端，由秦娥一人一时之情，骤然升华而为吾国千秋万古之心。盖自秦汉以逮隋唐，山河缔造，此地之崇陵，已非复帝王个人之葬所，乃民族全体之碑记也。良人不归，汉陵长在。"乐游原也成了千古怀古兴亡之地！

同学： 怎么杜牧也有这首："清时有味是无能，闲爱孤云静爱僧。欲把一麾江海去，乐游原上望昭陵。"

樊老师：《将赴吴兴登乐游原》。当时杜牧在京城里任吏部员外郎，投闲置散，无法展其抱负，因此请求出守外郡。他在将离长安到湖州（即吴兴）任刺史时所作。入仕还是出世，一直是士者的两难，何况在晚唐藩镇割据、宦官乱政、牛李党争的局面下。昭陵就是唐太宗墓，大家根据这些信息说说这首词的感受吧！

同学： 我感到他是追怀明君，好像自己还是想大展宏图的，但是有一种深深的隐忧……

樊老师： 是的，大家再读李商隐的《乐游原》这首千古绝唱，就好理解了。

同学： 向晚意不适，驱车登古原。夕阳无限好，只是近黄昏。

樊老师： 唐文化兴于多民族融合，多种文化交融，所谓儒释道并立，东西交汇；兴于开放大气的胸襟，大漠田园的歌吟，一个伟大时代的结束，一切美好事物的衰亡，但她蕴含的气度与文化风采仍是最灿烂的！

同学： 这里有一首没听说过："几年诗酒滞江干，水积云重思万端。今日南方惆怅尽，乐游原上见长安。"

樊老师： 中唐的张祜虽有报国之志，苦于无路实现，但当他登上古原，又生建功之志，真有盛唐人的遗风。诸位面对这天地之间，千古凝聚之刻，是否有雄图大志陡然升起？（笑）将来终有人回想起吧！

学生反馈

20 年古原上的少年怀想

赵鹏　某石油钻采系统有限公司北京分公司副总经理

"你毕业后还在坚持看书学习吗？""你毕业后这几年对自己的职业规划是什么？""你如何平衡你个人生活和工作关系？""你是否做好准备从一个较偏远的工作岗位开始学习和锻炼？"

这是作为经理的我经常问大学毕业生的问题，相信现在大部分企业在招聘时都会提类似问题。很遗憾，现实中大部分毕业生都显得"茫然无措"。因为他们从没想过，求职或跳槽的动机不过是"想寻求一份更体面，薪水更高，更轻松，更稳定"的工作。校内本身就大多只看课本，没了考试压力，自我学习和提升的动力也就同时消失。校园生活除了练就高超的"考试技能"，并没学会足以应付未来独立生活的人生和社会知识。不知自己该干什么，能干什么。只考虑自己应赚得更多，而很少考虑能给企业带来什么？短期的功利的"计算"成了所有决策的依据。真的很难想象这样的人能成为企业的高管，带领团队不断迎接挑战？事实一再证明：成功的企业或组织都是具有某种超越现实功利的社会使命的，其领导核心大都具有强烈的责任感和社会使命感。没有信仰的团队或组织是走不远的。国家如此，企业如此，个人的职业发展亦是如此。

联系到如今越来越多毕业生投入"国考"，我常常不胜唏嘘。难道现在的社会不再崇尚进取和拼搏，年轻人不再追求独立和自由，更加愿意待在"体制内"，享受"体制内的束缚与安全"？

想到此，我的眼前便会映现 20 年前，一个年轻教师带领一群青春少年，徒步古原，指点江山的画面——回顾 20 年来求学、职业道路，不禁暗自庆幸，倘若不是当初中学阶段参加樊阳老师"语文小组"的经历，自己和这些人又有多少分别？自己当初何尝不是"非教科书不读"，以"有用或无用"的功利计算来衡量判断几乎所有的问题？

整个高中生活，就是因为"语文小组"的存在才让我逐渐从蒙昧中，睁开双眼，暂时远离"题山试海"，开始第一次去思考生活的意义，以不带现实功利的心态去阅读和接触一些社会人文书籍，开始知道人的生命中有很多东西是不能仅仅用"有用或无用"的功利价值去计算衡量的。人应该有一种超越现实功利的价值追求。这样的人生才会更加精彩，才会更丰富，才会更有乐趣。具备这样一种"人生价值观"的人才是当前社会各行各业最稀缺的人，才有可能成为一个优秀企业的核心管理人员。

也正是因为"语文小组"的人文行走，让我亲身体验了这种眼界与胸怀的必要。我们随着樊老师行走于渭水河畔、咸阳古渡，体验唐诗"劝君更尽一杯酒"的意境。定军山下，武侯祠前，思绪随着樊老师生动的讲解穿越时空，回到那金戈铁马、英雄辈出的三国时代。那讲解的生动拿现在已是外贸经理的赵志萍的说法叫："到最后我们这一小撮竟然成了一大群。"

最难忘的是一行咸阳少年骑着自行车，浩浩荡荡，随年轻夫子跨渭水，过沣河，经秦阿房宫遗址、唐长安城丝绸之路起点，来到西安城南乐游原上的唐青龙寺遗址。站在那高坡之上，樊老师指点江山，和我们一起吟诵《诗经》、唐诗。秦二世陵、曲江流饮、芙蓉雅苑、雁塔题名、乐游登高、佛教传承、空海访唐……一幢幢，一处处，唐诗之美，历史之奇，风貌之秀，境界之阔，青春年少，永恒定格！

记得当时在古原之上，老师叫我们各抒己志，20年来成了我不断看书学习，超越自我的出发点。1995年，我以学校外语类第一名的成绩考入上海财经大学，没想到半年后老师也来到上海工作。他的人文讲坛成了我大学经常光顾之地。毕业时，受老师文化传承的理想影响，我进入了虹口区文化局工作，克服了重重困难，开发多伦路文化街，而老师的几次鲁迅故地人文行走，我也赶去担任讲解。

体制里的气氛与束缚让我气闷。尽管我只有二十几岁，但已被作为中层干部培养对象，成家立业，"体面、稳定、福利丰厚"，甚至前途无量。我做出一个令周围无数人不可理解的决定，下海自谋职业，从事自己更愿意投身的外贸行业。开始创业艰难，每日奔波十几公里，早出晚归，人瘦了一大圈，让一直都支持我的樊老师有时流露了怜惜与不忍的目光，但我笑着跟他说："当年乐游原的约定，我可没忘啊！"

果然，我渐渐找到了当年的豪情，更发现当年读书与实践，让我拥有了其他人欠缺的东西，那就是老师所说的人文素养吧！工作越发顺手，随着业务的拓展，我的足迹遍布亚非欧美。2005年至2008年赴伊朗、叙利亚、科威特、阿联酋工作3年；2010年赴南美委内瑞拉、哥伦比亚、厄瓜多尔、古巴工作近1年；2011年至2012年赴印尼、泰国、乌干达等国家前后工作半年；2013年赴伊拉克工作近1年。当有的人面对新的路径退缩时，我却不断尝试新的领域，独立开拓新的国际市场，并且把这个过程变成体验不同国家文化和历史的新的"人文行走"——这让我乐此不疲，并且不断发现文化与生命的一些新的侧面。

就拿我现在常驻的伊拉克南部城镇而言，由于信仰的力量民风淳朴，经营外汇兑换的店主将成捆的外币堆放在熙熙攘攘的路边招揽生意。反观我们当下，一些国人时不时发生挑战人类道德底线的恶行，尽管我们收入增加很多，但紧张焦虑时时困扰，着眼于一个个眼前现实的功利算计，使我们不得不加速折旧我们的青春和健康。

多么希望樊老师的"人文行走"能走得更远，能让更多的人感受到学习的乐趣，成为思想自由、人格独立的公民。这才是国家的希望，民族的福音。

20 年少年的古原怀想依然年轻，我们继续出发！

附:

近五年"人文行走" 足迹

1. 从上海博物馆雕塑馆看中国文化思想的演进

2007 年 7 月，07 届学生共 7 人

2008 年 7 月，09 届学生共 11 人

2009 年 7 月，09 届学生共 9 人

2009 年 10 月，10 届学生共 8 人

2009 年 12 月，10 届，11 届学生共 15 人

2010 年 9 月，11 届学生共 11 人

2010 年 9 月，03 届，及已工作学生共 6 人

2011 年 7 月，13 届学生共 10 人

2. 从上海博物馆青铜器馆看文字文化

2007 年 7 月，07 届学生共 7 人

2008 年 7 月，09 届学生共 11 人

2009 年 7 月，09 届学生共 9 人

2009 年 10 月，10 届学生共 8 人

2009 年 12 月，10 届，11 届学生共 15 人

3. 从上海博物馆瓷器馆看中国文学与艺术的关系

2009 年 7 月，09 届学生共 9 人

4. 从福州路、 南京路到外滩看上海近代文化

2007 年 7 月，07 届学生共 7 人

2008 年 7 月，09 届学生共 11 人

2009 年 10 月，10 届学生共 8 人

5. 从多伦路左联纪念馆看上海左翼文学

2008 年 4 月，初二年级鲁迅单元教学一部分，共 40 名学生，4 位教师

2009 年 5 月，初二年级鲁迅单元教学一部分，10 届 7 班部分学生共 11 人

2010 年 5 月，11 届，06 届学生共 15 人

2010 年 9 月，11 届学生共 12 人

2011 年 9 月，12 届学生共 38 人

6. 鲁迅故居、鲁迅墓、鲁迅博物馆——走进鲁迅系列（同 5）

7. 穿汉服，演红楼，感受古典名著

2010 年 9 月，09 届，10 届学生共 21 人

8. 天蟾舞台看昆曲《牡丹亭》等，感受古典戏剧的魅力

2009 年 7 月，07 届，09 届学生共 10 人

9. 游文庙，学习《论语》，感受儒家文化与科举文化

2010 年 2 月，09 届，10 届，11 届学生共 41 人

2011 年 10 月，12 届，11 届学生共 30 人

2011 年 1 月 20 日，雪中文庙迎春，11 届 2 班，部分校文学社成员共 40 人

（上海电视台《七分之一》栏目跟踪拍摄）

10. 访徐家汇天主教堂、图书馆及徐光启墓，感受中西文化的交汇和基督教文化

2009 年 2 月，09 届，10 届，11 届学生共 20 人

11. 游国歌广场重温抗战史，游摩西会堂感受犹太文化与二战史

2009 年 11 月，09 届，10 届，11 届学生共 20 人

12. 从下海庙和舟山路、长阳路感受弄堂文化

2009 年 11 月，09 届学生共 9 人

13. 上海博物馆"故宫大英博物馆交流展"

2009 年 2 月，09 届学生共 7 人

14. 上海博物馆"意大利乌菲齐博物馆文物展"看文艺复兴

2010 年 7 月，09 届学生共 7 人

15. 上海博物馆"美国艺术三百年"看西方现代艺术

2007 年 12 月，06 届学生共 7 人

16. 上海博物馆"利玛窦大展" 看中西交流

2010 年 5 月，09 届学生共 7 人

17. 中国的月亮——中秋家庭音乐诗歌朗诵会

2009 年 10 月，09 届，10 届学生共 16 人

18. 外滩美术馆看现代艺术

2010 年 5 月，03 届，06 届，09 届学生共 12 人

2010 年 11 月，09 届，10 届，11 届，12 届学生共 28 人

19. 秋游大观园， 品红楼文化

2009 年 11 月，09 届 2 班学生共 25 人

20. 绍兴走名人的路——游鲁迅故里、 沈园陆游纪念馆、 青藤书屋、 秋瑾故居

2009 年 7 月，06 届，07 届，09 届学生共 15 人

21. 吴淞口陈化成纪念馆、 淞沪抗战纪念馆春祭英魂

2011 年 4 月，09 届，10 届，11 届学生共 20 人

22. 苏州河——一条都市的长河

2010 年 11 月，09 届，10 届，11 届，12 届学生共 28 人

2012 年 4 月，学生 50 余人

2013 年 11 月，学生老师若干人

2013 年 6 月，7 月学生 50 余人

23. 常熟虞山——江南古琴文化之旅

2011 年 5 月，青年教师 5 人，学生 3 人

24. 福州路的四个故事——光怪陆离的海派文化

2011 年 7 月，10 届，11 届，12 届，13 届学生共 25 人（淮海路季风书店）

25. 上海书展——哈同花园到静安寺

2011 年 8 月，11 届，12 届，13 届学生共 15 人（参与闾丘露薇新书发布会）

26. 西安——千年古都之旅

2011 年 8 月，95 届，07 届学生共 7 人

27. 上海博物馆"寻找魏晋"活动

2011 年 11 月, 10 届, 12 届, 13 届学生共 25 人 (《中国新闻周刊》记者随访)

28. 成都武侯祠与杜甫草堂

2011 年 10 月, 小学生 4 人, 中学生 5 人, 大学同学多人

29. "家的故事" ——宋庆龄故居、 武康路、 巴金故居

2011 年 12 月, 10 届, 11 届, 12 届, 13 届学生共 32 人

30. 电影艺术与时代人生系列

2010 年 1 月, 五角场万达电影院看《孔子》, 10 届, 11 届学生共 12 人

2010 年 12 月, 四平电影院看《海上海》, 10 届, 11 届学生共 12 人

2011 年 2 月, 学校周末讲座《红高粱》, 10 届, 11 届, 12 届, 13 届学生共 60 人

31. 苏州寻梦——苏州文庙、 沧浪亭、 网师园、 拙政园、 虎丘、 苏州博物馆

2012 年 1 月, 11 届, 10 届, 13 届学生共 12 人

32. 上海——走近上海博物馆

2012 年 10 月, 比利时法国学校师生

33. 上海——龙华寺

2012 年 11 月, 讲坛学员 20 余人

34. 重走适之路——跟随胡适的足迹

2012 年 12 月, 学生若干人

35. 民国宪政之路——从孙中山到宋教仁

2012 年 3 月, 学生 23 人.

36. 武康路之行

2013 年 3 月, 青年教师 7 人

37. 镇江漫步

2013 年 7 月, 中学生 15 人, 大学生 5 人 (共八个年级, 来自三个国家十几个不同学校), 家长 1 人, 教师 1 人

38. 北京——长城授课

2013 年 8 月, 学生 20 人, 家长 2 人

39. 上海——松江寻梦

2013 年 12 月，学生 8 人，教师 2 人，志愿者 2 人

40. 走近杭州

2014 年 1 月，学生 15 人

"读万卷书，行万里路"一直是人文讲座追寻的理想之一。从执教 09 届开始，文化行走作为讲座的常设教育活动，至今已近四年 50 余次。期间的风风雨雨、阳光月色，也许只有始终行走的人，才会真正领悟期间三昧。但无论如何，我们不会停止文化的追寻，生命的思考！是为纪念。

人文课堂

语文课程观下的教师专业发展
——浅谈语文教学内容的开发

要探讨语文教师专业化发展的内涵，我们必须拥有明确的语文课程观。首先，《语文课程标准》是统一的，但语文课程形态却是多元的，是不断开发而动态发展的。语文教学形态绝不是简单的教材形态的复现，每个语文教师教学形态的形成都应是为每一个学生的发展，活用教科书，开发教学内容，参与课程研制的过程。其次，由于语文学习的半自然性，以及对学生如何形成语文能力机制的不够了解，《语文课程标准》其实并不是对语文课程内容的具体规定，只是对学生学习结果的行为描述。这就意味着语文教师对语文课程具体形态的形成必须具有相当的主动性。他必然也应该参与到课程研制中，必然也应该担当形成学生语文能力的重要责任。以上两方面课程观的阐释可看出：追求学生发展，教学内容的开发是语文教师专业发展的集中体现。

王荣生博士在其《语文科课程论基础》中认为："参与课程研制、用教材教、为了每一个学生的发展，将成为语文教师专业工作的三大准则。"以教学内容的确定实施为核心，创造性地运用教材；根据学情，开发利用非教材内容，这两者都应是目前一线教师参与课程研制的一种主要表现，也是为每一个学生发展考虑的集中体现，从而构成了语文教师专业发展工作的主旋律。

于漪老师常说"上好语文课是顶难的一件事""一辈子学做老师"，除了大师的谦逊与师德上的提醒外，也无形中道出了语文教师专业发展的艰辛——因为好的语文教师必须课课活用教材，根据学情，形成合适的教学内容。自己在多年的教学实践中也深深体悟到这是一个艰辛历程，但也由此摸索出推进自己专业发展的一些方向。自己在教材内容转化为教学内容的做法主要有：1. 按定篇、例文、样本、用件处理选文。2. 贯穿阅读策略。3. 明确鉴赏策略。4. 主题单元的家校师生互动等。

作为选文性语文教材，不同类型的选文教学内容是不同的，采用的教学策略也应不同。作为文学文化史上的名家名作——"定篇"，其蕴涵的大量文学文化信息本身就是语文课程内容的重要组成部分，教学策略应着重"导说""理解欣赏"。"例文"是有利于把握读写诗文的课例，教学策略着重导说读写不同文体的不同方法。"样本"则应是"生成性目标"的教学内容，重在激发学生在尝试的过程中共同讨论学习的策略。"用件"则只用其材料内容，一般就是知识短文，不同于一般课文。单元教学中应明确不同选文的不同类型，确定不同教学内容。如新教材六上第二单元"同龄人的故事"：《从百草园到三味书屋》《陈太丘与友期》《两小儿辩日》应作为"定篇"。了解不同时代同龄人的生活，学习他们热爱自然，讲诚信，爱探究等品质。明确回忆性散文的基本写法，掌握《朝花夕拾》《世说新语》《列子》等文学文化常识。感受鲁迅散文语言风格，学习抓住特征饱含情感的景物描写、白描似的人物行动细节描写，积累文言词句等等都应作为教学内容。《花脸》《口哨》则应作为"例文"把握事物为线索，将顺叙回忆类散文的阅读方法、感受积累平实中有深意的语言等作为教学内容，同时应补充类似的阅读练习，使学生能对以事物线索这一类散文有基本的阅读策略，对把握语言的深意有比较充分的言语实践。《表哥驾到》则可处理为"样本"，它贴近学生的生活，又颇具文学的韵味，发人深思，教学目标应在学生质疑的基础上生成，在释疑探究的过程中完成。当时在学生质疑中，我发现他们非常欣赏富于时代与年龄特征的语言（带一些夸张轻讽的幽默），我就把这种语言的学习提炼作为切入口，又发现学生对长辈的无奈还较难理解，会由此将语言的学习偏向"油滑、轻浮"，于是将课文最后一句"涌起一种男儿掉泪的悲怆"作为难点突破口，在共同的讨论中完成学习的过程。

新教材在实施过程中，很多老师反映课文多课时紧，其实有一部分原因在于不少教师不善于区分定篇、例文、样本这三类课文的不同教学内容，课课都像定篇一样上当然是来不及的，教学效果也不一定好。另外新教材以主题编排单元兼顾体裁，这有利于学生的情感认知，但也必然造成有的单元体裁较杂，形式多样，如"祖国在我心中"单元，诗、小说、散文都有，其教学内容确定应有所不同。主题编排单元也造成有的单元文化文学含量高，定篇较多，课时也就应多些，如"唐诗精华""宋词集萃""先哲智慧""神话传说"等，在它们的教学内容的确定上，要充分体现让学生熟知经典的目的，了解和欣赏经典，对经典的权威解读也要有基本的认识，对看似距离学生生活较远的篇目，要善于发现学生与此的贴近点。如有不少人认为《牛郎织女》《孟姜女》对初一学生不知该教些什么，我就从学生小时听到的一些传统故事出发，比较课文，探究中国民间故事强调人物怎样的美德，目的是什么，再联系古代诗文及风俗歌曲等探究这两个故事渊源流变，明确其文化意义，又通过讲述、朗读等感知民间故事叙事的艺术，如对孟姜女哭的覆叠式描述所造成的情感效果，对牛郎老牛神奇的伏笔转接所形成的阅读情趣等。还由此引到民族节日、传统文化的传承与现实生活充分联系，学生受益匪浅。而有的单元基本就是"例文"，如说明文、新闻等，一定要扣住例文的教学内容，由课内引课外，千万不要面面俱到。总之，单元及课文根据类型不同、设置不同来确立不同的教学内容是要花大量心思的。而确立乃至开发教学内容却是教师专业发展日常工作上的一个核心。

教材的处理还应贯穿阅读策略与鉴赏策略。课堂的言语实践是一种长期的综合性活动，学生言语能力的提升不可能分解为机械的几点，但也不能听之任之，无所作为。阅读与鉴赏策略的及时跟进，及时思考总结是必不可少的。教师在四年以至七年全局把握基础上，不断根据学生年龄、情感积累的有关情况跟进有关"语文知识"，调整相关阅读鉴赏策略是教学内容的重要体现。在目前"语文知识"急需吐旧纳新的背景下，这一点尤显重要，而不少人由于一段时间以来对传统知识灌输式教学的批判，达到"谈知色变"的地步。其实观念的实施是要靠知识（广义的知识——为达到既定的教学目标，学生需学习的事实、概念、原理、技能、策略、态度等）的支撑的，而传统语文知识的陈旧、贫乏、失效是有目共睹的，但反对机械地套用概念，并不意味着语文学习可以不借助于"知识"，简单地将语文能力的提高全归为"感悟"，归为"读书千遍，其义自见"，在讲求高效率的今天，一是难于实施，二是有推卸当今语文教师责任之嫌。目前，作为一线教师的我们可以做的就是在实践中，根据学情，探索行之有效的"语文知识"，形成有效的教学内容。我的做法是以《语文知识材料总结本》的方式，促进学生不断积累、思考总结，形成一系列文体读写的策略，总结出适合于学生思考的思路，积累了大量有代表性的言语材料，多年来，取得了良好的效果。自己也在探索中，形成了自己在教学内容确立上的独到一环。

教学内容的确定还应包括围绕教材主题单元，从家校、师生互动中，不断分析学情，使课程的生成真正为每一个学生，也真正使之行之有效。新教材推广以来，我们试行《家庭朗读本》的形式来加强家校互动、对学情的了解，确定调整教学内容。如七年级上册第二单元"故乡情思"，开始我们认为，现在大都市中的孩子怎么会有真正的乡情呢!《故乡在远方》可怎么教。可随着《社戏》《滹沱河和我》的教学，朗读本的交流，家长、学生的反应却越来越让我们坚信，任何人都有对自己根的追问! 他可能寄予童年，可能寄予遥远的过去，可能寄予家族姓氏血缘……忙碌的现代都市人更有这样的追问。由于学生、家长的反映给我们的启示，我们及时调整了教学内容，结合自己姓氏、家族、祖籍的讨论探查，与课文的内容巧妙融合，形成了每个人的言语实践："我心中的故乡"——学生随笔与作文中写道："人总要有根""心底有故乡，心灵不会茫然。""人生追求的，那就是故乡。"

语文教学内容的开发不局限在教材，非教材的引发有时更能促使学生语文的生活化。母语的学习重要途径与目的都集中体现在这里。自己在此的做法主要有：1. 全校引进贯穿初中课堂的文学名著教学系列。2. 对部分高中生实施的课外中西文学文化讲座等。

长期以来，我一直思考如何使阅读真正走入学生生活。六年前，我在全校范围，将名著引进课堂，弥补现行教学书册阅读的缺失。首先，从学校到家庭构建良好的环境。第二，探索多年渐进的阅读辅导思路，根据学生年龄、心理特征确定总书目，并以四年全局来调整引导每学期的阅读。努力沟通与教材单元的联系，增强阅读的综合效应。如结合"有家真好""同龄人故事"读《爱的教育》；结合"科幻天地"读《海底两万里》；结合"步入书林"读《繁星春水》等等。第三，根据阅读心理动机激发保持理论，确立一个五步骤完整的学习过程。第四，激发兴趣，精心设计"篇书"结合的生成性问题，将学生领进精彩的问题空间，探究名著辅导交流课的教学。经过六年多的教改实践，我们欣喜地看到学生的阅读品味有了很大提高，很多学生感到自己的情感体验的丰富，思维变得活跃而有创意，并且实践着从阅读向写作的迁移。

教师专业发展和学生语文的学习实际有同步的关系。我们不能期望于一蹴而就，为学生的终生发展也不是一句空话。新的语文课程观要求语文教师专业素养在教学内容的确立上要有全局的意识，要有为学生的终生发展的意识。中学六年的学习中，高中阶段是学生思想走向成熟的关键时期，一直以来，我发现在学生人文素养的积累形成过程中，文学文化讲座的形式可以有效地促进其读书的热情，以至思想的飞跃，所以 15 年前，我就利用业余时间为学生开设讲座，逐渐形成以中西文明史文学史为主线的系列。备课笔记达十多万字，内容广涉文史地，政经哲等。其中的艰辛与挑战可想而知。但是我却认为这是语文教学内容一方待开发的广阔土地，尽管近年我未从教高中，可我对学生关注与教育仍然延续，四届已初中毕业的优秀学生，又随着我给他们开办的讲座，走入大学，走进社会。自己也随着讲座的不断充实修改不断钻研，专业素养随之不断提升。

学生在不断地成长，而自己的专业发展是否也在不断进步？这是我们在新的语文课程观引领下，应不断思考的问题。我们应牢记——语文教学内容的不断开发，应是我们专业发展的无穷动力！

登一座怎样的山
——从《登泰山记》文本解读的历程看语文教师专业发展

做语文老师这么多年，感觉每一次上课仿佛就是登临一座山峦，语文老师应具备怎样的专业基本功才能登上山峰，文本解读的能力肯定是排在前面的。但这似乎又最易为人们所忽略，谁不会读文章呢？但读文的深浅相别迥异。一个语文老师如果读出的东西只是学生一看就懂的，所说的话总是学生常听到的套话、浮言，就像孙绍振所言："你重复着学生一望而知的东西只能让人深恶痛绝！"他怎么在课堂这座山峰前立住脚，更遑论登临呢？

其实，文本解读的过程直接关涉教学内容的选择，教师专业能力的提高，甚至精神世界的成长！是教师专业发展的重要体现。如果说，语文老师的工作实际上是一次次带领学生登临高山的历程，那么我们必须通过文本解读这一精神攀登，去窥探那是一座座怎样的山。

初读《登泰山记》还是在自己读高中时，不明白文章好在哪里，老师告诉大家："不是很简单吗？桐城派的经典，写景散文，表达了作者热爱祖国山河的情感！"初为人师，全国统编高中教材，面对这一篇如此"简单"的课文，除了文言词句的梳理，写景层次的分析，却真不知还该教些什么。教参里确乎只有"热爱祖国山河"云云。时间有限，我也依葫芦画瓢，课堂上"热爱"云云，可心里实在愧疚不已，我知道学生的眼神里分明又看到了当年的自己！我眼前的这座山只是一座关于"热爱祖国山河"云云的"概念的山"！

再教《登泰山记》已是在上海教初三 H 版教材，教参里依然只有"热爱祖国山河"，还发现有老师爱用此文作为公开课，因为好把握啊！——写景有层次，情感单纯，多好教啊！我不禁愕然，初中学生还不大会表达他们的困惑，但他们心里可能会更清楚地记得老师对"热爱祖国"这一标签的滥用，于是本该庄严神圣的东西，在我们的生活里可能会变得如此虚空！

真的是"热爱祖国山河"，那就应让学生充分感知，让他们从心底里不由发出这样的感叹。我决定认真去研读一番，首先我抓住学生很困惑的一点，既然写美景，何必对古之登山路线及泰山与汶水、济河、长城的关系，山顶古迹都有所言及呢？而且这时的我也很清楚，泰山，虽贵为五岳之首，其高度和景致的优美却难以毗及华山、黄山等，它那磅礴的气势和浩大的名声，实在是古往今来文化的积淀。东汉应劭在《风俗通义》中载："泰山之尊一曰岱宗。岱，始也；宗，长也。万物之始，阴阳交代，故为五岳长。"后来，历代著名帝王都以封禅泰山为天下之大事。无数人又以文化朝圣的心态不断登临，再以他们那绝妙的诗章为这位东岳尊者增添了无限的光彩。孔子"登东山而小鲁""登泰山而小天下"，杜甫"会当凌绝顶，一览众山小"。从这个意义上说，泰山是一座中国甚至世界独到的文化山。姚鼐这位主张"义理、考据、文章"的桐城派代表，偏要"越长城之限"，实地考察古长城之貌，交代泰山之特殊位置；"乘""历""穿""越""至"，急切地想要在雪天登山的心情也就好理解了。于是我在课堂上带领学生搜索有关泰山的成语、俗语、典故，理解姚鼐再次塑造这座"文化之山"的意义。

　　但教完问题也随之而至，关于封禅泰山，作者并无一言，而文化的直接表现——文物古迹作者显然是有意淡化，他不细叙南天门、岱庙、碧霞祠，只作简单交代，"观道中石刻……僻不当道者，皆不及往"而古之登山路线显然又是为引出他自己独特的登山路线，"道少半，越中岭，复循西谷，遂至其巅"。看似轻描淡写，但读至下文，"所经中岭及山巅，崖限当道"，"道中迷雾冰滑，磴几不可登"，作者显然是有意为此张本。还有更奇特的是作者登山时间的交代"余以乾隆三十九年十二月"，"是月丁未"（十二月二十八日），"戊申晦"（戊申这一天是月底。晦，农历每月最后一天）。如此的时间安排，难道仅是巧合？作者恰好能除夕登上泰山，新年的第一天来观看东海日出。这是多么不同寻常的一天，当天下的游子纷纷赶回家中享受天伦之乐时，姚鼐却和他的朋友登临泰山，欣赏旧年最后一天的落日，新年最早的一轮朝阳！俯瞰群山，远观东海，与天地同辉，与日月共明。何等壮阔奇崛，何等豪迈另类！——仅因为热爱祖国山河与文化？

　　文本解读的过程仿佛让这篇看似"简单"的文字增添了无穷魅力，逼使我不断探究下去。我开始查阅材料，发现早已有不少人也从我这样的困惑出发，不断前进。陈平原《明清散文研究：从文人之文到学者之文》（三联书店出版社 2004 年 6 月版）特别引起我的瞩目。陈平原从明末的学者之文谈到清朝文人之文的形成，而姚鼐在这其间是一个重要的枢纽。陈平原还披露分析了姚鼐登泰山前后人生重要转折的原因：他早年仕途顺利，但在注重考据"尊汉抑宋"的乾、嘉学派看来，却有些"不与同类"，因为他更强调"张扬理学"的治学主张，于是尽管在他人生壮年，被任命为《四库全书》纂修官，但与主纂纪昀，学术领袖戴震明显"文不同调"，就在一年后竟辞官不做，踏上南归故里之路，从此直至 85 岁去世，执掌教鞭长达 40 年之久，一生曾在江南多家书院担任过主讲，八十高龄时仍然倚床为弟子批改文章。姚鼐提出了"义理、考据、辞章"理论学说，统一了方苞"义法"说与刘大櫆"神气"说之间矛盾，同时也调和了清代"尊汉抑宋"与"张扬理学"之间的矛盾。"桐城家法，至此乃立，流风余韵，南极湘桂，北被燕赵"。可以说，姚鼐登泰山也是他一生的转折点。"鸢飞戾天者，望峰息心；经纶世务者，窥谷忘反"。原来这山是一座"人生之山"！

于是我的教学内容设计有了更深的底气，从这些看似"简单""随意"的文字背后引导学生去发现，去探究。学生正值初三，无论是文化的体验还是人生的跨越都恰与文章有契合之处，于是文本解读的深入引发我完成一次文化、人生真正的攀登！

但"这山放入那山拦"，文本的探究似乎永没有尽头，文章结尾处以这样的超绝意境收束："三多三少"，"无瀑水，无鸟兽音迹"，唯冰雪与姚鼐一行！这是怎样的一种人生况味？加上 2008 年"五一"特意朝圣般地去登临泰山，自己只从中天门爬到南天门，竟在两个半小时走走歇歇中筋疲力尽，自己也算攀过中国近 20 座名山，生活世事也算经历一些，可十八盘山路上我还是不断想起姚鼐在三百年前新年前夕冰雪中那场孤绝超拔的登临——那仅是因为一些人事的波折造成的吗？那《登泰山记》的最后一笔不是昭示我们，姚鼐心中的泰山已然成为一种特殊的人生境界的象征吗？所谓"人生之山"，更应是一种"境界之山"！

正在自己准备再查阅资料，并行诸笔端，似乎踌躇满志之时，却发现网上、报刊已有多篇学力远高于自己的学人作者将《登泰山记》分析得别有意味了。如吴礼明的《姚鼐登泰山记管窥》："文中明写登山，而毋宁说是作者的心灵的一次体悟，是自然的律动与他心中的节奏的合拍，于是带来了他心灵审美上的快乐，因而自觉或不自觉地在思想情操上便得到一次培育……"看到此处，除了感喟自己理解文本的漫漫征程，也突然明白，中学教师对文本的研读过程，其价值意义也许不同于学者文人。这是否也是另一种特殊的人生况味呢？

作为教师的解读来自于教学的实际，来自于学生的困惑与需要。它虽然漫长，虽然可能肤浅，但从文本解读的四个方向来看，他显然需要多考虑特殊的读者——学生的取向。当我们不断深入思考文本解读的各个取向时，我们心里清楚，我们并不会将这些一股脑全倒给涉世未深的中学生们，因为这样很可能适得其反，就像"热爱祖国山河"的泛滥虚妄一样！我们必然根据学生的实际进行恰如其分的引导，并为学生进一步学习留下发展的空间。这样想来，教参几十年如一日的写着"热爱祖国山河"，尽管可能出于过去假大空泛滥的惯性，但无形中是否也提醒我们，中学生理解文本自然不是一蹴而就的，一些看似简单的理解，真正的体悟却需要一个不断登临的历程。那么我们教育者为什么还要在文本解读上孜孜探求？这《登泰山记》不断探寻的历程让我明白，在不断的文本解读中，语文教师的专业素养才会不断提升，我们的胸怀才会不断开阔，我们的眼光才会越发专业！

我想正如不断登临山峰的历程一样，只有我们不断地登临，我们才发现那可能是一座座怎样的山！

桃花源的失落与永恒
——陶渊明《桃花源记》 课文研读

难点

为什么武陵渔人意外发现的桃花源以失落告终？桃花源的失落到底意味着什么？

这是文本理解的难点，也是对文本主旨深入把握的关键。涉及作者创作目的与独特的精神追求，也牵涉《桃花源记》诞生前后的文化语境，以及形成的"桃源"文化内涵的嬗变。这一文化内涵是构成民族传统的重要精神内核之一，并且成为民族精神的重要组成部分。

传统语文课堂对这一问题的解读多采用教参的一贯说法：桃花源的失落说明其在当时社会的虚幻性，不可实现性。桃花源只是作者的一种寄托。从某方面来说这一解读有其合理的一面。但我们应追问，文本本身给我们的启示是否仅此一种？这一启示的依据有多少？如果作者本身就只抱着这样的看法，那何必在桃花源诗之外煞费苦心地以散文的形式勾画这样一个从发现到失落的过程呢？又为什么在后来的流传过程中，文的影响远大于诗的影响？

解决这一系列困惑，我们还得扣住这一难点从文本解读出发。

解析

解决问题的关键点在哪里？

首先，文本通常所指的《桃花源记》必须加上桃花源诗才完整。"记"是作为"诗"的序而存在，两者相辅相成，不可分离。从内容的选择上看，诗是以第三者的身份来叙述，这样就可以多侧面多角度地铺陈。"记"是以渔人的所见所闻为线索组织全文，读者会自然随着渔人的眼光惊奇地发现，好奇地追寻，惊喜地感叹，莫名地失落，无奈地神往。同时，"诗"以直接议论"淳薄既异源，旋复还幽蔽"来点明桃花源失落的原因。"记"则选择了渔人太守循向而迷，高士刘子骥欲往不得等有所寄托的情节，显得含蓄，意味深长。在各自发挥诗文的优势中，我们发现"文"对文本主旨的显示给读者更多的反思启示——叙述作品必然牵涉叙述者、观察者、故事人物的设置，读者在阅读中必然有身份的转化与情感态度立场的确定转化的过程，而在这转化的过程中，必然有情感立场的相互关照比较，从而增强情感的深度及主旨的深度。

由此我们发现，从人物设置与具体描写中来探究桃源人与渔人太守等"外人"所代表的不同文化内涵是解决问题的关键。

从对文本的具体描写中探究、 体验作者对桃花源失落文化内涵的精心设置

首先，作者对桃花源发现的描写耐人寻味。作者为什么将发现者设置为武陵捕鱼人？武陵地处荒远，渔人行于山水之间，居无定所，既联系着现实广大人群，又超越于世俗风情。（"渔人"是一个重要的文化意象。古诗文中对渔人的一系列描摹想象可为佐证）渔人"缘溪行，忘路之远近"拉开了与世俗社会的距离，但有小溪相连，而桃花源确是水之源头，山之深处。它亲于民间又超于民间，成为民间纯洁的源泉。而桃林的设置："芳草鲜美，落英缤纷"，更给桃花源加上奇幻美妙的色彩。同时桃林作为美好家园的象征更增添了读者对之的向往。

当读者随着渔人的脚步进入桃花源，豁然开朗，欣喜激动之后，我们眼前活化了一个和谐宁静美好的新世界。人们在"其中往来种作，男女衣着，悉如外人。黄发垂髫，并怡然自乐"。这里"外人"有人理解为桃源外之人，但若如此，不仅不合情理，也与诗歌的表述发生矛盾。源中人男女衣着根据"自云先世避秦时乱，率妻子邑人来此绝境，不复出焉，遂与外人间隔"的表述显然应保持秦时装束，往来种作根据诗中表述"春蚕收长丝，秋熟靡王税"显然是当时不可能具备的。据此我们应认为作者巧妙地运用了词义双关的笔法，"外人"一词既表明桃源中人并非神仙，与古已有之的各种神仙道话区别开来，增强桃源与现实的亲近关系，又表明桃源生活为世俗所不备，使读者不断反思比较于现实的黑暗，进一步引领读者在桃源人对当时世界的评价中反思现实，关注源中人的价值取向。"问今是何世，乃不知有汉，无论魏晋。此人

——为具言所闻，皆叹惋。"在这里请注意"不知有汉，无论魏晋"的表述和语气。作者为何对先秦以来五六百年的历史都做了否定？如果像传统的说法，仅是反对战争，或反对统治者的尔虞我诈，为何将桃花源中人限定在秦？秦汉至魏晋一定与先秦在某种文化价值追求上有很大的差异。这种差异又一定体现在先秦时代的承继者——桃源人身上。这时细心的读者应该发现，桃源中人已成为现实中人的一个对立面，他时时昭示着人们反观自我与现实："便要还家，设酒杀鸡作食"的热情纯朴，"咸来问讯"的亲切关怀，"余人各复延至其家，皆出酒食"的其乐融融，豪爽忠良，都不由让人回想先秦时代"士者"的仁厚与高洁。但当渔人"停数日，辞去"时，源中人特别叮嘱"不足为外人道也"。源中人显然已认识到源内外不仅外部的生活政治环境殊异，而且更重要的是源内外人的"淳薄既异源"，所谓"道不同，不相与谋也"。而这也成了桃花源在现实中必然失落的根本原因。源外之人不能认识到这一"异源"，于是虽"处处志之""寻向所志"，不免"遂迷，不复得路"。

我们还应注意在失落桃源这一部分，渔人与太守的做法和"高尚士"刘子骥的做法显然不同。通过"南阳刘子骥，高尚士也"这一判断句，作者褒贬自然呈现。刘子骥对桃花源是"欣然规往"，而渔人太守等却是出于何种心态寻找桃花源呢？从"及郡下，诣太守，说如此"可看出以官本位为主体的世界与"高尚士"显然是两个极端。出于功利世俗目的，即使对现实有不满，也向往桃花源般的新世界，也只能"不复得路"。结尾"后遂无问津者"表明作者对像刘子骥这样的人少之又少、桃花源竟无人问津发出了深深的感叹。这时读者应该发现人物的设置与描写显然表达了作者的褒贬与文化象征意味。

对人物的设置与描写、对叙述方式的选择显示了作家对生命价值与文化责任的独特思考

一是对先秦时代士者精神的坚守——洁身自好，不与世俗，追求高洁。

二是对当下时代人们精神痛苦的一种告诫与启示——这也是对传统士者精神的提升。

国学大师钱穆曾说："中国文化有与并世其他民族其他社会绝对相异之一点，即为中国社会有士之一流品，而其他社会无之。"孔子说"士志于道"，孟子说"士尚志", 这些都强调"士"是崇高精神追求的人格化身。先秦时代, 广大士者保持自己在野的身份, 在陶渊明看来, 他们实践着真正"士"的理想, 他自己也以看似政治上的"退避", 实际是人生上的执着来实践着"士"的理想。因此在《桃花源记》中, 他将这种理想寄托于桃源中人与"高尚士"身上, 以他们不与世俗, 洁身自好来体现高洁的追求。在文本中桃源中人对外界"不知有汉, 无论魏晋"的态度, 对当时源外人们的同情"叹惋", 对渔人的热情关怀都体现了先秦士人的道德追求与人生态度。

同时, 陶渊明对文本采用渔人作为观察串线人物, 显然是别具匠心所在。渔人既是俗人就可以带领同为俗人的读者走进"高洁"的桃源人的世界, 在渔人不自知地失落桃花源后, 也会让读者反思渔者与自己的行为, 增强对士之追求的认识。从中我们不难发现, 陶渊明追求的士之精神, 不仅在自身的高洁, 也不忘怀于世俗人们精神的痛苦, 尽管他不可能救民于水火, 但他通过自己的文学与生活实践给黑暗中的人们以启示。哪怕当时不为人理解, 但历久弥新, 愈陈愈鲜, 至"每一中国读书人, 每一士, 无不诵其诗, 慕其为人"。

知人论世, 从陶渊明的独特人生价值看桃花源失落设置的意义

当我们清楚了桃源人的象征意义, 就能感知到桃源的失落寄予了作者希望源外的人们应该对现实和自己的精神世界进行反思的情怀。我们也不禁进一步追问作者何以有这样的情怀? 这一情怀在当时以至在中华文化传承中的地位又怎样?

建安正始以降, 在儒家道家企图通过自身的特殊转型来应对东汉以来全民族的精神危机失败后, 西晋的覆灭标示着汉民族几近亡国的边缘, 然而腐朽的司马氏政权仍我行我素, 使偏安的东晋承西晋之衣钵, 以腐化杀戮维持着半壁江山, 若非北方游牧民族自身的火并, 加之东晋少数爱国士人的挽救, 整个文明的覆亡几乎不可避免。陶渊明一生六十二年历经三朝十一个皇帝, 五次大规模的氏族皇权火并; 所谓"士人"表面谈玄论道, 大多数骨子里贪欲富贵; 人们心无所依, 空洞无物的玄言诗充斥文坛……

陶渊明自幼博览群书, 有远大的政治抱负, 受儒家影响至深, 一生曾五仕五隐, 虽然官职不高, 也有现实生活所迫的缘由, 但也反映他不能忘怀于国之大事与民之疾苦。最后终于以"不为五斗米折腰"为由离职, 从此过着"躬耕自资"的隐居生活,直到去世。但他的诗作中仍充盈着执着人生的激情，如《杂诗一》《咏荆轲》《读山海经》等等；也充满人生精神的困惑折磨，如《杂诗二、五》等等，这些都表明，真实的陶渊明并不像后封建社会中普通文人的想象，对世情空漠，退避社会，隐然保身。他之寄情田园，也绝不仅仅是装装样子，抒发闲情逸致。他投身田园是对生活的一种全新投入，是对生命价值的一种全新体验，也是对文化危机的一种全新应对，当然也是对文化责任一种全新承担，在他的诗歌代表作如《归园田居》《饮酒》等有充分的展现。也许对于当时人们普遍的精神危机，他并无大济苍生的自觉与自信，但是我们从他人生经历与追求的整体性关照中，不难看出，陶渊明的文学作品与他的人生一样，必须被看成一个整体，他的诗化人生不仅仅是为个人的解脱，也为他人的启示！

结语

这样我们可以重新反观《桃花源记》中桃花源失落的设置意义了。渔人太守等"俗人"的失落虽不可避免，刘子骥的"未果，寻病终"在当时也有其一定的必然性，但作者通过线索人物与读者在情感价值判断上的重合与分离，使读者自然反思——心中的桃花源不可失去，只要追求高洁，保持先秦士人终极追求，就一定会使心中的桃花源永恒！

挑战

——《扁鹊见蔡桓公》 中心讨论课案例分析

"老师，王文今天回答中心用的是《教参》!"……

刚上完《扁鹊见蔡桓公》的第一课，疏通文字后便顺势启发学生思考此课的主题，不想一向发言踊跃、调皮又好动的王文便冲口而出："讳疾忌医!"我正奇怪，下课铃响。匆匆离开教室之际，班里另一活跃分子，人称"大嘴"的乔马上冲上来揭发"罪行"。因为我早已有言在先，若再发现拿《教参》进学校者，一律没收，并作检讨，我告诫他们这是不劳而获，毫无益处!

"是吗! 王文，你拿《教参》了?"我问。王文狡黠地笑笑："嘿嘿，我没拿，不过看了，我觉得有道理啊，我就用了。乔怎么知道我是来自《教参》，说明他也看了，说不定他才带了呢!""你胡说! ……"两个人向来彼此不服，喜欢挑战，今天看来大有对簿公堂、一发不可收拾之势，我连忙喝止，心中却久久不能平静。看来光用简单禁止的方法是行不通的，两个人在课前看《教参》，说明学生对文言文阅读是有一定探究兴趣的，关键看我们如何利用课堂这一主阵地，推动他们探索认知的热情，看来我也得挑战一下自己传统古文分析的教学模式!

我决定将第二节分析课文的主动权交给学生。课前预习的作业是利用一种我们讲过的分析中心的方法思考中心，结合自己查询的资料（不限范围，越多越好）和课文的词句找出你所认为的文章中心的一些依据。并且告诉同学，只要言之成理即可，没有统一答案，关键看你是否勇于挑战，是否有自己探究中心的方法。我们不要怕古人，不要怕权威，不要怕自己。"谁勇于挑战，言之成理，谁就是冠军!"此言一出，群情激昂。看来，初中生的古文学习热情是要靠教师点燃的!

一开始上课，我就先请王文说明自己的见解："我是通过分析主要人物，把握主要矛盾来分析中心的。我觉得蔡桓公始终不听扁鹊的劝告，最后造成'遂死'的结局，说明他是引出故事矛盾的主要人物。因此，蔡桓公身上具有的讳疾忌医的问题，就是文章中心所在。""有道理，可是乔向来有独到见解，是吧？乔，你说说看！"我又在煽风点火了。"我觉得主要人物恰恰是扁鹊，历史课已学过，扁鹊是战国时代名医，望闻问切就是他发明的，这里蔡桓公是反衬扁鹊的医术高明、医德高尚，告诫人们应向扁鹊这样的名医学习，勇于救死扶伤！""就像现在那些抗非典的白衣天使一样！"我的插嘴使大家都笑起来。

沉稳好思的班长小张举了手。"如果文章是赞美扁鹊这样的人，那蔡桓公最终就不会死了吧！蔡桓公的死，难道扁鹊没有责任？我觉得扁鹊的医术、医德有些问题。"大家哑然，随之有人附和，我点头首肯，为学生勇于挑战的勇气感到欣喜，便趁势再加把火，"刚才大家都用的是分析主要人物的方法把握中心，本单元我们不是还学过其他方法吗？看看用其他方法怎么样？"学习委员小赵举了手："我是用情节转化分析法来把推中心的，蔡桓公开始只是小疾，慢慢变成大病，以致最后遂死，情节的转化不是说明了练习册上说的'天下大事必作于细'的道理吗？"想不到学生已把问题深化到主题的多侧面性的角度了。

"同学们的四种看法，老师觉得都有一定道理，我特别被这些同学勇于挑战传统观念、权威观念的勇气所感动，接下来我们先看看几个同学精心准备的课堂小品，请同学结合小品表演和你对课文文句的思考，决定你同意的立场，准备辩论，看看谁更有道理，好不好？"

小品的目的意在进一步激发学生探究的热情，并进一步深究课文词句，启发学生要从文本出发思考才更能自圆其说。在大家捧腹之后，我请学生重新朗读课文，结合自己预习思考所找的论据思考，决定自己的立场，很快，学生经过调整座位，形成四个观点的大组。

我要求他们进行四人小组的讨论，然后大组内部再协调立场，准备辩论，表演的四个同学作为辅助评委，协助老师这一总评委打分。规定每个大组必须有四个同学主讲，然后自由补充发言，每个能举出论据并加以简单说明者给予 10 分，补充发言有新的见地者加 20 分。

辩论开始了。王组先发制人，"文中反复出现'桓侯不应''桓侯又不悦'的词句不正说明桓侯始终不愿听从医生的劝告，一味固执己见的可笑吗？"乔组马上跟上：

"可文中也反复写扁鹊复见，说明扁鹊始终记挂蔡桓公，医德高尚，'居十日'去一次，说明其明白病情的推进规律，医术高明！"张组立刻反驳："扁鹊虽然反复去，却为何到最后才说出病情的发展？而且等在病情已不可逆转时就'逃秦'，我看医德就有问题，像SARS危重病人，哪怕再危险，康复希望不大，也得上啊！"大家都笑了。赵组又补充："大家别忘了，这是《韩非子·喻老》的片段，原文讲的肯定是论国之术，这则故事是一则寓言而已！"

"丁零零……"大家不由发出"唉"的叹息，意犹未尽，静听老师作结。我是乐在眉梢，喜在心头。古典文言凝聚着中华民族几千年的审美情趣，与现实生活紧密联系，发展学生观察生活、思考社会的思辨能力，利用文言发挥学生想象创造的优势，一直是我苦苦探索的论题。如何发挥学生的主体性，更好地发扬民族文化的魅力，今天，我在自我教学的挑战中，在学生相互的挑战里看到了希望。我兴奋地告诉大家："答案永远没有唯一性，但勇于探索，勇于挑战的勇气却一直作为我们学习语言、文言文以至学习做人的动力。蔡桓公不敢面对疾病的挑战，扁鹊在医术、医德、保全自身和救助他人面前难以抉择的挑战，韩非认为天下大事应从小的挑战开始，那么我们今天就是一个回答，学习语文，学习做人，我们都应勇于挑战！"

（本文获市教委教研室青语会案例评奖二等奖）

每个人都可以成为小王子

2012 年年初开始二十家媒体报道了我坚持二十年义务人文阅读讲座的事情，不少以前的学生心生感慨，表达感恩。其中一个 2005 年初三毕业，现在刚走上工作岗位的 90 后学生顾晓华给我的网上留言让我特别感动：

老师：我已在浦东的一所市一级幼儿园里任教，并且考进了编制。作为一所优秀的民办中学毕业的学生大多都考进了重点高中，各名牌大学，可以说人才济济。但我作为学校第一个毕业做教师的学生，感到一种特别的骄傲！因为我能够做我自己喜欢的事情，我通过自己的努力不断向我的目标和理想迈进！从当年总是成绩垫底，生活在自卑眼泪中的丑小鸭，到现在找到自己的人生位置，这一切源于您初一时那一堂课，那一句——"你们每个人都可以成为小王子！"……

记忆的河流让我上溯，十年前那些名著阅读课的点点滴滴呈现在眼前……

那时，我放弃进入高中教学的机会，来到一所新创办的民办初中，重要的原因是发现初中对于应试教育氛围下的读书习惯的培养，引导对学生读文学文化经典的可能性更大。在校长的支持下，我在学校开展了"名著阅读进课堂"的教学改革，每周一次名著经典阅读讨论交流，成为学校课程的一部分，四年按一定阶梯设置阅读书目，一个多月一本。探索是艰难的，学校升学的压力，其他学科大量作业的挤压，不少家长的不解等等，名著阅读课在不少老师那里渐渐成了摆设，甚至成为应试内容一部分。

初一开始，我选择《小王子》作为年级阅读书目，并向老师学生宣讲这本书的意义。也许大家被我这种单纯的愿望打动了，老师们开玩笑地称我为"小王子"，一向以认真严肃著称的自己竟乐此不疲，以至学生们也悄悄这么叫起来。我知道，大家绝不是恶意，但在应试的强力包围中，坚守读书的理想都会变得如此异类。顾晓华是我任教班级一位再普通不过的女生，在理科老师看来似乎总转不过弯的一类学生，在习题的汪洋大海中，这样的孩子自然处在不断挣扎呛水的艰难处境。记得那时候她因每天作业做到 10 点就开始犯困，早上 3 点爬起来做到 4 点再睡，班主任数学老师就此事找她和家长谈话多次，但是收效甚微，她成天为成为理科差生而万分痛苦，在应试的天空中不知道将来还能做什么。

在阅读一本书的几周里，我会在周一收来他们的阅读剪报本，发现他们摘录与感悟中闪光的片言只句，好在阅读讨论课上，鼓励他们在无穷无尽的作业外，发现读书的乐趣，坚持读下去。那次收来的阅读剪报本，突然发现顾晓华的一段感悟很别致，便在第二天的阅读课上给同学们介绍一下，也借机表扬一下被其他老师批评太多的她。

"同学们，你们对小王子遇到的那些特殊星球上的人，怎么看？你对哪个星球上的人印象最深刻？"话语刚落，一些好表现的学生就说起来了。有的说："我觉得国王最可笑，他是小王子在离开自己的星球后拜访的第一个小星球 325 上仅有的居民。这个国王称自己统治所有一切，然而，事实上他只是徒有虚名……"有的说："我觉得国王最可笑，他是小王子遇见的第四个人，一个滑稽的大人。他坐在那里为属于自己的星星计数，忙得连抬头的时间都没有。他认为他拥有星星，使他富有便是最好的。可是，他什么也没得到。"……在这些踊跃的发言中，不会见像顾晓华这样有些自卑的孩子。

大家说的差不多完了，我特别顿了顿，告诉大家，这次有个同学对这几段的感悟很有意义，她说那些奇怪星球的大人让她想到我们教育中的种种人事，如一些总好权威的家长，一些总在计算着分数的教师，如同那位"拒绝自己去勘探"地理学家的学生，她说现实中"童心化身的小王子哪里有生存之地呢？""我觉得她善于观察生活，人家说，《小王子》不是只给孩子看的，我觉得我们的顾晓华同学就看到了别人可能未发现，或习惯于不去发现，不敢发现的地方！老师为她高兴，让我们把掌声送给她！"我看到顾晓华长期暗淡的眼神中闪出难得的光彩！最后我告诉大家："其实我们每个人都能够成为小王子，只要你保持小王子般纯真的心！"

　　阅读课堂上这个看似普通的表扬，没想到成为顾晓华一个新起点，尽管理科学业依然艰难，但你明显能看到这个孩子生命的光辉！她不仅语文作业特别认真，对待老师同学也很坦诚热心，所有老师都说她懂事明礼。初二后，课内学业越发紧张，我们课内名著讨论的课时大大压缩，我把有兴趣的同学吸引到家里，每周进行较系统的读书交流学习，并且坚持到她们高二。期间顾晓华是只考上区重点，学业成绩最不理想的一个。尽管在高中理科学业越发艰难，但她始终坚持，我也时时激励她，"每个人都有自己心中的小王子，坚持你的理想！"她告诉我，她开始热爱教育，决心做一位爱护孩子童心，给他们自信的教师。我为她的理想而高兴！幼师学习期间，她坚持读书，表达、写作、管理各方面能力不断提升，还学会了钢琴和舞蹈，不断为理想奋斗。还时时发来她的问候，她说，我坚持人文阅读讲座让她懂得教育的本质，"老师就是我心中始终的榜样！"

　　今天顾晓华终于找到了自己的"小王子"，实践了自己的理想，她在短短的半年多时间里，不仅很快转换角色，还努力以自己所学钻研教育艺术，站在孩子们的立场上思考，从孩子们的角度出发管理班级，设计教学活动，因材施教，很快赢得了家长领导同事的信任，两个看似问题孩子，在她的引领下变了不少。她还主动开通家长QQ群，利用在家休息时间和家长们讨论教育思路和理念，俨然一个小行家。为此，《青年报》还对她作为一个90后做老师的例子进行了报道采访。

　　和顾晓华谈起她成长的历程，我们不由都想到加德纳的观点：人类的智力可以大致划分为八个领域，即多元智能。根据多元智能理论，每个人在每个领域的发展各有所长，根据不同的人要有不同的教育手段，这样可以帮助受教育的人在某一方面获得更显著有效的发展。人说兴趣是最好的老师，教师在学生成长的过程中到底应该扮演怎样的角色呢？很显然，应该是引导者、参与者、合作者。引导孩子们找到自己的兴趣所在，参与孩子在兴趣中的所获所想，鼓励孩子们在兴趣中发挥才能做出成绩。每个人都应该有一条属于自己发展的道路，成功也不应该有任何外在的定义，在我看来，做自己喜欢做的事情通过自己的努力有所收获，每天都过得充实快乐，就很好。讲座二十年的坚持，自然培养出不少大家心目中的优秀人才，如博士硕士也几十个，但我更珍视那些看似普通孩子的成长。因为在应试教育的大环境下，他们进步的故事更给人启发！

　　我想顾晓华成功的案例中，名著阅读、人文讲座带动她读书，让她在应试的洪流中，始终自信积极地奋斗是其走向成功的重要原因，也正是多年前对书籍阅读意义的认识，使我坚持以书籍阅读交流作为语文课重要组成部分，并努力使自己成为一个引导者、一个参与者、一个合作者。引导他们去探究一定范围内自己感兴趣的书籍，参与讨论阅览后的感想，在这看似和教学大纲无关的活动中，充分调动了学生的兴趣，以热情的鼓励激发学生们的积极性、创造性，给学生们一个自由发挥的平台，提高了学生们阅读写作能力，更让学生们学会思考，找到自己心中的小王子！

　　从教者，要始终记得，每个人都可以成为小王子！

（原文发表于《教师博览》2013年4月）

永恒的月光
——我带学生慢慢走近诗人乡愁的世界

　　"那晚的月，终究会落；心中的月，依旧在遥远的天际，轻轻地，深深地，在我的脑海中，洒下那晚永恒的月光……""感谢那一堂堂特殊的语文课，给予我们如此不同寻常的人生经历，让我们慢慢走近诗人乡愁的世界……"——09届学生感言

　　从教19年，深知学生的语言能力和精神世界融为一体，很多语言精神界域的建构可能需延续一生，我们的语文课可能无法同其他的课一样总能追求到即时的效果。据此，我们在课程开发、教学内容的确定上必须有长远眼光，需要综合运用各种教学资源，将不同时段相似的教学内容前后勾连，暗线纵横，层层推进，从而将我们的每一节课落实在学生终身发展这一主旋律上。

　　古今中外广义的"乡愁"（对心中故乡的思恋向往的忧伤）对没多少阅历的学生来说，理解起来困难很大，何况生活在以移民为主体的大都市的孩子，关于传统故乡的感性认识已大大淡化。如何带领他们走进"诗人乡愁的世界"，着实是语文教学一大难点。记得过去教《故乡的鸭蛋》《枣核》之类的文章只好停留在对作者儿时旧物的怀念，要么就是游子思念祖国之类空洞概念的层面上。二期课改新教材在初一上就有一"故乡情思"单元，《社戏》《滹沱河和我》《故乡在远方》都是重量级文章，不少老师视为惧途。怎样让初一学生有所收获，我苦苦思索。一次听陈小英老师讲道，我们不能期望一节课，学生一个年龄阶段就解决所有问题。是啊——语文的学习就像陈老师经常打比方的那样，如清清溪流，日夜不息，流向远方……

　　一个月光明照的夜晚，我在"故乡情思"单元备课中翻开初中其他课本，耳际飘来儿子的童音——"床前明月光，疑是地上霜，举头望明月，低头思故乡……"望着融融圆月，我心清朗。一条带领学生理解乡愁的小路仿佛在眼前展开。本单元应让学生感受他们曾经的美景与人物心境随时间流程、代际变化而发生转化的关系——学生

儿时就开始熟记的思乡怀人的古诗；祖辈、父辈的少时经历；自己老屋旧弄的记忆；随父母乡间山水的游历——这些教学资源都应巧妙运用，从而唤醒学生沉睡中的情感积淀，单元的主要目标就达到了。于是单元预习及课后作业我做了这样一些安排：作一个"寻根"调查，关于家族世代传承的图表或小报；进行一个家庭祖辈、父辈的访谈，围绕他们儿时的经历故事展开；片段写作——《社戏》月夜所想到的；随笔一至二篇——某某景物和我（仿写《滹沱河和我》或《藕与莼菜》片段）；选一首思乡诗写一短评；单元小结由《故乡在远方》一课的学习谈谈学生心中的"故乡"。记得不少学生家长在调查后的评价中反映，学生仿佛一下懂事不少，不少学生第一次理解所谓"怀旧""思乡"那样一种情感的价值……有些家长说，孩子在调查学习中，自己也仿佛重新认识很多问题。学生的作文与课堂发言反映出那年的中秋节开始，有学生主动关注月饼之外的东西了。

"李白的霜染白一条小路，沿着小路我走回去，走到母亲床前，才知道我是她的故乡。"（《故乡》杨孟芳）这是学生初二这一年教材里一首不起眼的小诗，这一学期的教材"宋词集萃"单元和每周一诗里有张孝祥的《西江月·黄陵庙》、辛弃疾的《青玉案·元夕》等诗词，"祖国在我心中"单元有《我爱这土地》《乡愁四韵》《枣核》等。由此，我觉得可以就这些学习材料确定关于"故乡乡愁"教学内容上一个新层次——人为什么会有乡愁，它为什么会成为众多文学作品的母题？我们每个人的心灵故乡又会是什么？

学生情感的层次应从对母爱亲情的理解，逐步上升到对故土祖国的依恋，甚至引发恰当，会有部分学生升华为对民族文化的坚守传承。作为语文教师，我们在此时的教学内容确定上，应巧妙整合有关教学资源，沟通与过去"故乡"教学内容的联系，以促使学生实现情感与表达的飞跃。为此，我补充了有关抗日战争、台湾问题两次大型讲座，在中秋节前进行"中国古诗与月光"的小报制作比赛，在诗歌教学中充分贯穿朗读教学。学生在随笔中写道："也许对于乡愁，我理解得还不够深刻，但却被老师动人的情感，高超的朗诵技巧所折服。当我们一起随之诵读，给我一片雪花白啊雪花白……给我一朵蜡梅香啊蜡梅香……我们的眼眶湿润了！我突然发现乡愁沉重的分量，我的眼前不断映现老师讲座中复现的历史场景，脑中不由自主就浮现了这样的诗句——为什么我的眼里常含泪水？因为我对这土地爱得深沉……"

这一教学思路使学生慢慢走进文学联想思考的世界，他们开始会巧妙联系，探究作者、人物心灵的秘密。初二下鲁迅单元《故乡》的课堂教学过程中，有不少学生不约而同地发现题目喻指的深意——江南水乡的故乡不是让人联想当时社会或中国吗？当然还包括作者心中的心灵故乡。在回故乡又离故乡的故事框架里，不是让人深思作者对于社会、国家、民族、人类心灵的重重追问吗？

"庭下如积水空明，水中藻荇交横，盖竹柏影也。何夜无月，何处无竹柏，但少闲人如吾两人者耳……"朗诵后我们进行了关于如何理解"闲人"的讨论，"这月色的闲愁中为什么不可以理解为一种特殊的乡愁呢？——苏轼此时对于心中的理想难道真的完全归于沉寂？这月光中不是包含了多少诗人寄托的乡愁吗？"这一发言真是语惊四座，我不由喜在心头，初三的忙碌压力也许对现实教育环境中的我们都难以避免，但我贯穿教学的"月下小路"似乎并没有湮没，学生经过月下不断地探索终于在内心的一角放下了一束心灵的月光……

初三的硝烟终于散去，这年的中秋节就要来临，尽管学生们已散布在不同的重点高中，但我们依然每周有"文学文化讲座"和网上论坛"我的精神家园"相连，我提议在有钢琴的同学家里搞一次中秋诗歌朗诵音乐晚会，大家一呼百应，家长积极支持，十一晚上先集资包下KTV包房进行排练，小提琴、二胡相配，男女生相和。

中秋之夜终于来临，"明月几时有，把酒问青天……""滟滟随波千万里，何处春江无月明……""海上生明月，天涯共此时。"主持人小丁道："他们动情的朗诵告诉我们，思念并不仅仅局限于个人，它还将延至家国，乃至一个民族！""今夜中国最动情！我们可以从字里行间感受到中秋特殊的意义。他们动情的朗诵给了我们无限的玄想，也让我们有了更多的思考。此刻，让我们把目光放到那遥远的地方，让我们聆听那个时代的悲歌，聆听雪落下的声音，请听《雪落在中国的土地上》。"接着《黄河颂》《祖国啊，我亲爱的祖国》，然后是师生齐诵《凤凰涅槃》。这时许多知道我们活动的老师、同学纷纷发来热情祝福的短信，我向大家朗读这别样的祝福，大家群情感奋。月色中我告诉大家：今天的活动是我们多年的梦想，诗人乡愁的世界就在你我的魂脉里，今晚是我们用自己的行动去活化一个古老民族的心灵感喟！为诗意的生活，为民族的月光！——这次活动的主题昭示了我们对现代与历史的一种思考与向往！尽管稚嫩，但真诚激昂；尽管微小，但烛照青光！

主持学生最后动情留语："凤凰以它独特的形式获得了重生。这也预示着我们伟大的民族必将迎来新生，祖国的命运牵系着你我，让我们明白肩上的重任！民族的命运牵系着你我，让我们担起属于我们的责任！……"

"那晚的月，终究会落；心中的月，依旧在遥远的天际，轻轻地，深深地，在我的脑海中，洒下那晚永恒的月光……"语文教育的月光之路也许很不平坦，但回顾这条带领学生走进"诗人乡愁世界"的道路却给我深深的启发，语文教育一定如那月光一样，朦胧中宁静深远，课程开发一定贯穿教学历程和学生的活动体验，教学内容的延续性、层进性决定了刻板功利离她最远，但她并非虚无缥缈，只要我们胸怀学生终身发展的理念，传承发扬民族文化的信仰，巧妙开发课程资源，那她便时时在你我心中……

（原文发表于上海三联书店《读书·思考·践行》）

文言文与现代文阅读教学的沟通
——谈语文教学中传承优秀传统文化的一种策略

缘起与动力

最近，这样一则新闻大概让人见怪不怪了：教育部、国家语委日前发布《2006 年中国语言生活状况报告》显示，汉语以前所未有的速度在世界传播，与此同时，国内学习外语的热情空前高涨，投入的时间和精力大大超过了母语学习。对全国大学生调查时发现，用全部学习时间的四分之一以上学外语的，达到百分之七十三。还有人用四分之三，甚至是全部时间来学外语。"以讲英文为荣、以会写英文为荣，中文只要表达清楚就可以"的理念盛行……

海德格尔说，"语言是存在的家园。""语言的状态标志着我们生存的状况"，母语是民族文化的最后根基，是一个民族文化共同体的最后精神家园，是所有精神表达方式的基本框架。汉语文的命运，昭示着中国文化的命运，作为传承民族文化的重要阵地，我们的语文教学，不能无视这个现状！正如中国人民大学杨煦生教授所言，"1912 年的《民初约法》废止小学读经科等开始，传统经典文本一步步淡出官方教育体制。对古今如何对话、白话文如何为人们建设一个现代精神家园等话题，缺乏严肃和深入的研究。母语教育的内容安排因此而缺乏系统性和吸引力。"加上过去政治上崇尚暴力而导致对语言的戕害和这近 30 年间商业化大潮对汉语文化的侵蚀，消费主义对人们心理意识的操控，以致天下从风而靡，政治八股与商业八股，制约着日常语言与思维，母语教育步履沉重而艰辛。

这些不应是抱怨，却应是我们语文教师的教学动力与历史使命感的源泉，同时，我们也应用自己不懈的努力，来燃起学生热爱母语，传承优秀传统文化，复兴民族文化家园的熊熊烈火。

起步：打破界限从"词"始

语文阅读教学长期存在着文言文与现代文教学的鸿沟。文言文教学固守着"读读背背，字字落实，反复默记"的传统，现代文教学则普遍存在着"课堂讲说感悟，课下无法操控，考试不着边际"的现象。以致学生对母语学习的印象往往是文言文死记硬背，现代文任凭感觉。这怎么能让学生有更多学习母语的兴趣与持之以恒学好它的信心呢？——学生从小学到高中对语文兴趣呈整体下降的趋势；语文在中学排行"小五子""小六子"的尴尬与语文阅读两种教学、学习法的割裂有一定的关系。

二期课改的理念为更好地解决这些问题提供了良好的理论依据与实践机遇。语言的毛病要从语言的本身着手。从学生的知识生成来看，由于传统语文教学过度夸大了现代文与文言文的区别，面对两者的紧密联系，学术界又没有给中学语文提供更多可操纵的知识框架，致使学生兴趣衰退，学法迷惑，也使传统文化的传承被架空。

实际上文言文、现代文都是优秀传统文化的重要载体与组成部分，只是作为两千多年书面语的文言文更集中典型，作为现代白话为载体的现代文自然强烈地受其影响。词义的发展就充分体现了这一点。韩愈曾说读书须从识字开始，文言文词义的积累应与现代文学习紧密结合起来，以推进二者的学习。作为音义结合的表义文字，汉语词义的传承是沟通文言文与现代文的一个基础，是展现传统文化继承发展的一个标尺。词义的积累与应用本身就是传承文化的表现，同时学生词义的应用中充分感受着传统文化的魅力，为进一步学好文言文与现代文打下坚实的基础。

长期以来，文言文阅读重词义积累，轻传承关系的理解性探究；而现代文低年级则限于词典义的死记，高年级则忽视词义的积累，造成文言文与现代文阅读中词义应用的匮乏。其实两种教学与学习方式，应巧妙结合——运用汉字音形义结合，单音向双音扩展的规律，激发积累与联想的兴趣，不断联系，前后关联，达到事半功倍。笔者在教学调查发现，较早地教授学生造字法，词义传承方面的规律性知识，并在其后语文学习中不断启发实践，会使学生兴趣盎然，牢记永久，形成汉语特有的语义联想思维习惯。如果让学生建立起自己的词语积累本（按音序排列在相应卡片上，古今同列，记好例句及多重含义），比单纯记词语的效果更好。比如"既""即"两形似字，学生常用错、写错，如果在接触时就给以甲骨文的字形演示和说明，学生会在笑声中欣然接受，对先民的生活、文化心理以及饮食文化都会有一个深层次的了解与积累。再如文言文中学到"两膝相比""比"之"靠近"意，如果联系"天涯若比邻""比肩""鳞次栉比""比附"等词，以后学生就能举一反三，也增强了学生联想性思维的培养。

然而由于缺乏相应深入科学的统计资料以及教材的支撑，如现代汉语常用词统计、教学内容在词语单元阶段性目标等方面都无据可依，考试几近无年级特征，学生因看不到明显的阶段性成果，对词语的积累仍缺乏积极性。

核心： 言文一体古今同

我们认为文言文、现代文阅读教学上的沟通是传承优秀传统文化的重要教学策略。其基本理论依据是源自当代语言学文学理论界申小龙等学者提出的"文化语言学理论"，他们从文化意识来分析解释汉语的读写策略。

民族语文课必须有其特殊的民族文化特征。百年多来语文形成与发展的过程中我们时时忽略了文言文与现代文两者间的联系，以致到现在仍时有文言学习意义的疑问，当我们用西方静态的语法套用汉语时，我们已走入了与传统文化割裂的死路。所谓"语言破碎地，文化破碎处"，今天在全球化攻势更彰显民族文化意义的大背景下，我们重谈优秀民族文化传承问题，就必然要正视语文发展中的这样两重割裂：一是现代文与文言文教学认识上的割裂；二是教学中言文的割裂。具体表现为：现代文阅读在过去静态分析的所谓"学校知识"难以奏效的尴尬下避谈知识，架空文本，一味感悟中体悟文之道，以至于语文课不再姓语；而文言文教学则变成纯工具性的一种"言"的机械性操作。

打破这种割裂，更好地传承优秀传统文化必须在两种文本教学中遵循言、文一体的原则。

具体策略为以汉语独有的一些语言特征为根本，从语言研究的语法、语义、语用三个层面进行动态的感悟分析，特别是语用价值的探讨应成为课堂教学的一种主要表现形式。

汉语是一种语义性结构的语言，它的语法结构框架是"话题—说明"，这种句法的语义关系灵活自由，需要培养调动人的具象思维和整体思维来发掘作者的精神世界，联系语言环境，感悟以至建构读者自由的精神世界。

在教学中，我们应明确汉语的繁简适度，句式对应，讲求气韵句读的特点，不仅是标签；倒装省略，也不仅是能判断一个语法名称；修辞的探讨更不能仅是修辞格的简单判断。这些广义"语法"的表层静态分析显然是枯燥浅义的，我们应在此基础上探寻其价值意义，来建构学生富于民族文化特征的精神世界。如在《爱莲说》的教学中，我们应启发学生追问三种花何以这样详略安排，在句式的对应上又为何有那样的变化？对莲的形态描摹中"余独爱莲之出淤泥而不染……""之"的用法不仅是语法上的习惯，更使描摹"莲"的这几句充满生机与动感。在朗读的体味中揣摩作者这几句安排的独到又会发现一朵圣洁的莲花由低到高，由形到神，盛开在读者的面前，使人不得不感佩君子的高洁。在第二段的朗读中，提到"也""矣"虚词的应用，不要仅告诉是语气词了事，而应带领学生在替换朗读中体会作者对世俗的鄙薄，从而在心灵深处构筑对君子的向往这一民族情感。

现代文教学中民族文化的传承更要注意这一点，并不是谈到民族文化内容的篇目才需要"传承"，更不是贴上民族文化标签就能了事，这种脱离对民族语言感受积累的所谓感悟完全是空中楼阁。

拿《散步》一课的教学来说，小小的一次散步中凝聚着富于中国人伦情感的温情与责任，如何能激起以至深化这种情感？不是仅靠情节内容和议论句，而应在诵读中体验文本语言的对举、描写的情景交融、词义色彩与轻重的搭配等，探寻其应用的意义。如语义的对举会让人时时映照对比多代人之间人伦情感的关照与体察。对南方初春田野小路的描摹则抓住了生命力的张扬，让读者立刻联系古诗文对春天生命的歌吟。用词上田野的"新绿"，"金色"的菜花，"粼粼"的鱼塘，母亲的"听话""熬过"，儿子的"叫"，我和妻子的"蹲""背"就仿佛在色彩与词义的轻重上，打着生命张扬而又沉着的节拍，不由让人生发我们民族人伦情感传承的激情。这种激情的激发过程让人联想到古诗文吟诵联想的生发。这一切都需要在言文一体的教学原则下才能水乳交融地走入学生的内心。

条件： 主题单元显优势

二期课改新教材内容以主题来组织单元，构置了一个个独到而丰富的主题文化场景，从而使语文学习生活化，也让生活语文学习化。这为沟通文言现代教学策略的实施，提供了良好的条件。

首先，主题单元便于从古今各种文化遗产中，吸取有益于构筑现代民族文化的文化意象。这些意象经过千百年的传承，积淀了丰富的内涵与特有的审美情趣，对他们的吸取有利于形成学生富于民族性的文化心理储备。这些意象储备又会自然地与现代文意象相沟通，从而使传统意象充满新的生机与活力。教学中要善于由古及今，由今溯古，沟通不同单元，勾连古今意象，做文化传承的自觉使者。如在六上"山水之间"单元学习中，对江南"春水碧于天"的意象营造具有深广的文化意义。在七年级《社戏》中"江南春月"，《故乡在远方》中的"江南之梦"，以及"亲近自然"单元中人们对自然亲和力的相关描写都可相互沟通，从而领悟中国人"山水一人"之间的亲和对应情感，以至对"地球我们的家园"这样的单元也就有了特别痛切的体察，使学生反思现代人类生活，树立追求和谐世界的理想。

其次主题单元有利于学生从文言文、现代文的参照中，构筑富有生机活力的文化心理场景，使生命心理沟通古今，增强文化内涵的厚度。例如七年级"神话传说"单元大禹治水、女娲补天，救民于水火、以天下为己任的壮烈场景会重燃起六年级"志存高远"单元中那些革命之士、不畏艰辛的科学家、古代追求高洁的君子之回忆。而在其后的"名著阅读《三国演义》"单元（校本课程）中在品评诸葛亮知其不可而为之的悲壮叙事中，又使这一文化场景进一步升华。这种通过主题单元联系使文化场景不断复现的过程让学生建构起积极健康又富于民族精神的文化心理与思想追求。

第三，主题单元还有利于学生通过自身的各种主题言语活动打破文言文、现代文的壁垒，使言语活起来。在七年级上"技艺超群""神话传说""名著《三国演义》"

三个主题单元的学习中，学生正风靡于《百家讲坛·品三国》，笔者抓住这一沟通古今的良好时机，在"技艺超群"单元挖掘古人"口技"的精神寄托，在《明湖居听书》中感受聆听京韵大鼓、评弹等传统曲艺。在《三国演义》阅读欣赏课上，摆品评人物的擂台，课下追寻评书语言对古典文学及现代生活的影响。大家惊喜地发现，《百家讲坛》的模式证明了传统语言艺术对现实生活的强烈吸引力。学生们不由自主地兴起了展现民族言语艺术的热潮。学校审时度势，在全年级开展了一次传统语言艺术的大型展演会，同学们曲艺、相声、小品、评书精彩纷呈，他们用自身的言语实践，充分感受着民族文化的魅力，也以自己的亲身言语实践证明了传统语言艺术与当代生活的沟通潜能，也给我们语文教学以深深的启示。

创新： 让言文阅读充满活力

在沟通文言文与现代文阅读教学，传承优秀传统文化的教学策略中，应始终贯穿学生创新能力的培养，从而为构筑学生心中现代民族文化注入永恒的活力。

有的人可能认为传统文化的传承就意味着怀旧复古，其实这是非常短视功利的，文化的生机在于创新，而任何文化的发展都不可能凭空而来，去打碎一个旧世界建立一个全新的世界。文化的传承又必然是"去其糟粕，取其精华"的过程。"闻古色变，喜新弃旧"的文化虚无主义态度让百年多来的中国几近文化的断裂，其教训不可谓不深。

现代阐释学、接受美学理论使我们更清楚地认识到真正的阐释接受的过程并非仅来自作者的意图或读者的主观见解，而是读者参与文本阅读的结果。在保证阐释合理性与阐释的历史性基础上，读者总是在超越着作者的原意，创造着新的意义，从这个角度讲，文言文、现代文的阅读都是一个再创造的过程。

由此出发，我们打破文言文、现代文阅读教学的鸿沟，并不是无视二者教学上的区别，而是在读者接受的角度上挖掘二者共通的文化的同源性与一致性，激发学生传承文化的主动性，以继承创新的精神来构建民族新的语言文化。这条道路任重而道远。

（原载于《现代教育理论与实践指导全书》）

注重"导说"， 讲求实效

随着新课改的推进，我们欣喜于"满堂灌，满堂问"在语文课堂逐渐消失，欣喜于学生积极参与课堂的动态美，但令人担忧的课堂图景却开始浮现，例如在阅读教学中过分强调阅读主体的自主参与，弱化教师引导的作用，造成对"与文本对话"的误解，致使"对话"几乎变成学生的"自说自话"与脱离文本的"浮想联翩"，教学内容变成了仅仅为文本所蕴含的思想感情方面的东西，加之教师的"全面肯定""不置可否"。教师废除了"导说"，换成学生的"自说"，这似乎不是什么进步，它只能使教师、学生更迷惑。

针对新课改推行中对"导说弱化"或"导说缺位"现象展开"导说"的思考，以期改变这种偏差，构建语文学习中"说"的意义。

那么"导说"在阅读教学中何以运作呢？我们知道，课堂主体行为就是师生、生生以文本为核心的言语实践和特殊的口语交际过程，那么下面就从言语实践的特征和这一特殊的口语交际心理学构成要素两方面来讨论阅读"导说"的实践。

根据言语实践的特征"导说"

1. 作为言语实践"导说"首先是一种情境性的活动。现代学习理念强调学生通过与环境的互动构建对个人具有意义的知识。情境性的活动使学生了解语境与运用语言的关系，教师所做的是"试图或多或少地扩大学生原有的语言行为手段，亦即扩大学生原有一套思维规则或方式，让学生尽可能大量接触各种不同的连贯言语"，"他必须多听多观察'活的语言'，这不等于只是听听而已，必须提供整个言语环境"。（皮特·科德《应用语言学导论》）为此，老师必须首先"入课"，进入文本，"作文本的知音"（于漪），达到"忘我"的境界，以自身的扎实功底深入挖掘文本的思想艺术魅力，这是提供学生完整言语环境的基础。在此基础上，创设"激趣""激情"的有效情景，引领学生入情入景与文本对话，有根有据有理有节地"说"。

2. 作为言语实践"导说"又是一种过程性活动。因此课堂"导说"中教师应有明确的策略教学意识，根据其作为"定篇、例文、样本、用件"不同教学目的的文章来采取不同教学策略。比如"定篇"类文章应着重导说理解欣赏的策略；"例文"则着重导说读写不同文体的不同方法；"样本"则应是"生成性目标"，导说重在激发学生在尝试的过程中共同讨论学习的策略。

3. 作为言语实践"导说"也是一种综合性活动。作为"导说"应激发学生综合运用各方面知识的能力，特别在听说读写不同能力侧面注重相互的结合，注意口语、书面语的转换。

4. 作为言语实践"导说"又是一种合作性活动。现代学习理念倡导学习是知识的"社会协商"，个人通过团队成员间的互动、中介的转换等形式发展自己的知识。但要注意在这"学习者共同体"中教师的地位是特殊的，他是学习共同体中平等的一员，但又绝不仅是一个普通的成员，他有义务与责任，引导学生在学习团体的合作交流中学会分工、宽容、尊重与探究。教师应深入学生合作的具体团体中作好示范，比如在交流中尽量不"拦截话题""假意倾听"或"超前判断"，以自己的言说榜样启发学生在实践中学会合作。

根据口语交际心理构成要素"导说"

教师要充分认识"导说"这一特殊口语交际的心理过程，并且结合这一心理过程的流程（a. 表达包括组织内部言语，快速言语编码运用语音、语速、语调和态势；b. 口语领会包括注意、理解与品评）采用恰当的导说方式——我们可以简单地将之概括为这样"六说"：准备"说"、引发"说"、示范"说"、表扬"说"、协调"说"、评议"说"。

1. 准备"说"就是给予学生准备的机会和必要的时间。因为组织内部言语必须进行充分有效的初步阅读与思考，并根据学习目标确定相应话题，进一步产生与话题密切相关的"语点"，不断加以扩展、编码，从而形成说的欲望。作为"导说"教师必须善于确定"说"的任务指向（学习目标），在课堂上巧妙引发并适时"冷场"，使学生语义扩展、编码调整得到充分的酝酿。在现实教学中，很多老师很怕冷场，其时"冷场"有时是"导说"不当引起的尴尬，需要教师及时调整，有时却是"准备说"必要的场景。它既可以激发学生快速整合"语点"，从而打破僵局，柳暗花明，也可以促进学生回归文本，冷静比较观察，还可以将思维引向深入，大大提高"说"的质量。必要时不妨辅以笔头记要点，课前备、课后思的处理。

比如教《从百草园到三味书屋》，"三味书屋"部分的阅读感受，学生受传统思维模式的影响，很容易得出与"百草园"形成鲜明对比，批判封建教育的结论，这种言说往往是根据教辅脱口而出的虚假言语。针对此，我就故意反驳，引发学生课后重读文本，准备新的深入言说。另一次教此文则根据有学生提出少年鲁迅对先生到底是怎样态度促使学生两派争议，在胶着状态下，我要求学生静场反思，重归文本、内心世界和自己的语言积累，学生在准备"说"的环境下，思维火花迸发异彩，不仅潜移默化地运用辩证的思维评价人物，也联系到生活阅读例子中回忆式表述可能产生的特殊言语效果。这是仅靠老师讲，或简单"争论"一味"说"下去所达不到的。

2. 引发"说"示范"说"既应是目标的细化，也应是思维形式与方向的启发，还应包含语言形式的暗示或示范，在课堂设计中往往表现为"突破口"的巧妙设置。有时还可给以例子或反例，以激起学生思维的撞击。为激发学生对"百草园"部分探究的兴趣，我用课文"不必说，……也不必说……"的句式动情地回忆自己大学时到绍兴鲁迅故居寻访百草园，结果却似什么也没看到的经历，学生兴味盎然，却满腹狐疑，我趁势发问，鲁迅以这样动人的句式来描写是"老糊涂"还是"艺术加工"，学生在这样思维方向的启发与语言形式的示范下，生发自己曾经的"回忆"经历，童年的美丽，在语言的模仿中建构自己心中的"百草园"。

3. 表扬"说"协调"说"。会说的前提是会听、会思。而注意又是心理过程的动力特征，作为教师的导说必然包括对学生注意稳定性及注意分配的关注与及时有效的调整；因此教师可采用表扬"说"协调"说"的方式，充分肯定学生的听、说行为与习惯，对听中出现的各种干扰及时提醒与纠正，从而使学生有效地听，积极地说。在教《扁鹊见蔡桓公》时，一个学生为某同学翻看教参得出"讳疾忌医"这一主题进行"揭发"，两人互相指责，我抓住契机，既表扬他勇于质疑回应，又暗示他们两人和其他学生都该回归文本重新讨论，并从文章出处《韩非子·喻老》的有关文化常识角度示范探究过程，激发四大组同学从文本四个不同要素出发来把握主旨，形成辩论，在其中不断协调听与说的互动，推动所有学生全面参与文本意义的建构。

4. 评议"说"。学生边听边思的理解、品评是课堂全面言语活动的重要环节，说者只能唯一，而听者却是绝大多数，要提高每一个学生课堂效率，必须通过巧妙的评议"说"给学生以真正的启迪，让学生说得准、说得清、说得全、说得深，更激发听的同学听得明了，听得有兴味，听得有沉思，听得有再说再探究的热情！应该说，在新课改理念引领下，很多老师已充分实践着表扬"说"，给予学生充分肯定，但评议似乎又在某些人那里变成不置可否或全面肯定。实际上，学生参与的重要动力不仅来源于"表扬"，更来自教师独到客观的"评议"，否则"表扬"也会失去意义，其实恰当反面的评议有时恰恰是激发学生生成新知的关键。例如我在教《荔枝蜜》时，主体上是把它作为层层铺垫构思的例文来处理的，联系了很多类似文章来让学生比较评说，模仿说构思，最后我让学生来进行小结性评说，学生一个个竟全部习惯性地简单肯定，但一个个得到我的摇头叹息。我介绍背景联系现实，把杨朔式散文的不足甚至危害客观地展示出来，让学生自己再去评究，学生多年后的作文中都对老师这一评议深情回忆。

当然，课堂导说由于其即时性、情境性、综合性，为深入研究造成了一定的困难，但它却应该是语文课堂教学的一个重要内核。本文旨在针对新课改推行中对"导说"的一些漠视甚至缺位现象，发出惊疑，尝试初探，以期有识之士引发深入，使语文课真正教到学生的心坎里。

（原文发表于《上海教育科研》2006 年第 2 期）

人生识字忧患始
——对语文新课标变化的一点想法

这些天关于新课标的讨论很是激烈。或喜或忧莫衷一是。我却想起苏轼老先生近千年前的这句牢骚话"人生识字忧患始"。

作为一名基层的语文教师，一位四年级孩子的父亲，又是致力于推动学生书籍阅读 20 年的践行者，对于语文低年级写字减负，增加毛笔字书写的要求，"九年课外阅读总量须达 400 万字以上，推荐背诵的优秀古典诗文篇目共 136 篇（比老课标多出 16 篇）"的新课标，确实应该欢欣鼓舞才对。

这次调整课标，据《光明日报》采访教育部基础教育课程教材专家工作委员会相关负责人称："2001 年，教育部印发义务教育各学科课程标准（实验稿）。十年改革实践，这一课程标准极大地促进了教育工作者教育思想观念的转变，大范围引导了教学改革和人才培养方式转变，得到中小学教师的广泛认同。而随着改革的深入推进，一些需要进一步提高与完善的地方日益凸显，课程标准亟待进一步修改完善。"但也许是从教 20 多年来，一直在"教改"中，课本也总在"试用本"阶段，也亲身经历着"教育思想观念的转变""人才培养方式转变"的真实状况，对于这次调整带来的"完善"不得不心存些不合时宜的"忧患"。

首先忧的是这些年一直在喊的"减负"，也是本次课标变化的一个出发点。但谁都知道，由于未抓住问题的本质——评价考试制度的改变等，基础教育负担越减越重却是不争的事实。而本次语文上所谓低年级写字"减负"，如果仅从写字量的减少来判定，那纯粹是数字游戏，高年级相应增加了写字量，整个小学阶段识字写字总量保持不变（当然这一改变确实更科学，很有必要）。何况增加了背诵古诗文的内容，马上很多人担心语文会"死记硬背"——人神共愤之所在。而其他学科减负的表现则以"删去了过难的内容；有些学科降低了一些知识点的学习要求"这样模糊的语词含糊而过。为什么只拿语文写字量说事？人们不得不忧心，质问《小学英语"识字要求"

为何不减》（《羊城晚报》辛木），还将英语分成九级，强化的指向昭然。在这个母语教育不断弱化的时代，不能不让人们怀疑"减负"之说的诚意！

其次忧的是人们在对母语教育的特点缺乏共识，不甚了了；对教改在当今中小学实施情况的了解停留于表面的状况下，大谈特谈课标改变带来的教育新局面，不免过于乐观。如汉字的记忆与英语单词的识记截然不同。作为音形义结合的表意文字，五千年积淀的汉字文化博大精深，也有它特别的掌握规律。例如造字法与字义，音韵偶对与情感的表达，字义的转化与言辞的选择，语序的弹性与流水句的行文等等我们都不知如何让我们的孩子掌握，百年来我们很多时候已堕落到把掌握汉字变成只有抄写默写"死记硬背的苦差事"的地步！老祖宗的东西也只剩下"多记多背多看多写"的机械操作层面！识字教育，识写适当分离，早认多认便于早读书，对孩子的成长非常重要，这项改革本来是整个教学改革非常重要的一步，因为阅读根本不仅是对语文学科的意义，是对所有学科，是对学生整个发展的意义！可为什么推行不下去，仅仅是语文老师观念不改造成？作为蒙学阶段的小学当然以母语教育为主，但现在语文不过是与数学、外语并列的一门学科，而谁都知道我们现在的数学、外语教育已功利化到什么程度，它们又可以拼命加码到什么程度，因为进初中奥数、外语是敲门砖，可怜的小学生的负担重是什么造成的，不是很清楚的事吗？

更让人忧心的是人们似乎已习惯于上面喊他的，实际继续做自己的教育现状。因为经过一次次表面"热热闹闹素质教育"，实际"轰轰烈烈应试教育"的改革，上级管理的层层加码，一方面人们的热望渐渐消磨，一方面更把责任推到环境、上级主管部门、高考制度。对教育在政府（教育主管部门）、学校（教师）、公民（学生家长）三方在责权利的界限已无基本的理念，改革原动力的缺失将使每一次的"课标改变"变成有关专家的美丽表演。

"人生识字忧患始！"中国基础教育的"识字"教育，缺的绝对不是赞美，而是忧患！

（原文发表于《教育家》2012 年 3 月）

尊重文本， 尊重作者， 尊重读者

——从应用现代文学史料学探究现代中学语文教学观一例：《落花生》

（一）

"同学们还有什么疑问吗？"我像平常一样总在课结束时习惯性地问一句，因为《落花生》一课按 H 版六年级教材安排属圈划默读训练单元的一篇自读课文，文字浅易，主旨彰显——文末明白无误地告诉学生"人要做有用的人，不要做只讲体面而无用的人"。教参中更明确指出教学目标把握朴实无华的语句，"教育学生要做对人民、对祖国有用的人，不要做只求外表美而没有真才实学的人……"这还有什么好讲的呢？

突然，一个学生犹豫中举了手，"老师，我不明白'父亲也来了。实在很难得。'一句，刚才大家讨论说，突出父亲来难得是为表现这次教育意义重大，可是父亲来，怎会很难得。难道他父亲不和母亲的子女住在一起！……"很多学生笑了，几个甚至喊："什么傻问题，与主题无关，无意义！"我先是一愣，头脑中竟映现出 20 年前自己做学生的形象，当时学这一课读此句，我也冒出了这一个"傻"问题，可我没有勇气向老师、同学提出，因为他们的回答一定也与现在那几个大喊的学生一样，我甚至当时惭愧，怎么不紧跟老师，课本的主题思路！从外地到上海，接触三套教材，教《落花生》教了三次，因为忙碌和不自觉地习惯教参，习惯"权威"（课本）的习性，竟将此疑问一搁 20 年！

头脑又不由映现华师大陈子善老师对现当代文学史料研究时探寻执着的画面。我不由震惊及至感佩："太好了，这个问题老师不知道，而且放了 20 年，希望同学们和老师一起去查寻资料，一起探究一下，到那时我给大家讲讲 20 年探究的故事，好吗？"

目前的课文文本自身确实让人疑惑，而且几套教材都同一文本，教参更是同一口径，许地山作为散文大家，为何有这样疏陋，或者有何难言之隐？我想到了教材的可疑——必须查到原文！

（二）

《落花生》一文作为许地山的代表作，最初发表于 1922 年 8 月 10 日出版的《小说月报》第 13 卷第二号，1925 年选入作者散文集代表作《空山灵雨》（上海商务印书馆）。仔细对勘两文，我不由再次震惊，经我粗略统计，在不到 500 字的短文精品中，文字的删、改、添竟达 63 处，标点 5 处，行文换行 3 处，统计 71 处！

根据中语教材删改的惯例（已成共识，如对《荷塘月色》《绿》等的改动）及产生的后果，我将之归为三个类型。

第一类，由于对目前语言规范习惯的考虑而改动的，文义上差别不其大的。(1) 当时尚无此用法字，如所有"的"当时均写为"底"（有 15 个）。(2) 作家习用语或书面语变当代口语词，如原文"姊"换为"姐"，"辟来"改"开辟出来"，"到来"改"来了"，加儿话处等等。这样改动，语义虽变化不大，但时代的背景，作家的风格却大大淡化了，而且有的改变明显不如原文更符合人物身份年龄，如母亲问"如何"改为"好么"，哥哥说"花生可以制油"改为"榨油"等。(3) 编者可能认为改动后用词更准确或流畅，如将原文"动土底动土"改为"翻土"，"浇园底浇园"改"浇水"，将原文"发生羡慕底心"改"生羡慕之心"等，这里我不明白丰富多彩的汉语为何偏要像编者那样表达，刀削斧砍地改变原文有何必要？

第二类，借"语文规范"或其他莫须有理由，改动后造成歧义破坏原文写作风格与特色的。(1) 对背景的删改，原文第一节"我们几姨弟和几个小丫头都很喜欢"改为"我们姐弟几个……"这明显暗示"我"乃上世纪初的官宦人家出身，那么后文再说母亲吩咐"请你多来尝尝我们（教材删去）新花生"。以至天色不好；父亲也来了，作者说"这实在很难得！"（教材改为句号）就顺理成章了，就不会产生 20 年前的我以至现在的学生对此句的疑惑。如果再查阅许地山的生平，知其父亲乃爱国官宦，诗人（有《窥园留草》存），台湾抗日失败举家迁往福建龙溪，再到广西做官直至败落，

1917年客死南洋的经历，我们不难想象作者对父亲形象寄寓了深刻的象征意义——他不是一般的长者，更是智者、勇者、有信仰的人生的楷模！一经删改，此境全无。

（2）对意境的删改。原文第二节，"母亲说：'今晚我们可以做（改为'过'）一个收获节……'还吩咐这节期要（被删）在园里（改为'这园里'）的茅亭举行（改为'里过这个节'）。"这样一改看似语句顺畅了，可怎么体现这"节"绝不是世俗的节日，而是"做"出的，是需要隆重"举行"的一个独有的人生体验，以至成年、成熟的仪式呢？怪不得教参总结的段意就是"种花生、吃花生、谈花生"。仿佛是一次平时的吃吃谈话，完全破坏了原文渲染一种看似朴素却异常庄重甚至有些神圣的意境。

（3）对花生象征义的改变。原文第八节，"我说'无论何等人（改为'谁'）都可以用贱价买它来吃；（被删）都喜欢吃它……"第九节，"它只（改为'花生则'）把果实埋在地底（改为'里'），等到成熟，才容人把它（被删）挖出来……非得等到你（改为'必须'）接触它才能知道。"原文强调了花生甘居底层，艰苦磨炼，默默等待，毫无怨尤的品格。改动后只强调了有用，不张扬，不只讲体面，与原文实质是大异其趣！

（4）对父亲这个具有神圣意义的谈话意义的改变。原文最后一节，"我们谈到夜阑才散，（改为句号）所有（删）花生（加'做的'）食品虽然没有了（改为'早已吃完了'），然而父亲的话现在还（改为'却深深地'）印在我心版上（改为'心里'）"仔细比较品味，原文要强调在父亲谈后的一刹那，物质的世界（花生食品）悄然隐退，精神的永恒（真正的"落花生"）却刻在心间，熔铸内心的升华境界，特别是对"现在"现实意义的强调，读者很容易想到在功利的世俗世界，落花生真正的伟大！

从以上分析我们已隐约感到编者除了以语言规范这一堂而皇之的理由之外，似乎还有一个更深层次的理由，也就是第三大类改动——对主旨的歪曲和篡改！

最明显一例即揭示主旨父亲与"我"的对白。原文"父亲接下去说：'所以你们要像花生，因为它是有用的，不是伟大的，好看的东西'"竟被改为"好看而无用的"。"我说：'那么，人要做有用的人，不要做伟大、体面的人了'"竟被改为"只讲体面而无用的人"。作者这里特意选用世俗社会奉为至高典范的"伟大""体面"来加以贬斥，显然强调的是不与世俗"现实"的一种精神信仰、超越的追求！而绝不是传统中的世俗功利所谓的"有用"！

那么这种"有用"的信仰、超越，到底是怎样一种追求，以至作者以"落花生"为自己钟爱的笔名，那么我们必须就此作新的探究！

（三）

其实探究《落花生》真正的主旨并不难，我们可以从其人生经历、人生观、价值观以及整个作品系列所体现的价值取向方面很明晰地感受到渗透于其作品最深层次的宗教观念与情感。

陈平原认为"真正深入骨髓制约着他整个言谈举止的是佛教"。李辉等认为"只有这个人最有资格称得上一个真正的基督徒"。

许地山 1910 年去仰光华侨中学教书并开始研究佛学，1915 年回国后入基督教组织闽南伦敦会。1920 年获燕京大学文学士后入神学院研究宗教，后赴美国哥伦比亚大学研修宗教史、比较宗教学，再于 1924 年赴牛津大学研修印度哲学梵文、获硕士学位。综观其一生，宗教信仰对其的巨大影响是不言而喻的。他自己更是著书立说，希望探究一条中西宗教融会推进东方文明之路。他说："宗教的本体，是人生普遍的需要。""宗教是在人间为精神调和物质。""以信仰创造具足的生活。""使人对于社会、个人，负起善与精进的责任。""宗教是人类对于生活一切思维，一切造作所持或显示的正当态度。"

他整个作品的宗教色彩更是文学史的定论与常识。早在 30 年代沈从文在《论落花生》中就曾说他的作品"把基督教的爱欲，佛教的明慧，近代文明与古旧情绪，糅合在一起，毫不牵强地融成一片！"有"东方的，静的，柔软忧郁"的美。郑振铎在《许地山选集序》中说，他的作品是"一朵绚丽耀眼的奇花""充满着浓厚的宗教色彩和诡异的浪漫情调"。茅盾《落花生论》中认为"他小说人物的命运观里蕴含着奋斗不懈的精神"。现代更有学者打破陈见，认为所谓许地山后期一些作品渐远宗教色彩面向"现实主义"复归的说法其实是对其作品的误读，因为如果说《缀网劳珠》《商人妇》这样的作品，如果采用的是宣教、布道的叙述方式，直接说他们的言中眼光与心理感受的话，那么像《春桃》《东野先生》这样的作品则进一步表现基督的世俗精神与人间情怀。

再回头看看《落花生》的原文，那近似神圣般的父亲的出场及心理语言的影响，不是很容易让人联想起牧师、教士的传道吗？那落花生般的卑微，"瑟缩"地生存于"地底"，世界周围不认识它，非得等到你接触，才知它的"有用"，这些品性不是很容易让人想起那些苦修行者，那些如耶稣基督般献身于大地的心持信仰的圣者吗？

再从写法与语言风格来看，《空山灵雨》中有很多富于寓意、隐喻的作品，《落花生》当然更是典型，而这正是宗教作品如《圣经》《坛经》等最善用的形式，原文以叙述对话贯穿首尾，语言简洁朴素，不求奢美，这也正是宗教作品的一贯风格。

这一切都清晰地显明"落花生"就是作者一生宗教般信仰追求的化身，读者如果离开这一点，无异于张冠李戴、大谬其旨！

（四）

那么到底是什么原因影响一代代中国人的语文教科书编者大改原旨，几乎是任意阉割原文呢？——而且这样的命运绝不仅仅是《落花生》《荷塘月色》等个别篇章，这一现象是中国教科书的一个绝顶荒谬的伤疤，其贻害为什么久禁不绝?！

语文界在经过 20 世纪 80 年代以来的教学改革几翻曲折后，仍然沉疴不愈，终于在 90 年代末期引起了一场波及各界的对语文教学的声讨，其言辞之激烈，否定之坚决，开历来之先河，回头看看，在叹息其虎头蛇尾，圈外热圈内冷的奇观之外，我们必须承认，它为目前推进的语文素质教育，二期课改新理念的形成是大有裨益的。

面对圈外人士"误尽苍生"的责问，向来对删改讳莫如深的人教社中学语文室的人士终以《谈选编中学语文课文的几个问题》名义进行回应。在看似乎平稳周密的文字中，我们且选他们认为最站得住脚的两大思路来看看。

首先来看看编者对课文文字加工和删节的两个理由的阐述："这些作品本不是特意为课本写作的，为了适合教学，课本编者当求使其更加完美，这是编写语文课本的慣例。"接着编者列举了叶圣陶的讲法与做法。第二个理由是中学语言教学大纲指出，"根据教学的需要，长篇作品……在不损伤原作精华的基础上可以删节"，"入选的文章，文字上根据需要可以作必要的修改"。

应该指出，大纲引文第二句话的表义模糊，给编者改原文提供了可靠依据。这里"根据需要"到底是什么需要？——"语、修、逻、文"还是主旨内容？"作必要的修改"什么是"必要"？"修改"到什么程度才算达到完美？大纲都未做出全面的说明，更不要说理论探究。至于"编者"所说"使其更加完美"则更无法自圆其说，什么是"更加完美"？在"编者"隐含的语义里，似乎有一个完美的现代汉语的语言模式、框架，学生也似乎可在此模式、框架上按部就班地完成完美的言语学习。实际正如英国应用语言学家皮特·科德指出的那样："语言学习不仅仅是一个积累的过程，也是一个结合的过程。"就语言来说，在把一切都学到手以前，没有哪一部分是可以完全学会的。我国学者李海林也指出，语文课是一种非真理模式课程，它以言语为教学内容，以培养学生的言语能力为目的……以学生语文能力的发展规律作为教学活动的序列，而这种心理结构是一种无先无后、无主无次的心理因式……"编者"力求完美的删改显然是一厢情愿、无的放矢。

其次，我们来看看编者其实认为更重要的理由——关于正面教育的问题："中小学生的知识和生活经验少，是非判断能力差，好奇心和模仿性强，要着重正面引导……选做课文的文章要适应教育要求，同对原著的评价不完全是一回事。"

这里，编者隐含的理念显然是"文以载道""文以教化"的传统理念，问题的根本在于对学生作为人的主体是否尊重的问题！如果处处以教化者、指导者的面目自居，当然会觉得删改原文理直气壮，甚至完全无视原作者的本义及文本本身构成的一个理解的世界，而加以所谓的正面教育式的删改。试想想"编者"连表现人类爱情的文章，态度是"并不排斥"，"但也得从正面进行教育"，更何况作为"唯物主义者"怎么能让学生发现原作者原文所表现的宗教情怀呢？

于是有信仰生于地底，艰辛磨炼等待，不求"伟大，体面"的神圣落花生，变成了现实功利世界里"朴实、有用"的人，这就诞生了一篇与作者的旨趣完全大相径庭的"新"的文章！

从以上《落花生》被删改得面目全非的悲剧性的命运中，我们不难发现，原中学语文教材的编者们，他们的文学理念里极少有尊重文本、尊重作者的基本观念，对现代接受学、阐释学的理论更漠然置之，所以他们可以对哪怕名家名篇进行"力求完美"的再造！

而更为根本的是，在他们的教育理念里似乎更没有以学生为本，以人为本的理念，不关怀读者主体，不相信、不尊重学生的阅读体验，怕他们看了原文便落入不健康甚至颓废、淫乱、反动的泥淖，这种主观的臆断，这种唯恐天下大乱的"套中人"的思路，怎么能培养勇于创新、有独立见解的一代民族新人呢？

现当代文学史料的学习中我始终感受到一个求真、宽容的价值观、历史观：尊重文本就是尊重历史，尊重作者也就是尊重读者，就是尊重人！

二期课改开宗明义确定了以学生发展为本的理念，期待我们的中学语文的编选者、教学者都能牢记"落花生"式的悲剧。

让我们尊重文本、尊重作者、尊重读者、尊重学生！

共撑起心中的蓝天
——教师现代职业意识的必要

很喜欢这样一首歌："好大一棵树，任你狂风呼……你的胸怀在蓝天，深情藏沃土……"

每当听到这首理想主义色彩浓郁的歌，我都会想到老师、班主任，也许从事教师职业、班主任工作的人都容易被这种浓厚的理想主义色彩所感染、鼓动吧！

毕竟这片沃土成长起来的教师，也深深地根植于这片古老的土地。传统师道的道统精神，近代知识分子对教育启蒙作用的推崇，都无不深深地影响了当代教师对自身价值、师德规范的定位，特别是作为教育、教学集中体现者的班主任。

所以，我们习惯对教师这样一个形象定位：任劳任怨、含辛茹苦、为人师表、无私奉献，我们各种师德规范中甚至以"神圣""崇高"这样的词句堂而皇之地要求普通的教师，但我们每个做教师的实际都清楚，这恐怕不是每一个普通老师都能做到的。

有时我们习惯将之搁置一边，而在我们耳边听到，在我们眼前看到，违背师德甚至做人修养的事，难道还少吗？先看看我们自己。

我们不少人，我们不少时候，都在以教师"神圣""崇高"的名义，扮演着权威的角色，充当着制裁的工具，对着学生指手画脚，要求学生成为一系列虚杆评比的"机灵者"，成为我们眼前言听计从的"乖孩子"，成为应试的机器和既得利益的顺从者，沉默者……

我们不少人，我们不少时候，都自觉、不自觉地仿佛为一个"神圣""崇高"的名义而活，仿佛总在为学生而活，而学生往往并未感到这种所谓的恩惠；周围的环境没有、现在也还不可能，给予这种"神圣""崇高"以物质上的相应回报……

于是自我安慰者口称："我是严师出高徒，且看将来……"

自怜者哀叹："教师就是含辛茹苦，自古清贫……"

自讽者诗曰："责任大如天，负担重如山，地位微如沙，尊严轻如烟……"

自救者干脆跳槽滚蛋！

其余，顶着"神圣""崇高"而习惯沉默。

还剩下网上教师自由论谈的喧闹在断断续续："当教师真的好可怜""当教师更多的是荣誉还是侮辱？"……

这样看来，弥散在我们周围，甚至在我们自身心灵中的种种肤浅的理想主义色彩是否虚枉？

其实何止如此，教师自身定位的虚枉，都可以追问到我们教育的原点——教育精神价值的虚枉和失落！

著名的北大学者钱理群身历中学、大学教育，他从近现代教育的奠基人蔡元培先生那里分析追溯我们中国的"德育"：只有为国培养人才这一现象界层面，而没有作为人本应具有的超越于现象世界的追求，一种形而上的精神追求，提出了培养一种终极关怀，培养人的信仰和信念这一问题——由此他提出了"重铸学魂"的警示！这确实值得我们每个从教者反思。

重铸学魂决不是耸人听闻，也并非虚无缥缈。

复旦大学著名学者陈思和论及知识分子转型期的三种价值取向的观点给我留下深刻印象。当代知识分子不论从事什么都应该坚守一种岗位意识，即现代职业意识——以人文理想的精神坚守职业道德！他特别提到教育工作是知识分子坚守人文理想的重要阵地。

每个教师都应确立现代教育职业意识——在普通人谋生基础上，坚守人文精神！重视终极追求，坚守理性原则，高扬人的价值，肯定人欲合理的基础，谋求人自身的解放与平等自由。这样才能实现真正的素质教育，才能建立教师真正的自信，才能确立我们真正的价值。反思我们教师平时工作的艰辛困苦、抑郁不平或许能由此豁然开朗。

希望与大家共勉。坚定信念，重铸学魂！共撑起心中的那片蓝天……

（本文 1999 年获第二届杨浦区德育论坛演讲二等奖）

人文阅读

读书： 教师专业发展的必由之路
——我读书的故事

去年二十家媒体报道了我坚持二十年义务人文阅读讲座的事，不少同行赞誉有加，但也奇怪，我一个人何以能撑起这样一个横跨古今中外文学经典，文史哲贯通的"宏大工程"，其实答案很简单，来源于几十年坚持读书的习惯。读书不仅给我带来事业的进步，生活的快乐，而且让我成为真正的教育者。

学生时代——读书的黄金时代

现代人都抱怨，快节奏的生活让我们没时间精力读书，其实读书的习惯最好早年养成，它能让人受用终身。我们成长的年代正值"文革"后期，又身处大三线四川山中，思想禁锢，物质匮乏；学习时代是改革开放初期，家境的艰难，父母的离异，使我从小对读书充满向往，书非借不能读也，好容易借来的书就成了最爱。报纸杂志，生活词典，都成了我摘录的对象，剪报读书笔记就这样慢慢累积起来。高三文科班老师第一次难度很高的历史摸底考试，我第一名93分，第二名56分。大家惊讶之极，但老师发现了我拥有近一人高的剪报本的秘密。

上学期某个周六，偶尔到复旦大学文科图书馆查阅资料，我惊讶地发现，周围的学生要么在完成理科作业，要么在上网，竟几乎没什么人看这里的文科书籍。我不由想起自己的大学时代。20世纪80年代的大学生应该是幸福的，读书探究的氛围非常浓厚。从小读书条件差，让我们这些进入大学的年轻人有鱼儿归海的愉悦。只要没课，总是扎在图书馆里，文科开架书阅览室成了我的最爱，所谓博览群书的畅快让我达到废寝忘食的地步。有时早上一顿，再下一顿已是万家灯火之时……

读书让我跨越工作的适应期

1991 年我被分配到自己中学时的母校教书，对于一个并非有志于此的非师范生，这无疑令人压抑苦闷。还好自己对当时的教育来说大约是一个异类，学生们异乎寻常的欢迎让我感到自己的价值。面对学生人文素养的严重缺失，我悄然办起"语文小组"，义务为学生补习课堂无法接触到的文史哲知识并带领学生读书。很快沉浸在与学生交流的特殊快乐中。不久，南方谈话发布，很快中国大地涌起"下海狂潮"，记得那时教研活动往往是这样的对话："张老师，你到广州批一批牛仔，我在西安帮你卖。""李老师，你儿子不是去深圳了吗？我们何时跟你去啊？"看着自己不少同学和同进来的年轻教师南去，何去何从，我也心潮起伏。

该如何安顿自己的灵魂，为保持读书的氛围，每周我都坐长途车到西安书店，夜晚灯下我都翻开书，在现代主义作品中体味生命孤独的力量，萨特的《自由之路》中，马蒂厄追求自由，却也难免深陷泥潭，无法自拔，他的自由更像是逃避责任，逃避生活。"人最终是自由的，懦夫使自己懦弱，英雄把自己变成英雄。"跟风终究让人失去自由！我抱起了那些长篇巨著《约翰·克利斯朵夫》《蒂博一家》等等，不断汲取奋斗的力量。

教学上我碰到的困难也许现在年轻人难以想象。学校指派的师傅在我一年不断的请求中只听过我一次课，我没能听到她一节！面对语文教学的无章可循，教学内容的争论不休，我开始了自己的艰苦探索。没有师傅——教学书报杂志成为我的老师。学校空荡的图书馆和阅览室，往往只有我一个读者！家里我与父亲只有一间房，只好每晚到学校办公室，可九点半看门老伯定时关门，大堆的工作无法完成，只好关灯一会儿，等老伯睡下，再挑灯夜战。11 点再翻墙而出。翻墙出入经年累月，我这文弱书生竟也驾轻就熟。一次寒冬风疾，骑墙的刹那，我突然凝望星空，干枯的树枝伸向天空，静谧安闲，原来星夜可以如此美丽！

读书让我站在教学资源的高处

工作不久，我就发现语文教学上的困境——教学内容的随意无序，为此建构一个切合学生实际，又有利于打破传统桎梏的教学内容序列，成了初出茅庐的我的"宏图大志"。在广泛阅读的基础上，我写就论文"高中语文教学内容随意性思考"，不想在陕西省的教学论文评比中荣获一等奖。因为在此的努力，我的语文教学成绩也非常优异。高考成绩名列全市第一。每次学校进行的各种教学比赛我都是第一名，在咸阳市举行的教学比赛中，《项链》一课，因为我独到的切入，对人生命运主题的独到解读，让我荣获第一名的佳绩。

工作四年多，我取得了多种荣誉。但为了寻求教育的更高境界，我放弃了这一切，将高中教案留给母校，来到上海，从预备班开始重新探索，生活工作的压力接踵而至，晚上我常骑车在上海街头仰望，不知哪一扇窗口的灯为我而亮。我又重新投入书海。"这是智慧的最后总结：要每天争取自由和生存的人，才有享受这两者的权利！"《浮士德》这铿锵有力的话语，让我走出了心灵的低谷。人生列车重又开始启动。

我发现学生不是厌弃文学，而是接触真正文学的机会少之又少，是真诚交流的氛围缺失让大家以为阅读就是作题。当我帮他们打开一扇阅读的窗，生命的阳光就照亮阴湿的角落。那阳光就是文学名著，就是敢于针砭时弊的时文。从此，文学名著讲座重又开始，并伴随我的生命历程，我养成到上海图书馆广泛涉猎的习惯。那时每周六都会转三趟车，到那儿翻阅摘抄，不过此时更多变成了专题阅读，讲座推进到哪里，我就翻阅相关学术资料到哪里。经典原著两三年就会翻阅一回，像老朋友一样小别重逢，倒别有一番风味。

我突然发现，教学的困惑也不断破解，因为有书的启迪，教参与学术的隔膜被打破，一个每天发现新教育资源的欣喜贯穿我的教学过程，让我在繁忙看似重复的教育过程中发现新境界。

读书让我发现高原远方的山峰

人到中年，事业小有所成时，你会发现身处高原，一个新的人生困惑期向你走来，人生的列车是否停靠在这高原小站？尽管你已拥有一片不小的天地。

还好参加上海名师基地的机会，给了我新的审视自己的机会。于漪、陈小英两位导师的悉心指导与点拨，让我坚定自己在人文讲座方面探索的价值，并帮助我将课内外教学更有机地联系起来，扩充学生受益面。在导师的鼓励下，我打开冯友兰先生的《中国哲学简史》，打开《教师不可不知的哲学》。弗莱雷"教师是文化工作者"的思考给我深深的启迪，"人是未完成的有意识的存在者"，"教师是文化工作者"，那么教师就应既是反思者也是行动者，用知识与技能赋权于学生，清楚于社会的问题与未来可能性，不仅关心个体的成就更关注学生的自主—批判性的阅读世界，在必要时有改造社会的姿态与能力。

这种阅读世界的追求成为我专业发展的新方向！我接连开设了"登高""重读《从百草园到三味书屋》""感受魏晋风度"等市级公开课，写就《注重"导说"，讲求实效》《文化胸襟——语文老师立体化备课的智慧》《中学语文可持续性课外实践活动的途径探索》等论文，获得了区、市及全国的奖项。

读书让我成为一个快乐的教育者

2011 年初，因为一个偶然的机缘，人文阅读讲座的事见诸媒体，开始不少记者关注于"免费""艰难""孤独"，南方都市报的《一个孤独布道者》、中国青年报《私塾里走出现代公民》等莫不如此，"20 年，似乎这个过程非常痛苦"，但也许人们忽略了一个重要的问题。这不是一般的公益，也不是堂吉诃德式的挑战。

人文讲座主要载体是文学名著，文学让我们的心灵包容丰富，也使我们对人性的弱点有深挚的体察。人文讲座的对象是青少年学生，人年轻时仿佛奔跑在广阔的原野，前途时而光明一片，时而不知所措，时而沉醉在追赶的豪情，时而停滞在空虚的迷惘。如果你走进文学的世界，你会幻化为主人公，经历人生的悲酸苦辛，跨越时代社会的急功近利，你的心灵自然变得厚重沉稳。教育中伴随读书，你会在过程中懂得安身立命。1998 年，我读《陈思和文集》，他在论知识分子社会转型期的三种价值取向时谈到，当代知识分子不论从事什么都应该坚守一种岗位意识，即现代职业意识——以人文理想的精神坚守职业道德！他特别提到教育工作是知识分子坚守人文理想的重要阵地。如果你有这样安身立命的意识，就绝不会一味唉声叹息环境的不尽如人意而随波逐流。后来我将这些感悟写成演讲稿《共撑起心中的蓝天》，获得第二届杨浦区德育论谈演讲二等奖。

《教师不可不知的哲学》中认为：作为文化工作者的教师，还必须具有强烈的社会使命感。教师必须清醒地认识到在社会权力和市场逻辑的控制下，教育中自然会盛行工具主义与技术中心的话语，作为知识分子的教师有价值承担的责任，有生计之上更具超越性的社会关怀与抱负。

在众多的报道评论中我特别认同《公益人文课堂：不出走的对抗?》这篇的看法，尽管我觉得用"对抗"并不恰当。他说："有为人师的心，同学们爱听，对老师而言，一定是个互动的享受过程。所以，更准确的描述可能是：他享受了 20 年。""今日，从小学到大学的绝大多数教师们，他们身上充斥着太多市侩气、官僚气、教书匠气、小家子气，唯独缺少文气。在这种环境中，樊阳先生这股浓郁的文气当然格外引人注目了。中学是一个人身体、情感和思想拔节成长的阶段，这个时期培养的志向、趣味和品格，很大程度上，将决定一个人的人生选择和生命成就。这就决定了樊阳先生洋溢着的'文气'之重要。""中学老师必须拿人类文化最顶尖的部分来滋养年

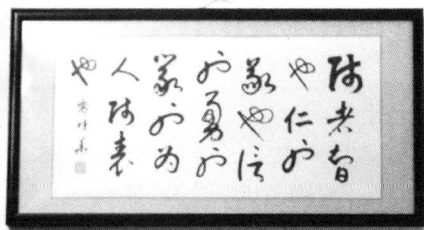

轻的心灵，才不致教出文化的侏儒。"

愿真正的教育者能以此共勉!

书页的翻转，人生列车的运行，人生的新境界会在此不断发现着，发现着⋯⋯

（原文发表于《上海教育》）

读书传信的人生问候

桌上放着三本书，转瞬间仿佛诉说着对爱书人的深情问候……

摩挲着这本第一届学生小冯快递来的《曾文正公家书》，回想着 20 年前那个黝黑倔强甚至有些粗野的男生，你突然会发现书籍原来可以如此巨大地改变人生！

这年春节，是我在陕西执教的第一届学生和我相聚的时间，四五十个学生从全国各地甚至国外飞回故地，欢聚一堂，唏嘘不已，一些学生 15 年未见，携家带口，事业有成。比我的白发还多些的小冯挤过来说："老师，我真想跟你好好探讨《易经》，您当年讲座讲的东西我现在算是真正领会了不少，我现在可以把四书全背出来……"我说，"你别吓我，你这个参与研究'神六'、'神七'的科学家怎么有时间看古书呢？""是啊，正因为成天搞科技，我就越发热爱思考些古理了……"他说起经典给他的责任感，让他在南方闯荡几年后，重回航天本行，并让他在浮躁的社会中沉下心来，踏踏实实地为国家民族做些事。"天行健，君子当自强不息。"

"可原来我记得，你可没让我少操心，为了让你静心读书，特意带你参加讲座……"我不由感叹。"是啊，是您讲座中给我们讲的读书故事改变了我。"——是的，那时讲座经常跟他们一起分享我的读书经历，跟他们说，我们小时因在"文革"后期，没条件看书，养成了作摘抄的习惯，从小学四五年级开始，日积月累，集腋成裘。到高三时，我在文科班的积累让老师同学刮目相看，摸底考试难度极高，只有我一个人及格 94 分。大家终于发现我近一人高的摘抄剪报的秘密。

手里拿起另一本书——中文版《百年孤独》。那是在中国人民大学的 07 届学生小李暑假特意从北京带给我的。他说："讲座时您描绘您大学时读《百年孤独》时的震撼，现在我真的懂了。"我知道他到北京，就充分利用北京的条件，徜徉在书海，还参加学校的读书会"日知会"交流读书心得。这份执着确实是讲座的一种习惯。

说起大学时代，20 世纪 80 年代的大学生应该是幸福的，读书探究的氛围如此浓厚。也许是从小读书条件差，让我们这些进入大学的年轻人有鱼儿归海的愉悦。只要没课，总是扎在图书馆里，文科开架书阅览室成了我的最爱，所谓博览群书的畅快真达到废寝忘食的地步。有时早上一顿，再下一顿已经万家灯火……自己工作后能撑起这样一个横跨古今中外文学经典，文史哲贯通的"宏大工程"，确实有赖于那时的读书经历，也得益于到上海后继续到上海图书馆广泛涉猎的习惯。那时每个星期六都会转三趟车，在那儿翻阅摘抄，不过此时更多变成了专题阅读。每次讲座之前，我得翻阅过相关的评论才放心，下一次讲座又会查阅一下这两年学术界是否有一些新看法。而经典原著本身更是两三年就会翻阅一回，像老朋友一样小别重逢，倒别有一番风味。现代主义文学并不在中学阅读的讲座序列里，但曾让他们尝试片段，不想这撒下种子，不过几年就发芽吐绿，学生们如果尝试到这种读书的快乐，那份震撼也许是另一种"百年"的力量吧！

桌上还放着一本台湾出版的《古典书信集》，那是珠海的张若楠老师中秋节时特意从香港购得带给我的。那古典书信的体例装帧，把人一下子带入追求语言典雅，文藻辞韵的氛围中。

2013年年初开始，人文阅读讲座受到不少热心推进阅读人士的赞赏。珠海的张若楠老师不顾身体有恙，毅然带了徒弟飞来上海取经，将人文讲座的形式传到珠海自己的课堂，每天在她的课堂上都有琅琅的书声。周末进行讨论，从而让更多的学生享受阅读的快乐。但她行事低调，每次总是说自己没做什么，这是怎样高尚的境界？从此我们时时通过微博交流读书的体会，也吸引了不少同行参与其间，那《古典书信集》已不再是古典辞韵的典雅瑰奇，而成为热爱阅读人心灵的信使……

三本书，三段读书传信的人生问候！

（原文发表于《中国教育报》）

引导学生多读一点书

　　生活中的阅读不外乎四种情况，即词句阅读（如留言、警言、短讯、题目等）、段落阅读（如批示、笑话、提要、简介、信息、专栏等）、文章阅读、书册阅读。阅读教学无疑对这四种形式的阅读均应涉及。而书册阅读作为综合性高级阶段的阅读形式更应引起我们教学的重视。特别是名著阅读，它熔铸了人类文明的精华，传承着民族文化的精髓。名著阅读的过程是人类文明传承的重要形式，理应成为我们教育的一个重要组成部分。

　　但反观目前学生的阅读情况，特别是名著阅读的现状，不能不令人担忧。社会环境的功利浮躁，应试教育的惯性思维，使我们周围无时不笼罩着漠视阅读更漠视名著阅读的气息。在目前语文教学以篇章教学为主要形式的现状下，如何引导学生多读一些书，用好考试这一"指挥棒"，确实应是语文命题者要着重思考的。

　　当然考查名著阅读的难点在于如何检测出学生的真阅读水平，而非快餐式应试式的阅读，从而有效引导学生进行真正的书籍阅读。

　　目前上海中考考纲中要求"能依据文意，对文章的思想内容、表达方式、语言特点，表达自己的感受和见解""能结合具体语言环境和生活场景，运用语文知识和综合学习的语文能力解决问题"。名著阅读的过程实际上就是提供一个语言环境和生活场景，要求你运用语文知识和综合学习的语文能力解决问题的过程。而能将此过程有机地呈现出来，目前我们常见的检测题型中，"小作文"无疑是最合适的。为引导学生在以后的学习中多读点名著，我在"小作文"命题上做了一些尝试。

　　在一次记叙文阅读考查中，我选择了白小良的《大声喊着你的名字》，文章讲的是从地震中心的小学校突围的小学生们在华老师的带领下，艰难地在余震频频，险象丛生的山路上前行。为使大家坚持住，华老师不停地喊身后的学生，要大家加油，接着大家互相喊着对方名字，渐渐变成喊一个熟悉的口号——中国加油！最后终于胜利脱险。文章中间穿插了一些以"魔"（地震的拟人化、神魔化）的口吻叙述的语句、段落，特别是第十节，以魔对这些孩子为何有如此力量困惑不解，来表现孩子们喊出"你的名字"的巨大威力。

在预设题目的过程中，我估计学生对这样小作文的题目较为陌生，一些同学因过去缺乏有效的课外阅读，可能无从下手。为了既能引导学生进行书籍阅读，让真正阅读的学生脱颖而出，又不会将学生的积极性全部扑灭，能照应到很多学生的实际，这个题目最好是课内的课文延伸到课外阅读的题目。于是我想到这篇文章很重要很有特色的一处写法，即以魔的口吻进行叙述描写的方式。这种非现实主义的写法，叙述角度的转换，在传统语文教学及考查中几乎很少涉及，但在平时的各种书籍阅读中却非常普遍，如童话、传说、神话、古典神魔小说、现代科幻小说等等，我们的语文学习为何不能正视这个问题呢？我想到上海二期课改新教材初一年级有一个单元"读一本名著"，选的就是《西游记》这一神魔小说的阅读，只是不少老师在这一单元的教学中未从引导书籍阅读的角度进行教学内容的开发。同时这套教材课文里牵涉非现实主义写法的也不在少数，如选自《聊斋志异》的课文就有三篇，因此我觉得学生应该可以联系起来。

同时，我认为名著阅读不应仅是对书籍内容故事情节的了解，也不仅是思想内涵的一些感悟，我觉得学生应对名著高超的艺术手法有所感知，这才能体现语文教学的根本特性，也符合上文所提考纲对小作文的两项基本要求。

为此我设计了这样的小作文："有人说，第十节以魔的口吻进行叙述描写不真实，请结合你所读过的一部名著为例，用80字左右说说你对此写法的看法。（8分）"

其后在我任教的民办学校普通初三班级进行了课堂检测，其结果如下：班级共36人，写不出名著或审题错误的得1至3分，共9人；写出名著但分析不到位的得4至5分，共9人；写出名著并能基本展开分析的得6分，共8人；分析较好、说理较充分的得7分，共8人；分析得很好得满分的共2人。

从检测的结果不难发现，此道题区分度明显，学生的得分率偏低，不过对目前学生的名著阅读导向作用却是不言而喻的。几乎所有的学生在考完试后都非常兴奋地比对答案，"你写的是什么？""我写的《西游记》，你呢？""她竟然能写出《我是猫》，唉！"……这样的讨论此起彼伏，显然学生的兴奋点被点燃了，一大堆学生围拢着老师，讨论这道题答法，仿佛能想出不同的别致的书籍就得到了最好的奖赏。

写出名著的 27 个学生牵涉到的书籍有《西游记》8 人，《聊斋志异》5 人，《格列佛游记》3 人，《浮士德》2 人，《小王子》2 人，《封神演义》1 人，《三国演义》1 人（对诸葛亮的一些描写，如借东风），《红楼梦》1 人（太虚幻境的描写），《百年孤独》1 人，《我是猫》1 人，《夏洛的网》1 人，《哈里·波特》1 人。这说明我校学生的阅读面较广，这和我校一直将名著阅读引进课堂有一定关系。

其中好的写法如小峰同学："这种非现实主义写法很好，在名著中很普遍。如歌德的《浮士德》，作者设置'魔'梅菲斯特，借他与浮士德打赌，游历世界古今，反映人类不断追求的精神，梅菲斯特活化了人性的复杂。本文这种方式有利于突出人物面临的困难之大，反衬他们坚强团结的民族精神。"

再如小张同学："《西游记》作为神魔小说就是这种写法，唐僧师徒四人取经路上不断经历各种神魔的阻挠，故事大多虚构，神魔在现实并不存在，但并不影响其文学价值，反而因为这些夸张的虚幻的写法使人物形象与主旨更加鲜明，本文的写法亦相类似。"

没写出名著名字的同学并非什么名著都没看，而是因为对出题形式的陌生，或阅读缺乏思考造成。他们在其后的考试总结中，都对自己过去应试目的的阅读方式进行了一定的反思，觉得应将以前阅读的书籍重新翻翻，中考结束后一定进行真正的阅读。有同学更写道："老师这次出的题告诉我们语文学习的一些本质，读书思考实践，活学活用。我们呼唤这种有价值的考题，让语文活起来！"

通过这次命题实践，我深深认识到，考试不可避免，不唯考试，并非不该重视考试带来的积极引导作用。在目前的教学形势下，分析学生实际与问题，做好命题的研究工作显得尤为重要。

从我校生源情况和教学实际来看，我校学生存在的名著阅读问题，可能在一般学校更加严重。上海近几年中考的探索取得了良好的成绩，我们可否加大力度，对长期缺乏关注的名著阅读（新世纪以来直接牵涉到课外阅读的题目只有一题）加以有效检测，发挥考试的教学引领作用，让名著阅读走进语文课堂，让学生多读一些书，使学生受益终生！

（原文发表于《语文学习》2011 年 8 月）

热闹中的落寞
——莫言获奖热中看中学生当代文学书籍阅读

预料中的寂寞

10月13日晚上的人文讲座，我在讲完《史记》后说："今天时文讨论的事件，一定会载入史册，那就是莫言获得诺贝尔文学奖！"学生立刻有了骚动，显然，这是让大家兴奋的话题！我接着说："我们仿佛有预见，上学期介绍'八十年代文学'时，发现大家对当代文学最近的一个里程碑如此陌生，我们特意选择电影《红高粱》放映，可惜没时间充分讨论，今天来的60个初高中学生当中，有谁真正读过莫言的作品？"

全场顿时哑然，只有一个孤零零的手举起来！"我是在作剪报时无意发现他的《白狗秋千架》的。"……"为什么在简介了寻根文学和莫言，又看了《红高粱》后，仍然没有同学去看看他的作品呢？大家把真实的原因写写吧！"

这个结果虽有所预料，但听后还是不免让人沮丧。应该说近三十年来，莫言一直是中国最有声望的作家之一，2007年十位著名评论家还选他为中国十大著名作家第一名。我们的课本也开始引进一些80年代以来的代表作家，但为什么我们的学生还是没能接触到莫言的作品呢？于是一个中学生阅读当代文学书籍的现场小调查引发我对这一问题的思考。

阅读当代严肃文学冷清的背后

回家细读学生交来的小小问卷和网上论坛的回帖，心头不由越发沉重……

学生将错过莫言的原因首先归于课业压力大，没有足够的时间，人文讲座要求阅读的诗文和假期要求阅读的古典名著是他们克服重重困难后，保持的难得硕果。你想，刚过去的国庆节各重点高中高一布置的考卷数量都在十几张以上，一所名校竟布置了 24 张考卷，还不算其他笔头作业，平时阅读长篇小说对他们来说实在是奢侈的事。只有六分之一多（11 人）喜爱文学的学生在初二及以前，和一些暑假时间读过当代严肃文学长篇小说。

其次，学生认为现当代文学作品的了解，主要靠课本的介绍和老师的推荐。教材里没有，除了上学期听过那次讲座的老学员听我介绍过外，他们的语文老师从未提到过莫言，家长更没有提及，也不会支持他们读这些闲书。他们何从知道呢？

还有学生认为，大陆当代严肃文学宣传的也很不够，有学生说，书店里的畅销推荐榜单有几本是严肃文学作家的？一个学生听说莫言获奖，马上"去逛了一圈书店，想找莫言的书，很遗憾没有找到。只在一个不起眼的地方有一张预定其作品的传单。倒是村上春树的书放在了最中间的地方"。是的，村上春树不仅在日本畅销，没想到上次的日本文化讲座有不少学生看过其作品，我们一起做过交流。还有的学生写到，她的印象里大陆最多是"和谐"的文学，所以主要都在看港台作家的作品，比如说龙应台的。

当然从讲座里看过《红高粱》电影的学生仍未读莫言的原因是："《红高粱》这部电影有很多镜头还无法理解，甚至比较血腥，特别是日本占领村子的那一段，所以也不敢多关注小说了。"

教材中缺失的悲哀

说到这一点，也不由想到这两天关于莫言作品在整个教材中缺失引发的悲哀事件。尽管教材出版者说某某选修教材曾选过或即将选择莫言的一篇，但基层学校都知道，选修教材在现行教育机制下形同虚设。

现在几大教材出版社热议莫言进教材，确实让人感到有跟风热捧之嫌，但如果说莫言的作品不适合中学生，"接受和学习莫言的魔幻现实主义文风可能存在难度""因为过去对于他们来说接触更多的是现实主义的作品"（新华网）。——我们当然要追问，现代主义在其他发达国家已经流行了一个多世纪，魔幻现实主义也实在不是源于西方的"文化侵略"，我们的学生还是"接触更多的是现实主义的作品"，这正常吗？学生的审美习惯过于窄化，文学知识陈旧和幼稚——如分析小说，从初中到高中"三要素"，颠来倒去；永远将批判现实主义奉为最高典范——这种怪现象怎么造成的？何时才能改变？

我们也注意到，担心中学生理解不了莫言的专家同时指出："中学生完全可以去阅读一些先锋作品，在语文出版社出版的高中语文必修教材中，已经收录了余华的《十八岁出门远行》和西方魔幻现实主义作家马尔克斯的作品《巨翅老人》。"这就让人更匪夷所思了。西方现代主义和中国当代先锋作品都可以选进必修教材，为什么遗漏当代著名作家的作品？

如果说，莫言代表作长篇很多，是否适合学生有争议，但他的短篇、散文为什么不可以选进课本，激发学生以后阅读长篇呢？为此，我特意咨询了莫言研究专家，《收获》副编审叶开先生。他认为，我们的教材专家总是担心学生无法理解，无形当中剥夺了学生的选择权。他说："莫言的散文也可以说代表了当代创作的最高成就。可看看作家出版社《会唱歌的墙》、浙江文艺出版社《莫言散文》。短篇小说就看上海文艺出版社的《白狗秋千架》和《与大师约会》吧！"他同时认为："莫言的手法并不荒诞，他基本就是现实主义，只不过在结构上、表现上做了变形处理。中学生当然可以理解。"

我们的学生这样评价教材给他们的印象："我们的课本中的人物不是高尚得像神就是丑恶得像鬼，这会让思考流于表面。而人类真正精彩的部分就在于他是中间地带的产物，在善恶这根杠杆上不断漂游""我能想见不远的过去，教材编委会会怎样妖魔化莫言的作品，怎样担心我们的心灵受到污染……"

学生阅读指向的困惑

其实通过这个小调查，更让我困惑的是学生阅读指向——旨趣的窄化，跟风化。

来自近20所中学四个年级的60人中，11人有阅读当代大陆严肃文学作家长篇小说的经历。牵涉到的作家只有6人。其中因为我曾大力推荐，并进入人文讲座的阅读书单，余华的《活着》《许三观卖血记》有 6 人读过；其次是《白鹿原》（4 人）；《额尔古纳河的右岸》（3 人）——因为去年上海中考题是阅读迟子建的《龙眼和伞》，引起学生兴趣；《长恨歌》（2 人）；贾平凹的《古炉》或《浮躁》（2 人）；路遥的作品（1 人）。

流行的、通俗的当代港台和国外作家文学作品，则几乎人人都读过，特别如韩寒的作品（41 人），《明朝那些事儿》（20 人），村上春树的作品（16 人），安意如的作品（10 人），还有很多武侠探秘侦探穿越等等。

在谈及为什么在知道莫言后仍未阅读的原因中，不少学生有这样类似的看法："严肃文学让人提不起兴趣，太过于痛苦吧，那种拷问人性深处的感觉，不太能够忍受。""我相信莫言的作品确实展现了一个民族的灵魂挣扎与变迁，但如果我去读的话，至多只能站在旁观的角度冷静地判断和理解。追求极高的思想境界对我来说比较奢求，就像所有人都肯定在文学意义上悲剧要胜于喜剧，它对于人的心灵有更大的冲击力量，但如果不论所有利弊，单凭个人喜恶，还是有很多人喜欢喜剧胜于悲剧的。毕竟当生活中遇到太多不快，我认为我需要一些美好的、唯美的，即使是不真实的来满足心灵的休憩。"

学生心理的需求无可厚非，特别是在应试教育的生活压得他们无处喘息，现实社会无穷尽的阴暗无法表达（作文都要求歌颂真善美或局限在虚空的人生哲理感悟里）的状况更无从改变，家长老师唯恐他们关注社会引起麻烦。在这样的环境中，学生通过"流行"寻得放松，也就好理解了。

问题是，能坚持来人文讲坛的学生毕竟是学生中力图寻求改变，或在诸方面能力较强的学生，如果连他们的大多数，都对"人性深处""民族的灵魂挣扎与变迁"感到恐惧，而我们的教育还停留在担心他们看不懂当代文学的地步，还满足于进入教材才会有学生的阅读的地步，还沉迷于把考试型的文本阅读当作一个人阅读生活全部的可悲地步，那么我们的学生，我们下一代的心灵将走向何处？

当代文学能否救赎当代人的灵魂?

信息社会,媒体多元,似乎使文学变成了小众的艺术,但文学依旧是人类艺术创造的源泉,文艺对人类心灵的探索与救赎将永无止境!莫言的获奖给气息奄奄的中国当代文学打下了一剂强心针!也为我们思考当代中学生阅读问题提供了一个绝好的切入点。毕竟语言是人类心灵的家园。中国处在转型的艰难时代,泛货币化、泛娱乐化、本能化成为我们阅读环境的底色,文学对当代人的心灵救赎更显示出突出的意义!

我们的学生已有了这样的担心和希望:"一个诺奖的光芒背后,很多教育、出版、文化方面的暗角显得更加突出。希望更多的人能够踏踏实实地关注文学和教育,进行创造和真正的革新,而不是又一阵浮夸风吹过之后,留下的只有一片狼藉。"

我想起,人文讲坛的小徐同学到美国高中读书,叙说了美国语文课的情景:他们的语文书非常厚,高一是按主题单元,高二则按美国文学史进行编排。一些经典名著也是教材的一部分,如莎士比亚的原著,必须有相应的莎士比亚词典或古今英语对照工具书才能阅读,比我们啃文言文要难很多,但是老师还是要求要读原著,并通过电影、戏剧手段加以辅助。而现当代英美文学著作更是贯穿在每一学期。其中高一第一学期要读的《人鼠之间》《蝇王》都是诺贝尔文学奖的著名作品,在我这个中文系出身的人看来《蝇王》实在是"少儿不宜",可是美国的学生怎么这么有"承受力"?

除了教科书上的内容,还有很大一部分是课外阅读与写作。他们老师要求每三星期看完一本长篇小说(这些小说都是从老师那里借来的,然后每三星期换一次,每个人看的书基本都不一样,但是每次换书日老师就会对她要借出去的书进行简单介绍,自己选自己感兴趣的就可以了),看完以后换书日那天当堂要写一篇感想。这样算下来一年可以读十几甚至二十本小说。小徐刚看完的一本书是《穿条纹睡衣的男孩》(*The Boy in the Striped Pajamas*),新拿到的是《相约星期二》(*Tuesdays with Morrie*)……

现在,越来越多的人认识到中学阅读书籍、养成阅读习惯的重要性,但在实践的路程上，实在还有太长的路要走。就像学生小李所说："多少年来，文学在很多人心中都成为了什么？——许多作家的'莫言'，人们对文学的漠视……如今一个得奖消息传来，莫言的书抢购一空，一个得奖的头衔，商家又可为此抢占商机，很多人似乎有了跟风阅读的热情……只是希望，这种热情能一直持续，莫言和他的作品能否改变现实的'莫言'还要拭目以待！"

　　是的，就人文讲坛来说，在应试教育包围中艰难地坚持，但还是对现当代书籍的阅读推进不够，但我坚信，书籍可以提升心灵，阅读可以改善环境，美国高中的每周换书日的做法，我想从下一次起，就搬到人文讲坛，让越来越多的学生去正视现实，去阅读真的文学，让莫言现象改变"莫言"的阅读现状！

（原文发表于《教育家》2012 年 11 月）

语文教师的角色之思
——《教师不可不知的哲学》 读书笔记

"都 21 世纪了，原本几千年不变的东西竟也会拿出来讨论讨论：母语的考试要不要废掉？上海有好几所高校自主招生，决定不用再考语文，在社会上引起很大反响。"这是我在读《教师不可不知的哲学》时，看到《文汇报》"笔会"胡晓明的《出于什么理由要考语文》的开头，我想每一个语文教师读到此处都会百感交集！面对这样一个母语教育如此弱势的社会与时代，我们可以欲哭无泪，可以转身离开，还可以怎样？

虽然文章最后说："我们决不能自乱语文生态的基本秩序，……说到底，解决与渡过危机的密钥，仍然在语文工作者的手中！"那么在我们手中的"密钥"到底是什么呢？读《教师不可不知的哲学》最大的收获我想就在于让我重新体味在当代如此环境下，语文教师的角色应该怎样。

全书由台湾学人精选了从苏格拉底到福柯 25 位哲学家、教育家有关教育的哲学思想解读，特别针对当代教育面对的传统师道式微，功利主义盛行的现状，有针对性地进行阐发，给人启迪，又清新可人。感触最深的当然是关于当代教师角色的哲学之思，特别是弗莱雷"教师是文化工作者"的思考。

近些年来，教师似"技术性的专家"在世界范围内得到普遍认同，一方面强调教师的专业发展，另一方面，学校奉行管理至上、绩效（分数）中心的原则，教师的工作面临"低价值化"与"低技能化"的现实。在教师教育中，过于强调教师管理课堂、传递课程、评估分数等教学技术。在教育管理中，聘用制、高竞争的人际关系，绩效中心的评价机制，导致教师求稳保守、怕担风险的职业态度；更为严重的是，教师没有对课程的设计权，统一的课程、考试取向的教学评估，基础教育的教师怎么会不向高级技工人员的方向发展呢？

当我们重新审视弗莱雷"人是未完成的有意识的存在者"这一哲学核心概念时，

我们自会反思，在现存教育体制还无法真正摆脱应试教育的境况之下，教师是否一无可为？对此，弗莱雷的"对话教学论"给我们颇多启发。他认为，对话是促进人类成为一个更能理性沟通的必要素质。教师的角色不是知识的唯一拥有者或单向提供者，而是协助者和促发者，借由对话过程促进师生主体之间产生批判性沟通，教室中的认知活动成为师生共同参与的探究活动。这一看法自然让我们回味二期课改关于"对话理论"的教学形式的误读问题。为什么在新课改中很多语文教学活动变成了"思想品德课"，变成了"表演展示课"，变成了"胡思乱想课"——什么"朱自清的父亲违反交通规则""愚公破坏生态环境""《出师表》宣传愚忠该删除"之类均属此类。其很重要的原因，就在于不了解"对话教学论"的来龙去脉，更没有相应的哲学之思，于是借新名词行功利主义的实质。这种教学不仅不是真正的"对话教学"，而其无形中更加剧着科学主义的崇拜、功利主义的盛行，使语文人文精神的重要、人文价值的尊严，几乎成了大家习惯性的陈词滥调，也使教师迷失了作为文化工作者的定位！

既然"人是未完成的有意识的存在者""教师是文化工作者"，那么教师就应既是反思者也是行动者，用知识与技能赋权于学生，清楚于社会的问题与未来可能性，不仅关心个体的成就更关注学生的自主—批判性地阅读世界，在必要时有改造社会的姿态与能力。那么教师非常重要的工作就应是教学空间的营造。对教学情境有高度的理解，在教学中他们能因时因地制宜，而非墨守成规或教条，积极地进行课程建设。教师必须清楚自己的社会位置与文化资源，深入挖掘其中的教学资源，即自己的工作既深植于社会位置中，又能超越具体位置的种种限制。拿语文教学来说，语文教师应通过自己的课堂教学让学生充分认识到"母语虽然与生俱来，却并非来之即优，来之永优，并非不需要强化与发展。任何语言能力都是后天学习进步的"。还应该通过与学生共同参与的对话教学，让学生体悟并实践"真正的语文是一种生命方式"这一根本理念，让语言鲜活地存在于人与社会、人与自我的交往实践活动中。而教学内容的虚置尽管是语文教学效率较低的一个重要原因，但也未尝不是从事真正"文化工作"的一个契机。十几年前，我开始进行文学文化讲座时，就感到语文教学内容是否可以有课文呈现之外的另外形式。实践证明，这是教学资源开发的一种独到形式，是教师教学空间营造的主动性体现。

作为文化工作者的教师，还必须具有强烈的社会使命感与责任感。教师必须清醒地认识到在国家权力和市场逻辑的控制下，教育中自然会盛行工具主义与技术中心的话语，作为知识分子的教师有价值承担的责任，更有生计之上超越性的社会关怀与抱负。这让我想到本书所阐释的一系列教师角色的哲学之思。维柯的"英雄心灵"说，让我们认识到教师就应成为时代的诗人，追求无限、神圣与永恒。尼采的"精神三变"说，让我们体悟学校是社会的缩影，也是功利现实中我们该捍卫的纯真保留地，让师生的自由精神得以在此舒展。卡西尔的符号人类学让我们重视心灵的能动性，提升心智架构，不断启发潜伏于受教者心灵的巨大力量。而加缪的存在主义哲学又给我们教师以这样的启示：为了彰显教育是社会正义的最后一道防线的职责，教师应该自许为"转化社会结构的知识分子"，发挥良心自律，秉持教育正道……

面对这样一个母语教育处在如此弱势的社会与时代，我们有理想的语文教师必须在纷扰的工作困窘中进行一点教师角色的哲学之思，这也许是我们手中的一个"密钥"——我教故我在，我思故我在！

（原文发表于上海三联书店《读书·思考·践行》）

让名著阅读成为我们生活的一部分
——名著进课堂， 进生活的阅读教改尝试

（一）

谁也不能否认，各种形式的阅读仍是人类认知世界的最基本的方法。海德格尔曾说"语言是人类心灵的家园"。那么阅读无疑是这个"家庭生活"的主旋律。人类在阅读中不断认识着自己和世界，也在阅读中不断地发展和扩大着这个世界，甚至从某种角度说，人世文明的推进，就是一个阅读不断推进的过程。

现代信息社会更强化了阅读的价值地位。应该说，我们教育的一个重要目标就是使阅读融入我们的生活，使之成为我们生活的重要组成部分，由此不断提高我们的生活质量。

生活中的阅读不外乎四种情况，即词句阅读（如留言、警言、短讯、题目等）、段落阅读（如批示、笑话、提要、简介、信息、专栏等）、文章阅读和书册阅读。我们阅读教学无疑应对这四种形式的阅读均应涉及。而书册阅读作为综合性的、高级阶段的阅读形式更应引起我们阅读教学的重视，特别是名著的阅读，它熔铸了人类文明的精华，传承着民族文化的精髓，名著阅读的过程是人类文明传承的重要形式，理应成为我们教育的一个重要组成部分。

但反观我们目前学生的阅读情况，特别是名著阅读的现状，不能不令人担忧。社会环境的功利浮躁，应试教育的惯性思维，使我们周围无时不笼罩着漠视阅读更漠视名著阅读的气息。

1997 年教育部基教司进行的一次大规模抽样调查发现，60％的教师与同事谈论最多的话题是基础知识及解题技巧，广大教师和校长对课程内容、目标关注的焦点是基础知识与技能，狭隘地认为课程即教材，语文教育只教书本的知识。题海战术、补课之风一时难以消除，中学生本已有限的课余时间全部用于应付作业补课，课外阅读几

乎成一句空话。一项调查显示，在中学生购买的书刊中，知识类占 55.6％，消遣类占 44.3％[1]，消遣类图书因缺乏指导鱼龙混杂，漫画卡通更占了很大部分，而知识类书刊大部分是与教材配合的"课课练"。更为奇怪以至见怪不惊的是，有相当一部分家长、教师由于功利观念等原因，不仅不鼓励，甚至反对学生"看闲书"[2]。据另一项调查显示，20％的学生在阅读中是属于家长和教师不允许而偷偷阅读的类型。以至 62％的学生也认为阅读名著对提高学业成绩作用不大，甚至有阻碍作用。对于最喜爱的阅读形式尽管仍有 43％的学生选择了"原著"，但更多的人偏爱影视剧、电脑游戏、漫画，"读图的一代"已不是赶潮流的一些特例，而已然成为一大部分年轻学生的现实写照，学生语言感受能力的退化，文明意识的短视，民族文化的虚无，在很多情况下已是不可回避的事实。[3]

用著名学者杨东平在《语文课：我们失去了什么》中的一句话概括：中学语文教学的种种问题，一言以蔽之，是人文价值人文底蕴的流失！

与之相应地我们看看国外发达国家的阅读教学目标的一些表述。法国："在系统的文学作品学习中，提高学生的文化修养。"英国："在阅读中发现乐趣……努力成为一个自觉的读者，认识到阅读是个人生活的必需。"美国："使学生认识阅读既是获取知识的手段，又是生活中的一种娱乐活动。从一开始就把阅读作为寻求意义的途径来研究。……以自己的反应和读物的文学特点为基础，用批判的眼光去评价文学作品。"而我国的阅读教学目标最鲜明的差异表现为对读者主体关怀的缺失，对阅读成为生活的一部分，对文学走入现实生活的相对漠视，我们的目标所形成的阅读的主要目的在于对读物客体的精确理解和背诵积累上。虽然 2000 年新大纲出现了"推荐书目"，新课标也非常重视阅读目标理念的改变，但由于整个教育形势，理念推进的滞后效应以及缺乏相应的教学范式与检验机制，使良好的愿望在中学教育实践中仍很难推行。

在很多人在为我们基础教育的"功底"沾沾自喜时，我们不能不对这样的现象感

---

① 李建平：《阅读教学亟待加强》，《中国教育报》1998 年 3 月 11 日。

② 赵志伟：《中小学语文学习动机弱化原因及对策》，《上海师范大学学报》1998 年第 2 期，第 106 页。

③ 苏卫兵、陆大中：《中学生名著阅读亟待加强指导》，《语文学习》2001 年第 7、8 期。

到十分吃惊：美国从小学一年级就开始多方面分析文学作品，二年级、三年级的学生每月要写一篇读书报告，且每份还必须写不同种类的故事书。笔者曾有一位小学到初一在新西兰读书后转回国内就读的学生，他最吃惊的是我们校园最冷清的地方是图书馆，而代替读书的竟是大本大本的习题集。

（二）

基于以上种种情况，四年前我开始考虑，如何使阅读真正走入学生生活，我想语文阅读教学必须引进书册，特别是名著阅读。

我认为，这不仅是补现行教学内容以篇章为主的不足，更重要的是考虑名著阅读较之传统的单篇文章阅读有以下五大优势。

第一，名著是人类文明的精华与浓缩，是一个人精神滋养的家园，应是一个人阅读生活的主体。在西方语文教育中几乎无一例外地存在着一个比较系统的文学教育计划。学生在阅读文学这一人类文化遗产时，吸收模仿、传递以至形成人类的文化价值观念；在文学批评讨论中，培养批判创新精神，在体验、探究、交流中得到精神的自我发展。

单就创新精神的培养来说，名著阅读较之单篇文章阅读的效果就要显著得多，重要得多。心理学研究证明："一个创新的想法往往不是思维的起始阶段，而是在思维的发展乃至最后阶段产生出来的。"尽管成功的单篇文章的精读同样有一个较完备的思维的进程，但那毕竟容量有限，承载创新能力培养的重任是勉为其难的。而名著阅读以其容量大，思维进程长，又溶于生活体验之中，更易于创新思维的发展。其次，文学的体验是一个开放性的过程，所谓"一千个读者，就有一千个哈姆雷特"。而"心理安全"（不对学生独特想法进行批评、挑剔，使其消除对批评的顾虑，获得创造的安全感）与"心理自由"（尽量减少对学生行为与思维的无谓限制，给予其自由表现的机会）是创新能力形成的两个最重要条件。文学体验的开放性，可以说给了学生充分的心理安全与心理自由。再其次，文学阅读的过程往往是贯穿着批判性思维的过程，而"批判性思维是创新思维的动力和基础，开发人的批判性思维就是开发人的创新思维①"。在时代呼唤创新精神的今天，名著阅读的优势越发显现。

第二，从阅读多样性，理解的多样化的角度来看，名著阅读比较名章阅读有较大的优势。从平时阅读的目的来看，有积累性阅读、消遣性、查阅性、印证性、释疑性、扩展性、批判性阅读等等多种，篇章教学只能以一二种目标为核心，而这就无形当中与学生目前与将来的阅读目的多样性脱节，使他们感到难以学以致用，甚至难以融入生活。相反，名著阅读因其将消遣娱乐性、积累、释疑、批判性等融为一体，是更接近日常生活的阅读实践，显然更易于学生接受。

第三，从阅读的学习过程来看，首先名著的开放性、包容性，使它的阅读学习方式更符合强调学生对知识意义建构的差异性与复杂性的建构主义学习理论。它的阅读学习方式也典型体现了二期课改所强调的自主、合作、探究的学习方式，它的初步阅读是一个自主过程的体现，然后深入阅读时可围绕一个专题，形成探究小组，进行合作探究交流从而深化阅读的效果。其次，名著阅读的学习过程同样有利于整体理解，语感培养，思维训练等一系列能力的养成。皮特·科德在他著名的《应用语言学导论》中说："（语言）在把一切都学到手以前，没有哪一部分是可以完全学会的。""由于语言具有系统的相互联结关系，因而认为一个项目可以孤立地进行教或学的这种想法是不实际的。"主张课文教学为讲授语言知识服务，每篇课文"只取一瓢饮"的思路只能走"肢解"课文这一条路。而名著阅读的过程却是一个动态的言语学习的大课堂，它可以在潜移默化中达到课堂教学多堂课所难以达到的效果。在整体理解感悟中学生思维的敏捷性、严密性、深刻性、灵活性、独创性都可以得到相应的提高，并在其中锻炼语感直觉。

第四，从更广泛深远的影响来说，由于名著语言的经典性与多样性，使它与现实结合并积极影响现实语言的表达方式，甚至在一段历史时期，影响全民族的思维表达方式。有多位学者从"大跃进"、"文革"时期的报章语言形式入手研究对现代中国人现实语言表达方式的影响；从单一模式的政论文、"语录"口号语言的泛滥中我们不

---

① 岳晓东：《批判思维的形成与培养：西方现代教育的实践及其启示》，《教育研究》2000 年第 8 期。

难发现，经典名著阅读的缺乏使有着五千年悠久历史与文化的中国人，其一般语言表达方式单调贫乏化所达到的程度。上海师范大学许纪霖教授在比较了亚洲大学辩论大赛中东南亚、港台学生与大陆大学生的表达习惯后，进一步指出，从人大代表、政府官员，到媒体关注的重要人物在电视镜头前的发言，"那种话语结构和我们学生在课堂上的回答问题的方式是一样的"。(《我们的教育制度在理论上存在着误区》)这不能不引起我们教育者，特别是语言教育者的猛醒，名著的阅读绝不仅是个人修养的问题，更是关系到全民族语言、文化、思维形式的大问题。

2011年3月19日晚人文讲座——狄更斯

第五，从学生的心理年龄来说，中学时代应该是文学阅读的黄金时间。青少年是人生中不可重复的，有独特价值的一个年龄阶段，它的独特价值首先就在于他的情感体验是独到的，成年时接触名著与青少年时期接触，其作用、其形成的体验价值是不可相互替代的，无数成功人士的经历提供了这方面的佐证。同时青少年的思维特征更是偏于文学的、感性的。他们的心灵正是情感体验饥渴，急需滋润的时期。北京师范大学王富仁教授就直接提出："中学时代是文学阅读的时代。"如果我们的语文教学忽视名著阅读这一环，将大大错过学生人生这一黄金时间，如果我们的学生仅局限于习题集、课课练，那么我们民族的未来将是可悲的！

可能有人担心，增加名著阅读不仅增加教师教学负担，更增加学生学习的负担，这不符合减负的要求。其实这是非常典型的传统的教学理念的浅见。苏联著名教育家苏霍姆林斯基早就指出："实践证明，凡是除教科书以外什么也不读的学生，在课堂上掌握的知识就非常肤浅，这样就可能把全部负担转嫁到家庭作业上去，使其加重，又反过来减少或全部侵占课外阅读时间，形成一种恶性循环。"我们现实中的学生课外阅读仅剩下课课练的强制与读图上网的一点点反击，这不正是极端功利，应试的，违背教学应有规律的严重后果吗？

（三）

那么如何实施名著阅读教学的整体方略呢？

首先，构建良好的名著阅读环境是实施名著阅读教学的前提。我们已经非常清楚，社会环境的功利浮躁，应试教育的惯性思维，使我们的语文课被边缘化，而阅读似乎也已演变为一种纯功利的应试谋略，真正阅读的过程被严重漠视。面对于此，我们能做的应是从本班到本年级再到全校这样一个逐渐扩大的过程，努力营造阅读的小环境，使名著阅读必须的超功利性、个体性、反省批判创新意识在相对的时空中得以较好的培育发展。同时，名著阅读走进课堂的目的是走进学生的生活，这是相对长期漫长艰苦的过程，它必须发挥长期的、整体的效应，急功近利式的一两次教研展示是难以达到效果的，其行动本身也很可能走向名著阅读走进生活这一超功利目的的反面。

因此，三年前我选择了上海外国语大学双语学校这一新创办的转制学校作为教改实践的基地，得到了校长的全力支持，在教导处的领导，我主持全校语文教学工作的基础上，从预备班起始年级着手，延续至今。到今年四个年级全部建立时，探索整个初中阶段，一个全校性的名著阅读的教改框架便初步建立，并且逐步使之成为全校语文教研组的总科研课题，成为我校办学的一大特色。同时由此带动学生家庭阅读环境的改善，使学生成长的关键年龄有一个相对积极的阅读环境。

除外部环境的营造外，良好的内部阅读环境的营造培养也是非常重要的，如学生积极的阅读心理，基本的阅读能力，良好的问题习惯等。

内部与外部相互影响促进，使阅读环境构成的一个良性循环动态模式。

第二，研究探索符合当代初中生不同年龄特点的阅读书目，以四年全局阅读的一个大思路来调整引导每学期、每单元学段的阅读。

要逐渐使名著逐渐走进生活，我们必须有一个多年的渐进的阅读辅导思路，并根据学生整体特点不断分析进行调整。这里需要考虑的有以下几个要素。

（1）所选名著应符合年龄特征。根据日本学者研究的成果，8－10岁童话阅读期，刚进预备班的学生我们安排了以《格林童话》《爱丽丝漫游仙境》《哈利·波特》《小王子》为主干的书目；10－15岁是故事阅读期，我们安排从《爱的教育》《古希腊神话》《中国成语故事》到《男生贾里》《童年》《海底两万里》《鲁滨孙飘流记》等故事复杂性渐进的一个序列；13岁（初一下，初二）开始进入文学阅读期，则安排从《牛虻》《水浒传》《远大前程》到《简·爱》《巴黎圣母院》《老人与海》《欧也妮·葛朗台》《围城》等渐进的文学系列，并在初二下增加散文、杂文、诗歌和戏剧等作品的阅读，为高中思想探究期的阅读打好基础。

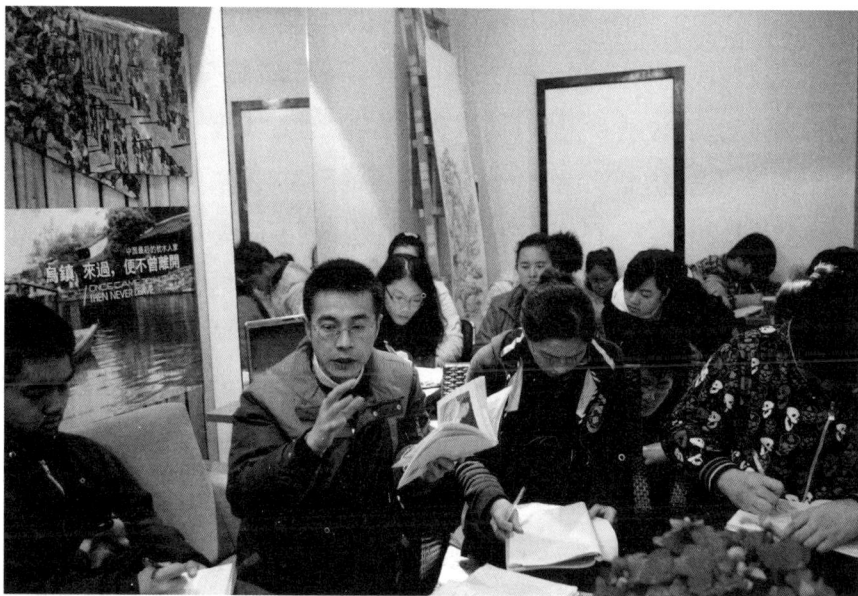

2011年3月12日晚茶室人文讲座——浪漫主义文学

（2）善于利用学生心理特征进行安排与调整。学生初进中学，对名著阅读非常好奇，应适时利用过去他们已有的阅读体验，如《格林童话》《安徒生童话》，在入学前的暑假做好反馈准备。利用初二下开始进入闭锁期的心理特点，多安排反映生命意志、社会民族思考较强的文学作品，利用由初一到初二梦幻心理的转折阶段安排《简·爱》《老人与海》等感知人生与自然的作品。利用初二到初三即将面临毕业，主动希望通过阅读加强其情感强度与复杂度的补偿心理，安排《红楼梦》《哈姆雷特》这样经典而又有相当难度的作品。

（3）努力沟通与现行教材教学单元的联系，增强阅读的综合效应，如初二上 H 版教材第一单元课文以反映革命者理想信念为主，便配以《钢铁是怎样炼成的》；第二单元以人格的魅力为主题，加有雨果的《"诺曼底"号遇难记》，便配以《巴黎圣母院》；第三单元以生命礼赞的散文为主，便配以《老人与海》；第五单元从《故乡》《我的叔叔于勒》等确立"思考社会"为专题阅读，便配以《莫泊桑中短篇小说选》。这样课内外"篇书"相结合，发挥阅读的合力，相互促进。

（4）根据学生阅读实际与现实形势不断调整名著篇目，使之成为一个既完整又动态的阅读系统。在三年多的时间中，我们对全校四年的阅读总书目与计划已作了三次大的调整，每次都根据学生调查问卷，学生阅读反馈及教研室老师讨论交流确定，如第一套方案较注重文学史的地位与中外名著的比例，但在实践中发现，学生对古诗文的兴趣持续低迷（这也是语文教学一个不容忽视的严峻难题），只好在第二方案中将《战国策选读》《唐宋八大家散文选》等忍痛割爱。而另一些中外作品，如《朝花夕拾》《三国演义》《高老头》等在实践中发现当代学生理解有相当的困难便作了延后或节选的处理。而有一些排后的大部头作品又由于初二下以后学业压力的增加不得不取消或压缩。在第三方案中为使学生在学期中能更好消化有关作品，将一学期作品分为学期"主荐书"与"辅荐书"。"主荐书"伴随教学，由原 4－5 本（平均 1 月 1 本）降低为 3－4 本，"辅荐书"给学有余力的学生完成，或推到暑假，允许泛读了解。

第三，根据阅读心理动机激发保持的理论，确立一个五步骤完整的学习过程：从教师激发到学生阅读积累、查阅思考探究成文再到课堂展示交流，以至检测再交流。

从多年的课外阅读辅导的成败经验教训中，我们认识到，在现实功利与应试的氛围中，要使名著阅读最终走入学生生活，我们必须首先激发学生的附属内趋力（获取师长赞许而产生的学习动力）和自我提高内趋力（把学业看成获取地位自尊的根源），逐渐过渡到认识内趋力（学习本身提供）这一最佳选择。因此我们重视利用教师人格、视野能力这一资源，使老师成为学生阅读的榜样和引导者及参与者，从而更好地做好每一部名著的阅读激发工作。同时重视阅读的检查检测机制，从作业到辅导再到单元学期考试都与课内学习一样对待，并探索一种以开放性题目为主的名著阅读考查方式。

我们要求学生的阅读留有痕迹（圈划或摘录积累），并把重点放在读后感的写作辅导与检查中。根据格式塔心理学的异质回构理论，我们坚决反对对名著的那种割裂式的烦琐解读，要求学生从整体感觉写真实的感受，或许看不懂，不喜欢，有疑问，有困惑，都应充分表述。同时，我们贯穿批判性思维的培养（这也是西方文学教育的主要传统），鼓励学生围绕一个问题展开小型的研究性学习，利用本书、前言后记、图书馆、网络、教师等各种资源查阅相关各种资料，寻求自己的解答。在学生还缺乏相关学习体验之初，应将解剖分析式、印证式、鉴赏式、批判式、加工式这几种不同的阅读形式给以例子与讲授，并从印证式（先由教师预设一个或几个问题展开论证）、解剖分析式出发，逐渐放手过渡到鉴赏式、批判式以至加工式的读后感方式。

第三个重点环节是阅读辅导交流课的教学，从激发强化兴趣，将学生领进精彩的问题空间；精心设计学生活动，还时空于学生以及注重过程体验几个方面进行探讨（笔者另有专文探讨，此不赘述）

最后是辅以文化文学讲座（每星期进行一次的兴趣课活动），每学期的演讲或作文比赛以及每班班报、校刊的编辑阅读工作，以丰富多彩的形式来促进名著与生活的结合，使之最终融入学生自己的生活。

（四）

经过三年多的教改实践，我们欣喜地看到本年级的学生在各方面的巨大进步！

首先，学生的阅读品味有了很大提高，从预备班到初三所作的三次问卷调查中学生家庭名著的收藏量大多都从无到有并逐步提高，以我所带 05 届 1、2 班 70 人（以下未注明的有关数据均以这两班学生和 2004 年 6 月所作的第三次调查数据为依据，下不再注）为例，家庭所藏名著 50 本以上的有 23 人，20－50 本的有 39 人，20 本以下的 8 人。名著阅读成了绝大多数同学阅读中的最爱，63 名同学（90％）认为名著欣赏课是他们最喜爱上的语文课。正如 5 班同学王宜珏在演讲中所说："每次拿到一本新书，就特别地满足，但合上它最后一页就特别失落。当漫画在当下校园中横行，我看到了名著顽强的力量！……我想我这一辈子是离不开名著了，它像我们的心药，离开了它，也就离开了自己，离开了平淡生活中彩色源泉。"

第二，很多学生实践着从阅读向写作的迁移。近两年中，我校有 4 人次在市级作文竞赛中获一、二、三等奖，有 25 人次在报纸杂志上发表文章（其中有不少是名著读后感），平时作文中更是经常有学生的引述与模仿。这是腹有诗书气自华的自然表现，从《巴黎圣母院》学生学对比与象征，从《边城》学生学情景人的诗情画意，从《傲慢与偏见》有学生反思同龄人为什么"失去了像奥斯汀一样的神奇而锋利的牙雕小刀，失去了一种不断挖掘与思考的热情"。（2 班黄泌怡的读后感）正如陈雪同学在作文竞赛中所说："我阅读的品味的确改变了，我甚至开始仿照各种作家的各种文笔，虽然非常幼稚，但那是一种全新的感受，那是阅读名著带给我的财富。"

第三，很多学生感到自己的情感体验丰富了。这一方面可以从学生的课堂反映、阅读能力的提高等方面体现出来，更能从学生的自我认知中体现出来。在问卷中有 93％的同学（65 人）认为课外阅读促进了课内文章的理解，有 85.7％的同学（60 人）认为对日常生活多方面有帮助。在询问什么情况下发现阅读的意义这一问题时，有人选择了当生活中发生类似情况时，有 40 人选在日常谈吐交流中。这些都证明名著阅读在学生生活中的情感体验的参与程度。

第四，不少学生的思维变得多样活跃而有创意了。在早期读后感写作中，学生人云亦云的现象，摘抄前言语句的习惯相当普遍，但到初二后，坚持自己独到体验的同学越来越多。问卷中 80％的同学（56 人）认为写读后感主要依靠自己阅读全书的感悟体验并辅以相关资料，最后形成自己的看法。辅导交流课上不同观点的争论也成了吸引学生学好语文的一个重要动力，正如 1 班张文佳、石嘉妮所说，"多亏了老师开始强制性的规定，书海拾贝，使一个爱幻想的女孩变成一个爱阅读、爱思考的女孩。"

"名著是一种神奇的事物，它在两年间把机械的我变成真正的我，把幼稚的我变成有思想的我。"

第五，更为可贵的是，已有相当多的学生已经将名著阅读融入自己的生活。问卷中有57％的同学（90人）将阅读作为自己生活的一部分。阅读动机已呈现多样化格局，在繁忙的学习中坚持每天翻阅报刊读物的仍有60％（42人），学业紧张的同时，能看完、大致看完全书后再参阅资料的占73％，而面对初三的压力，所有的学生都认为课外阅读应继续坚持。有趣的是，学生名著阅读的态度也带动改变了家长的态度，很支持（较支持）督促学生认真完成的占90％（63人），没有一个人选择不太支持、反对（认为是负担）两栏。我们从中欣慰地看到学生自己生活阅读环境的大大改善，赵颖怡在她的作文中描述了名著在自己生活中的影响，"那时与姐姐聊天时总是不住地会提到名著，当姐姐用惊异的目光不断看着我时，我才意识到名著在我生活中的地位"。更可喜的是，很多学生已在名著阅读中融入了自己生命的体验，将名著阅读与生活紧紧联系在一起："生命是我从书籍中发掘出的我认为最珍贵的东西！……读了这么多年的书，我从未有过这样的感受，自己的思维，好似在与作者进行交流，我好像可以看见纸的背面，心也与他产生了小小的共鸣，生命也随之升华，经典的又一成功之处或许就在于它可以把读者的生命也融入其中吧！"（马洁薇）

（五）

三年多的课改探索，给我们带来惊喜，也给我深深的思考！

首先阅读环境的改善之难是许多教师教改止步的重要原因，传统阅读的相对弱势是整个全球面临的一个问题，何况转型时期的中国社会更让人感到无奈与悲哀，我们的教改实践也不得不承受着考试巨大的压力与周围人的不理解、漠视以至功利化的反对，学生积极阅读的心志常常遭到莫名的指责，学生绝大多数时间都被连篇累牍的训练题所占据，阅读名著常常被很多人当作增加学生课业负担的替罪羊！值得庆幸的是，我们的实践在学校中坚持下来，我们心存感激的同时，也深知我们必须坚定自己的理念，同时通过更加合理的方法来努力营造一个相对良好的阅读环境，我们也相信随着二期课改的推进，名著进课堂、进生活的实践，会引起更多人的思考与关注，会得到更多人的理解、支持，会有更多的有识之士加入这一行列，会有更多更好的课外阅读、名著阅读的方案策略进入我们的视野！

阅读书目的选择，课内外阅读的结合，书册阅读方法策略的具体引导（如精读、略读、速读的合理配置，阅读时间的合理安排，阅读激励机制的构成，阅读环境调整策略、自我调整策略等），文学鉴赏能力如何具体化，读后感批判性思维的表现形式，如何在现有环境中鼓励批判性、创新性阅读的方式等等，这一系列的问题都将有待我们去实践、探索。

人说，生活是一本书。名著阅读探索的这本大书也只刚刚翻开几页，我们将以我们纯真的生命体验与追求不断翻开它崭新的一页！

（原文发表于《新读写》）

应试不应成为我们远离阅读的理由

假期里，我带学校部分优秀学生访问欧洲姐妹学校。在布鲁塞尔法国学校，我们休息的地方就是学校图书馆。我们看到不断有学生前来看书，书包往旁边一放，一册在手，或沉思，或微笑，实在让人感叹，这才是真正学习的乐趣。而我们的学生很少有人主动去翻阅外国书籍，要么在玩手机游戏，要么翻出考卷开始做题——假期作业也不少啊，做题也只能搬到国外了。

比利时学校各科教学都非常重视阅读

这些年来，不时有机会到国外访问，每到发达国家，都能看到地铁、公交上的读书景观。在布鲁塞尔、巴黎、东京的繁华地段，也不难发现书店的身影，尽管书籍价格不菲，但每次我都被人们或坐或立痴迷读书的情景感染，面对此情此景，不由感叹：这是一种完全的自觉，一种生活的习惯。而这又必然是他们做孩子时，家庭、学校所形成的氛围不断熏陶的结果。

这次，我让学生对他们住家的同龄孩子进行一个小调查，了解一下他们的母语课是如何开展的。很多学生发现，布鲁塞尔当地学生的课本很厚，一本要用上很久，里面分很多单元，每一单元会有一部作品，几个单元就是一个文学发展的过程。学生需要在课外读完作品，上课就是讨论。考试会问一些简单的问题，例如书的大致情节，当然也有深入的问题，需要谈谈对书内容的理解。另一项考核是读书思考后写作论文，以页来计数，难度不小，且不能以故事梗概来应付，非常锻炼表达与思维能力，这将作为学业成绩的一部分计入期末评价。

事实上，不仅语言类课程是这样，当地数学、物理等理科类学习也非常重视书籍的阅读，他们课堂上更重视数学家、科学家探究推导的历程，激发学生参与思考。学校每周还会安排一节讨论课：假设有一个事件发生在某种时代背景、地理空间下，让学生作为当事人去解决，要求每个学生都必须发言，说出自己的看法和依据。学生若没有平时广阔的涉猎与阅读，这种课完全无法进行。

阅读的缺失让优秀学生在国外课堂哑了壳

访问期间我和学生一起参与过姐妹学校一节用英语上的历史课，探讨苏联解体的问题。外国学生发言的踊跃，思维的活跃令我们叹为观止。我们的学生尽管可以听懂大部分语言层面的意思，但国内历史教育的贫乏与偏差，书籍阅读的严重缺失，使这些在国内可以滔滔不绝的优秀学生在课堂上形同木偶，无以一言。

在凡尔赛宫后花园，正好风云滚滚，我抓住契机，对学生开展一次"凡尔赛历史风云与中国"的文化行走，可是问学生能否列举一下凡尔赛宫发生的历史事件，大家都面面相觑，更别说联系中国了，什么普法战争、《最后一课》、巴黎和会、五四运动等等，都成了我的自言自语。

一个高一学生回国后写道："在国外，大家每天都感叹法国是一个历史根基很厚重的国家，可我们明明是个历史更悠久的国度。当樊老师问我们凡尔赛宫意义时，我们竟茫然无措，我突然发现，我们学习有一个很大的问题，课堂上所学都是片段、零碎，难以连成一片。不知其所以然，更不会去探究思考。我这才明白老师在讲坛活动中每次都提醒我们坚持读书的意义，广泛地阅读自然会促使我们融会贯通，更会激发我们思考探究。"

住家女主人让我们感受到读书人特有的气质

我的住家是个在德国生活了几十年的法国人，在布鲁塞尔教法国人德语，和我们用英语沟通。作为一个外语教师，她和丈夫几个房间的藏书令我们惊叹，天文地理、历史政治、自然科学应有尽有，书架边是她心爱的大提琴，而电视机拔掉插头放在一边，已有些积尘。

女主人除了带不同年级的几个班的教学外，对于无法跟上课堂教学的学生还进行网上辅导。同时她还做一点书籍翻译工作。虽然工作异常繁忙，但每天读书仍是她生活的主体。好几次我们发现，她把厨房准备间的桌子改成工作平台，一台笔记本电脑外，桌上摊满书籍。看着她手脚麻利地为我们准备法国餐饮，我们为自己的到来给她增添麻烦而歉疚，她马上说："不不不，我平时也这样，家务、读书、工作都不耽误。"每天早晚她都会通过智慧而又幽默的言语给我们带来无穷的活力与笑声，让我们感到读书人一种特有的活力与气质。

每次和我们谈起教学，她总是特别强调语言与文化的一体性，虽然她也抱怨现在大都市的孩子被电脑左右，但她说学校、教师对这些方面管教严格。每天晚饭后，她都会让我教她学一点中文，而她不断地提问都是关于语言与文化习俗的。有一次她看我叠被，说西方人一般就将被子平摊在床上，而她看到一本书上说中国人结婚时都会叠放很多被子，她问我这有什么文化内涵。这些问题让我这个自认为文化功底还行的教师也暗叹她的见识广博和探究精神。

可以想见，她的课堂一定是妙趣横生，知识丰富，充满活力。而回想国内的外语教学及语言教师的识见与追求，我也不由感到汗颜。尽管国外没有我们轰轰烈烈的公开课和研课磨课，更没有分数排队、备课笔记和教案的频繁检查，教师也没有什么坐班规定、进修要求，校长听课之类也只是偶尔为之，但教师自身的素养一定处于不断提升的状态，最重要的原因显然是读书的习惯。

浓重的应试氛围不应成为我们远离阅读的理由

近年来，纸媒、书籍阅读危机的问题牵人忧虑。传媒界朋友所言的纸媒危机自不待言，但在教育界，却少有同仁有更多的危机意识。

前些天我竟然听到一个理科高级教师公开对大家说："我就不要读书，让人有思想，徒增烦恼……"虽然可能是不经意之语，但从当代教师应试下的生存状况和读书的现状可以推想，有这样想法的并非孤例。

教师如此，学生的阅读状况更是堪忧。当然，大多数家长和教师可能有这样的感叹：读书是挺好，但太忙，太累，实在没有时间！

其实，家长、教师痛心疾首又无可奈何的原因在于，应试的浓重氛围让我们对没有书的生活习以为常，教育行政化与功利化让教师失去读书的动力与闲暇。我们一些教师和家长慢慢变成应试的奴仆，我们的教育也在某方面变成令人痛苦而无奈的煎熬！

有什么样的家长、教师，就可能有什么样的孩子、学生。学生视学习为不得不拼死战胜的敌人，虽然我们可以美其名曰"书山有路勤为径"，但是真正读书学习应有的乐趣在这一过程中已丧失殆尽。而家长、教师也把教育当作一个险象环生的独木桥，被分数的起落弄得身心焦虑，面目可憎，疲惫不堪。甚至不少人甘心为应试奴役，完全失去教育的本质而麻木不知。

我们是该好好想想，面对被应试奴役的灵魂，我们是否真的只能无以作为？在大环境并不如意的境况下，读书绝对是带领我们走向教育的自由之路！

（原文发表于《文汇报》2013 年 9 月 5 日）

附：

人文讲坛四年书单

公民社会读本

梁文道《常识》或刘瑜《民主的细节》

何伟（彼得·海斯勒）《寻路中国》

林达《近距离看美国》系列

熊培云《自由在高处》

资中筠《资中筠文选》

袁天鹏《可操作的民主》

夏中义编《大学人文读本》

《叩响命运的门——人文读本》

密尔《论自由》

传记与历史

林语堂《苏东坡传》

黄仁宇《万历十五年》

蒋廷黻《中国近代史大纲》

钱穆《八十忆双亲、师友杂忆》

唐德刚《胡适杂忆》或《光焰不熄》

傅国涌《百年寻梦》《大商人》

章诒和《往事并不如烟》

陆键东《陈寅恪的最后二十年》

高尔泰《寻找家园》

野夫《乡关何处》

杨显惠《夹边沟纪事》（参考）

韦君宜《思痛录》

《燃灯者》赵越胜

茨威格《人类群星闪耀时》《异端的权利》

罗曼·罗兰《巨人三传》

欧文·斯通《凡·高传》

中国文化与古典文学

《红楼梦》

《三国演义》

《水浒传》

林语堂《吾国与吾民》

冯友兰《中国哲学简史》

李泽厚《美的历程》

钱穆《中国历代政治得失》

余英时《士与中国文化》

秦晖《传统十论》

王力《诗词格律》

叶嘉莹《唐宋词十七讲》

中国现当代文学

鲁迅杂文精选

老舍《茶馆》或《骆驼祥子》

巴金《家》或《寒夜》

张爱玲《半生缘》《倾城之恋》

沈从文《边城》

曹禺《雷雨》《日出》

萧红《呼兰河传》

钱钟书《围城》

徐志摩诗选

王小波《沉默的大多数》

余华《活着》《许三观卖血记》

龙应台《目送》《亲爱的安德烈》

史铁生散文选《我与地坛》

莫言《蛙》

朦胧诗选

西方文学

莎士比亚《哈姆雷特》《李尔王》

塞万提斯《堂吉诃德》（上）

卢梭《忏悔录》

雨果《巴黎圣母院》或《九三年》

巴尔扎克《高老头》

狄更斯《双城记》

勃朗特姐妹《简·爱》《呼啸山庄》

司汤达《红与黑》

福楼拜《包法利夫人》

列夫·托尔斯泰《安娜·卡列尼娜》

古希腊神话故事

《圣经》选段

普希金《上尉的女儿》

屠格涅夫《初恋》

契诃夫《樱桃园》

梅里美《嘉尔曼》

易卜生《玩偶之家》《人民公敌》

海明威《老人与海》

奥威尔《1984》《动物农场》

马尔克斯《百年孤独》

川端康成《古都》

茨威格《同情的罪》

预备初一

圣·埃克苏佩里《小王子》

笛福《鲁滨孙飘流记》

马克·吐温《哈克贝利·费恩历险记》

凡尔纳《海底两万里》

《西游记》

(短篇小说、诗歌、古代经典选段与散文一律放在平时)

众人眼中的樊阳人文讲坛

《中国新闻周刊》2011年"影响中国"年度人物樊阳

《中国教育报》2011全国推动读书十大人物樊阳

这些上海的人，上海的事（片段）

与"慈善"相比，我更喜欢"公益"（片段）

以人文得自由——中年人的少年情怀（片段）

每个孩子都应与名著约会（片段）

公益人文课堂：不出走的对抗

跟功利主义教育拔河（片段）

漫步时间缝隙

依然可以

《中国新闻周刊》 2011 年"影响中国" 年度人物樊阳

提名理由

一位中学语文老师，20 年来义务为初开心智的青少年们进行人文哺育。他尊重独立思想、自由人格，力图在应试教育的洪流之外，培养学生成为真正意义上的现代公民。

言论：

"现代公民能够独立思考，有责任感，有对生活的热情，将来能够把个人和社会联系起来。我不希望学生们过一种精神割裂的生活，希望他们无论是对个人还是对社会，都有一个推进提升的过程。"

培育现代公民的种子

提要：

他以 20 年的坚持告诉世人，语文教师在当代中国拥有传承文化、启迪心灵、构建学生心灵家园的历史责任。

2011 年，是樊阳人文讲座的"公元元年"。

前 20 年，这位中学语文老师每周末免费开私塾，为学生们讲中西方文化思想史及当下社会问题，默默无闻，艰辛备尝。2011 年 1 月，因大学同学长平的一条微博，他一举成名，幸福而烦恼。

比如，媒体称他为"孤独的布道者""上海版袁腾飞"，他看完后向长平抱怨，媒体写得太感人了，都不大像我自己了。

最新的"烦恼"还有，慕名而来听课者有时高达一百多人，樊阳不得不把讲座地点从家里搬到了学校教室，原来私塾式促膝而谈的温馨与深度也随之欠缺。

12 月 5 日，樊阳在微博上问计于众："个人实感力不从心，盼有志同道合者，能共担讲座发展，不失本义又让更多人受益！求解！"

讲座与行走

11 月的冬夜，上海外国语大学附属双语学校。教学楼空荡荡的，只有一间教室亮着温暖明亮的光。

黑板上的标题是"魏晋风度之两汉文学"。樊阳向学生抛出问题："名士们好清谈、好辩驳，那么请问，玄谈到底有什么意义？"

"玄谈并不是闲谈，他们通过不断的磨合和争论以提升自己。"一位女生举手回答。

有同学陆续站起："玄谈不是为了胜负之分，而是追问道的本质。""这是名士们积极的反叛。"还有人大胆质疑："我觉得，玄谈没有任何意义。"入夜的教室，时而笑声，时而掌声。

三个小时里，樊阳援引《论语》《庄子》《古诗十九首》里的词句，摘录历史典籍，从魏晋时代的创痛，讲到名士们向儒向道的精神皈依，最后说到文化的自觉。

偶尔，学生听得入了迷，一动不动。他稍稍停顿，低头，透过那副发黄的深度近视眼镜环视四周："要记下来啊，同学们！"这位中年男人身高不过 1.65 米，头发斑白，眼角有深深的皱纹。相比之下，他的声音则年轻得多，急促且有力量。

他讲《法国中尉的女人》说到"了解灵魂的自由多么重要，而自由根植于爱与约束则更为重要"。他还讲乔治桑，孩子们都笑得前仰后合，他却很严肃，引用作家的话说："她的一生的精神，不在于她给予女性的美，而在于她丰富了男性的美。"

从"汉字的文化信息""从古汉语看古民俗"等中国历史文化专题，再到《诗经》《楚辞》、魏晋诗、唐诗宋词、元曲、明清小说等中国古典文学；从古希腊神话史诗悲剧，再到圣经与基督教文化、现代主义的兴起：樊阳将讲座内容进行了系统编排，预计三年完成。

在"魏晋风度"讲座的这天下午，樊阳还带着同学们进行了一次"文化行走"——参观了上海博物馆，在馆中寻找雕塑、瓷器、绘画等魏晋藏品。

之前，他带学生们去鲁迅故居，看鲁迅字迹分明的笔画、藤野先生的细致批改，感受治学的严谨和乐趣；他带孩子们去苏州河，给他们讲四鳃鲈鱼和八百壮士。他还会把看到的各类社会新闻讨论、时评好文放到他名为"我的精神家园"的网站上去，在讲座中穿插阅读、共同讨论。

一位女生如此回忆，讲座结束时，老师和学生们边走边聊，"回家的路灯亮起来了，我觉得自己的心也被照亮了"。

功利与人文

樊阳其实深谙考试之道。他是上海市名师培养基地成员，中学语文专业委员会委员。

人文讲座与文化行走，被他用体制内的语言规规矩矩地概括为"探索中学语文可持续性校外实践活动途径之路"。他告诉学生考试时如何分配时间，每个学生都有一本"知识总结本"，归纳每种题型的应对思路。

他发表的文章《一种中考记叙文高效阅读方法》，似乎与他本人"和功利主义教育拔河"的观点矛盾。他回应说："考试型阅读是评价其他型阅读的一种方式，尽管有些方面难以考查，但应该通过研究，让它更全面更合理，不可因噎废食。"

与此同时，他又试图挣脱应试教育的镣铐。

他再三向毕业班同学说："如果你们认为，我们都是做题机器，我教的只是一个做题方法的话，那我觉得自己很可悲、很可怜、很可笑，我白做语文老师了！"说这话时，他的音调提高了八度。

1991年，他首次举办人文讲座时，正是因为感受到了中学语文教材与教法的缺陷。那一年，他从四川大学中文系毕业，回到陕西咸阳一家厂矿子弟中学做老师。

落差是巨大的。语文教材永远是试用本，前一篇是唐诗，后一篇就成了鲁迅，初三文章还可能突然被挪到六年级。

他开始了不那么循规蹈矩的教学生涯。教参上要求，课文《一件小事》要强调劳动人民的善良，但他将其引申到"五四时期知识分子普遍发现了劳工神圣"。然而，要想再引申延展，教室时间就装不下了。

于是，他开办了"语文小组"，有兴趣的同学可以留下来听课讨论。直到他1996

年来到上海，稍停两年后继续开课。而在上海的讲座地点，从复旦大学的曦园，搬到他单身宿舍的客厅，再到后来的家，直至如今的学校。

20 年来，他的学生不断被补习班、试卷和各种因素"抢走"。

有家长直言，上这个班不能考试加分，太浪费时间；有妈妈给他打电话，抱歉没办法继续，因为孩子一个周末要做 16 张试卷；还有的父母，因为听说樊阳讲到"启蒙运动、自由宣言"，紧张得不行，怕孩子思想偏激而拒绝参加。很多孩子没能遵守听完三年的"君子协定"，樊阳常常觉得失望，几天才能平复。学生最少时，只剩下五六名。

20 年中，他深感不同年代学生的热情与知识面正慢慢减退。初中还踊跃举手发言的孩子，到了高中就逃避他的目光。说到"陈寅恪""世界阅读日"，初中生竟茫然不知。

"这并不是一个痛苦的过程"

有媒体称他为"一位孤独的布道者"，樊阳想了想，还是说："虽然我可能让人觉得'异类'，但我其实想表达的是，这并不是一个痛苦的过程。"

他的快乐来源于教学相长的智慧火花。有一次讨论《年轻人，到体制内去》时，一位学生即兴发言："循规蹈矩的一大批，有了生活的火柴，可就熄了理想的火焰。"

一位高二男生评价普希金的《上尉的女儿》："小说里面，起义军首领对彼得很宽容，这让我想到了一句话，'绝对正确的革命之上，还有更加绝对正确的人道主义。'"

如今已在中央电视台工作的、他的第一届学生任志刚还记得，同班女生曾写过一篇名为《尝试死亡》的作文。这篇在传统意义上"思想消极、立场不端正"的文章，樊阳却给了满分。

"其实他就是一个书生，他在享受教学这个过程。"熟悉他的同事这样说。在学校里，樊阳的外号就是"小夫子"。这位"当代小夫子"却公开提出要培养学生成为真正意义上的现代公民，独立思考，真诚表达。

"我不希望学生们过一种精神割裂的生活，希望他们无论是对个人还是对社会，都有一个推进提升的过程。"樊阳说。

2006届的学生汪一泓，后来成了一名独立歌手。他在给樊阳的信中写道："我一直感受到环境为我们安排了单调的所谓功成名就的生活方式，但这个课堂却让我知道自己想要的是什么，希望自己能追求更加靠近生命本质的东西。"

　　还有的学生，从美国高中回国探亲期间到陕西山区支教；有的学生，带上帐篷，一路从保定骑自行车回到北京；还有的在美术馆做志愿者、在各种公益组织中担当重任。他的愿景，正在学生们身上慢慢实现。

　　被媒体广泛报道后，樊阳也得到了更多的支援。有茶社老板愿意义务提供讲座场地，有翻译家从北京寄来诺贝尔文学奖文选。2011年4月，珠海一位年轻教师张若楠，特地来到上海拜会樊阳，回去后，她创立了自己的人文讲座。12月初，江苏淮安的一位历史老师也与他取得联系，希望在当地开始尝试。

　　他以"樊阳人文讲座"的名字开通了微博，和社会密切互动。他在网上的求解有了回应，他所在的学校也成立了以樊阳为主、五位年轻老师为成员的"人文阅读工作室"，在10周年校庆之际作为课程建设亮点隆重推出。这意味着，他的人文讲座可能进一步发展为学校的拓展课程，由更多的老师共同参与。

　　2011年11月22日傍晚，樊阳意外接到一位学生的电话。这位读书时调皮贪玩、从不投入的男生告诉他，自己正在研读《易经》，还能够背诵《论语》和《孟子》。

　　这位已人到中年、头发斑白的学生对他说："老师你知道吗？我现在才是真正落实你原来的想法。"

　　樊阳感到释然。"教育的影响是缓慢的，但是会很深远。也许你觉得没有影响几个人，但对一个人来说，就是很有价值的、很宝贵的；也许你当时觉得他没有坚持到底，但是，年轻时代种下的种子，很可能什么时候就真正发芽了。"

陈薇（记者）

《中国教育报》 2011 全国推动读书十大人物樊阳

上海外国语大学附属双语学校语文高级教师，20 年来始终坚持为学生免费开办阅读讲座，推进学生阅读和人格培养。

获奖理由

樊阳是今年被《中国青年报》《中国新闻周刊》《文汇报》《东方早报》和香港凤凰卫视等近 20 家媒体报道，坚持 20 年通过公益人文讲座推进学生阅读的一位中学语文名师。

1991 年，樊阳从四川大学毕业，在陕西担任一名高中语文教师，从那时起，他就发现现行的语文教育体系对书籍阅读的缺失或空泛，便开始进行这样的阅读讲座。1995 年底，樊阳来到上海，他开始思考怎样在从初中到高中这一人生黄金时代，进行人文底蕴的积累。于是，从 1998 年起，樊阳开始从初二带学生直到高三前，将古今中外文学经典按文明发展的序列依次介绍给学生，和他们一起去阅读经典，交流思想。讲座渐渐形成了自己的系统：45 节中国古典文学课，从先秦文学讲到《红楼梦》；25 节西方文学课，从古希腊神话讲到托尔斯泰。

20 年来，樊阳坚持利用周末在家里开设公益人文讲堂，他说："我作为老师，只是帮他们搭个架子，让学生学会积累、学会求知、学会看问题，自己才能把大厦建起来。"听课的学生一部分是樊老师所在学校的初中学生，更多的是已经考进了本市不同高中的以前的学生，还有不少慕名而来的外校生。一群学生围着樊阳老师听课的场景延续了 20 年，一批批听课的学生走上工作岗位，实践着在阅读中建立的理想。2003 届的一名学生在回忆那段日子时这样描述："那是属于我的思想成长和交流的黄金时期。在那里，我与竹林七贤相会，他们的做人风格至今影响着我；在那里，我看见了文明古国繁盛之初的历史端倪，也一窥大地上重重争端背后的险恶根源。正是这一席席精神的盛宴在我迷茫又不羁的年轻脑海中埋下了文化与心灵的种子，让我记得要思辨、要自省……"

读万卷书，行万里路。樊阳还带着学生在双休日走出课堂，名曰"人文行走"，到山阴路感受鲁迅精神，到天蟾舞台看昆曲《牡丹亭》，去绍兴重温陆游、鲁迅的人生。他还和学生一起建立了网上论坛"我的精神家园"，交流读书心得。这样，"讲座＋行走＋网络"三者就形成了"人文阅读讲座"立体推进阅读的学习网络。

"语文就是对学生的精神哺育"，这是名师于漪说的，也是樊阳的理想。他希望在功利的社会大潮下，通过阅读培养学生独立的价值观和人格。

这些上海的人，上海的事（片段）

　　其实在这个城市里面，坚持做点什么的人很多。这次到上海，我的采访对象还有一个，他叫樊阳，是一名中学语文老师。在他的家里面，我看到三十多个不同年级的中学生，他们在一起，分享对时事的一些看法，也在一起，分享阅读的乐趣。因为他认为，只有阅读还有思考，才能够培养独立思考和独立人格的公民，但是这些，却是专注应试教育的学校教育所缺乏的。

　　作为一个老师，他可以做的，就是除了在课堂上尽职的帮助学生，能够在考试中有不错的表现，再有，就是用自己的时间，在学校以外开辟另外一个课堂，让学生看到一个崭新的天地，而这个天地，就是透过阅读文学作品，透过对社会时事的了解，透过走到社会中去，来培养他们一种能力。

　　这样的坚持其实蛮难的，樊阳幸运的地方在于，有支持他的家人，也有愿意追随的他的学生，尽管来听课的学生人数，有的时候多，有的时候少，因为家长们最终最关心的，还是孩子们是不是有足够的时间应付考试。

　　就在我们采访的那天晚上，遇到一个已经大学毕业的学生。她说，自己上了五年课，作为曾经的学生，经常会回来看看老师，也顺便再听听老师的课。

　　看着这些学生们围坐在小小的书房里面，听得是那样认真。其实对于孩子，还有年轻人来说，他们对于美好的东西是如此的渴望，也因为这样，我们这些成年人，更应该扪心自问，我们是不是应该做些什么，让现实和理想的距离不要那样的大？

闾丘露薇（资深媒体人）

与"慈善" 相比, 我更喜欢"公益"（片段）

与"慈善"相比，我更喜欢"公益"。虽然这两个词经常被并用，我却习惯把两者区别开来：在公益中，所有的参与者都从中受益，尤其是获得精神的满足感，不是一方行善、另一方感恩戴德。感恩戴德的慈善习惯于悲情叙事，公益则强调快乐，如果从事公益没有快乐，为什么要参与呢？

超出单纯捐款的公益行动

以中小学教育为例，我一直在关注几位朋友的努力：一个是张轶超的久牵志愿者服务社，一个是李英强的立人图书馆，一个是樊阳的人文讲座。

久牵志愿者服务社，专门为在上海的农民工子弟提供免费课外教育。农民工子弟在教育上遇到的体制性障碍，很多媒体已有报道，但是他们遭到的隐形剥夺，常被忽略。比如农民工子弟被剥夺了想象未来的能力，读书仅仅是为了识字，与理想无关。考上大学，几乎成了他们的终极理想。即使有一些孩子最终考上大学，所付出的代价常常是除了考试，其他一无所知。久牵志愿者服务社提供一个空间，让孩子们自由地读书、听音乐、看电影，和志愿者们交流，让孩子们拥有想象未来并且实现想象的能力。

立人图书馆与乡村中学合作，与一些慈善项目满足于提供购书经费不同，立人图书馆非常注重书目的选择。一个具有成熟理念的读者，"开卷有益"，无论读什么书都可以从不同角度获益；但是对于未成年的学生而言，"尽信书不如无书"，阅读什么样的书，就会养成什么样的人格。立人图书馆邀请很多学者开列书目，同时也会组织各种文化活动，这些努力远远超出了单纯的捐款。

樊阳的人文讲座持续了将近 20 年，如果不是大学同学在微博上透露了他的"秘密"，现在他依然不为外界所知。从应试教育到素质教育的转型，作为一种口号已经存在了很多年，暂且不说应试教育依然是说一不二，对于素质教育的理解也存在很多问题。素质常被等同于琴棋书画，于是，多才多艺的学生比比皆是，具有基本人文素养的学生却并不多见。在这种情况下，出现"会弹钢琴的杀手"药家鑫就不出奇了。

公民公益胜过道德模范

张轶超是复旦大学哲学系硕士，李英强是北京大学经济学硕士，樊阳毕业于四川大学，现在是上海市外国语大学附属双语学校高级教师，他们拥有一个共同的身份：公民。他们的所作所为，主要是出于自己内心的价值和兴趣，不是因为外部的动员和鼓励。公民们的公益，是重建社会的重要组成部分。

慈善和公益，本来都应属于社会层面，可是在实践中却常常和各种力量纠缠不清，这也是它们频频遭到质疑的根本原因。公民们的公益，已经具有良好的示范效应，远胜于树立道德模范。道德模范经常把底线变成最高目标，比如扶老太太过马路本是人之常情，当它成为大力表彰的光荣事迹，慢慢地也就成了道德模范才会做的事情。

王晓渔（文化批评家、同济大学教授）

以人文得自由
——中年人的少年情怀（片段）

如果不是大学同学的那条微博，樊阳这位普通中学教师，不会出现在公众视野里，成为 2011 年开年的新闻人物。

今年国庆节期间，樊阳的大学同窗们策划了一场毕业 20 周年的同学会，记者也获许参加了这次聚会。10 月 2 日，记者在下榻的酒店遇见前同事、《外滩画报》名记余刘文，余一听我提起老同学樊阳，顿时眉飞色舞，"你说樊阳啊，上大学的时候，有一天我们回到宿舍，突然发现宿舍里收拾得干干净净，纤尘不染，你想啊男生宿舍，然后，就看见一位气质高贵的美人坐在窗前，这就是樊阳的母亲，她母亲出身在……"

不愧为当年中文系才子，余几句话就准确地传递了樊阳第二天到达成都后给我们的第一印象，就两个字"干净"。

而在见到樊阳之后，我的采访动机变得更为迫切。大众媒体的报道当然是让人感动的、令人唏嘘的。南方某报有标题为《一位孤独的布道者》，文中称他"赢得普遍赞誉却无人效仿"。樊阳也对记者抱怨说"媒体写得太感人了，不大像他自己"。

记者仔细读了这些报道，其实并非媒体写得多感人，而是事件本身足以打动普通读者，也并非不像樊阳，只是还不够准确和全面。比如樊阳"人文私塾"的课堂是如何展开的，他是如何备课的，用了哪些课件。还有，从他私塾里走出来的学生为什么层出不穷，既经得起"应试教育"的考验，上得了名牌大学，又能成为兼具人文修养，甚至有人生理想的 70 末、80 后新人。

樊阳的教育行为，首先是感动了他的同学。他的出名，也是因这位同学的一条微博和一篇文章《哪儿都是杏坛》：

吾友樊阳，向来深居简出，与世无争，近日突然走红，饱受媒体骚扰。看他拙于应对的样子，我不免有些愧疚，但又忍不住窃喜！他倾注心血的，是每个周末在家免费开设的"人文私塾"，给一些有兴趣来听的学生讲授文学、思想和时事，坚持了整整 20 年。虽然桃李满天下，却是酒好巷子深，自斟自饮，不亦乐乎。

此番拜访，听他发了一些牢骚。那几天上海最低气温零度以下，我进门以后，他和妻子让我紧贴空调落座，我还是感到寒气袭人。我知道如果没有客人上门，他们不会开空调，只说是习惯了。但周末为孩子们打开，这也成了习惯。说起这个，妻子也忍不住抱怨说，空调开着，有些孩子进进出出都不记得关门！樊阳却不以为意，他最大的困扰，是越来越多的家长不让孩子来听他的免费课，而宁愿去上高价补习班。

回到酒店，我意绪难平，上网发了一条微博。有些意外的是，当天就有近千人转发，数百人评论。两天后，《东方早报》就刊发了整版报道。期间我和樊阳通过两次电话，我有些失望地发现，成为媒体宠儿，他一点也不享受，反倒是满心苦恼。我只好劝他说，媒体报道也是人文教育，而且受众更广，你就从了罢。

——原载《中国新闻周刊》2011 年 2 月

1993—1995 年办讲座的小卧室

樊阳之所以认为媒体的报道不像自己，或许是因为他的"干净"。

和樊阳相处不多的时间里，记者感觉到这是一个干净得几乎没有自我、没有一点自恋的人，用佛家的说法叫去"我执"。所以，他不会有一丝一毫的自我感动、或自我感伤，他不认为自己做得有多了不起，对一位"干净"得没什么名利欲望的人来说，所谓坚守20年，是理所当然、顺理成章的。尤其是当记者看他带着一帮孩子在武侯祠进行"文化行走"的课堂教学时，甚至感觉到他是快乐而且享受的，他显得并不孤独。尤其在同学们眼里，在10月3日的晚会上，他用短短几分钟时间，为同学们"上"了一堂很特殊的课，围绕普通人单纯的心坚守简单的理想展开。他准备了三个问题：1. 20年过去了，文学在我们心中是怎样的位置？2. 每个同学都有一个不断跨越的人生经历，曾经的悲欢有哪些与大学经历相连？3. 当我们教育后代时，我们是否在落实当年的梦想和理念？

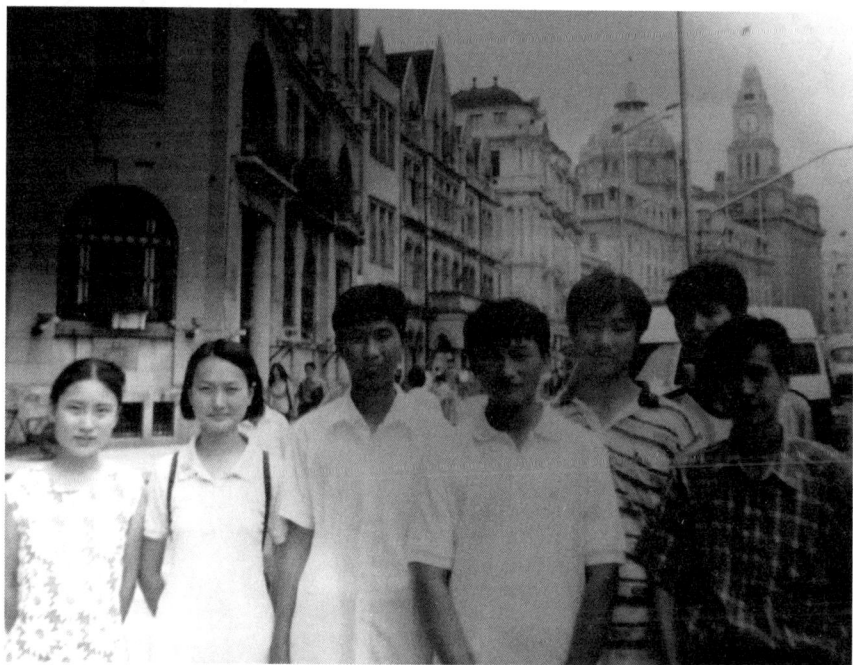

1996 年到上海后的第一批人文讲座学生

这三个问题引起了同学们的共鸣，当年的一位校园诗人当场朗诵了抒情年代的作品，为晚会带来了一次小高潮。这是一群从 20 世纪 80 年代的大学校园走过来的中年人，"理想"两个字，曾经那么沉重，那是他们这一代人生最重大的主题，甚至超过了爱情、事业、金钱等。而樊阳，只不过依然生活在 80 年代，正如他的形象、气质和眼神，远没有中年人的浑浊和世故，这分明就是当年那个爽朗、清俊的少年。

1998 年—1999 年人文讲坛地点——复旦大学曦园

樊阳的同学里，也有些事业有成、身居要职的，晚会结束后，有位同学告诉我，当他年初读到《时代周报》那段访谈时，还是觉得鼻头发酸——

时代周报：当时你还没解决住房，上课地点怎么解决？

樊阳：就一群人坐在复旦大学的一个花园里。

时代周报：当时是怎样的情景？

樊阳：复旦的那个花园，叫曦园。我记得很清楚，冬天很冷，我们都穿着滑雪衫。我印象很深刻，从春天到冬天，我们有个女学生还去摇梨花树，弄得满头都是。有时候有些人会注目的，我就声音放低一点。

时代周报：在曦园讲多久？

樊阳：三年时间。买了房子后，周末就把儿子送到外婆家，在儿子卧室讲课。学生们来了就席地而坐。

文迪（诗人）

每个孩子都应与名著约会（片段）

提起教育气难按。不过，偶尔听闻一些感人的教育事迹，即使规模有限，不过几亩菜蔬，数畦瓜果，也仿佛荒漠中乍见绿洲，予人极大惊喜。《东方早报》1月5日有篇报道称"中学名师在家免费开名著阅读班"，读来就有此类喜感。

上海外国语大学附属双语学校语文教研组组长、高级语文教师樊阳先生，放弃丰厚的家教报酬，长年在家为初中生免费开设名著阅读班，每周末一次，已持续20年。教学形态很宽松，在樊老师儿子一间不足20平方米的屋子里，师生以一种颇具古风的方式席地而坐，老师"讲得不多，只教给学生基本的阅读方法、相关的知识。推荐书目，学生自己阅读，然后相互交流"……

作为课堂教学的补充和深化，我们最好抛弃课堂教学的程式规范，俾使学生换种步伐前进。意大利文学大家翁贝托·艾柯也是文学名著的热烈爱好者，和别的文学大师一样，他也有重读经典的习惯，他说："人们也许会想，在这可以拿A、B、C诸君的作品来'点缀'我的头脑的时代，为什么读来读去总是老一套呢？问题也就在这里，这并不是老一套。每过一段时候，在大师的永垂不朽的作品中的某种精神总会发生许多改变。例如哈姆雷特、浮士德的眼光以前比我宽广，今天也比我宽广……我可以根据这一点来估量自己的成长、改善、失败以及今后的动向。"他坚信，伟大的文学经典乃是"试验自己成长壮大的试金石"。我曾以为，我们每个人都有一个精神肺活量，阅读名著固然没有眼见的现实功利，却有助于保持精神肺活量的强大和健康。一个拥有健康精神肺活量的人，长大成人后注定不会是庸碌之辈。

对初中阶段的学生来说，养成阅读名著的爱好，是一件受用终身的美事。如果他们有幸在樊老师提要钩玄的指点下，由浅入深地阅读并领会三五部经典名著，未可限量的美妙人生，即可由此起步……

我坚持认为，每个孩子在成长阶段，都应与名著有多次约会。个别孩子的家长

(其中甚至包括大学教授)，以所谓"考试又不能加分，太浪费时间"为由，勒令孩子退出樊老师的阅读班。如果我在场，且手上正好有个什么家伙的话，我会照他面门扔过去的。当然，我不是说我真会这么做，更不是说我应该这样做，而是强调一个事实：依他们的愚行所施诸孩子的长远危害而言，他们只有被打掉门牙，方可见出天理公道。

实情是，与生理上的成长同步，还有一种精神成长，这种成长虽然不会体现为可见的身高体重和唇髭，但对孩子的长远发展却至为要紧。你在这个阶段扼杀了孩子接受经典的机会——除非这孩子另有神秘的天赋和机缘——你也就在人文向度上永久扼杀了孩子的明天。一个以爱心名义向孩子心灵施加毒手的父母（这份加害基本上是不可逆的），他的门牙凭什么还配继续呆在牙床里，这让我百思不解。

周泽雄（作家）

公益人文课堂： 不出走的对抗

上海外国语大学附属双语学校科研室主任、高级语文教师樊阳，在家里开设公益人文讲堂，利用周末时间给中学生讲解文学名著、中西思想史及当下社会问题，至今已经走过 20 年了。除了上课，樊阳还会隔两三周带学生去参访名胜古迹和博物馆等，路上给学生们顺势谈谈文史哲，堪称"文化行走""户外课堂"。

在报道中，记者描述樊阳"坚持"了 20 年，似乎这个过程非常痛苦。但在我看来，樊阳是快乐的，他有为人师的心，同学们爱听，对老师而言，一定是个互动的享受过程。

所以，更准确的描述可能是：他享受了 20 年。

我暂时没有机会面见樊阳先生，但他的风神俊采已可以想见。他给上海杨浦区几所学校讲过一堂初三阅读题解答课，在网上流传的课堂视频里，面容英俊的樊阳，所着西服领带，一丝不苟，秀气的眼镜后面，"炯炯目光射透镜片"，音节清俊，语速缓和，活脱脱一副斯文人的样貌，让我想起民国的教书先生。但今日，从小学到大学的绝大多数教师们，他们身上充斥着太多市侩气、官僚气、教书匠气、小家子气，唯独缺少文气。在这种环境中，樊阳先生这股浓郁的文气当然格外引人注目了。

中学是一个人身体、情感和思想拔节成长的阶段，这个时期培养的志向、趣味和品格，很大程度上，将决定一个人的人生选择和生命成就。这就决定了樊阳先生洋溢着的"文气"之重要：如果心中没装着几个伟人，恐怕也没机会成为杰出的人。左宗棠年轻时狂妄，常自比诸葛亮，可见他虽狂，心中至少还是装着一个诸葛亮，后来他挥师收复新疆，被誉为"中兴名将"，堪比小诸葛，这是偶然的么？心中没有酝酿伟大的气质，恐怕也难做出什么成就。"先天下之忧而忧，后天下之乐而乐"，这是范仲淹的胸怀。新教路德宗创始人马丁·路德批评旧教，查理五世在沃蒙斯城主持议会，召路德责问。友人劝他不去，路德说："沃蒙斯城之魔鬼，多如屋上之瓦，吾必前往。"这是马丁·路德的气概。

如此的志向、胸怀和气概，必然是从小就潜移默化涵养而来的。中学时代无疑是黄金时期，此时价值观、人生观、世界观尚未成型，正有望塑造上佳的品质。上海作家周泽雄说得精到："每个孩子都应与名著约会"，因为名著能以其魔力帮助学生成长。中学老师必须拿人类文化最顶尖的部分来滋养年轻的心灵，才不致教出文化的侏儒。在樊阳的人文小组里，不同年级的学生一起学习探讨，不同年龄段的人相处，得到了意外的效果，让孩子们对人生在时间上有了纵深的认识，也结识了新朋友，实是可以适度尝试的教学模式。

2011 年 1 月 22 日晚人文讲座——俄国文学

无奈，为了能考上好高中、好大学，家长只能把孩子们都逼进考试培训班。樊阳的"夫子培训班"里，每年都有很多孩子被家长请回去。家长能把孩子送来，说明他懂教育，最终又把孩子带走，说明他懂现实。如何化解这种教育理念与应试现实的冲突，成才与升学的冲突，是解决当前教育问题的关键。

当年画家陈丹青对现行教育体制不适应及不愿适应，向清华大学递了辞呈，在国内引发热议，然而，考试制度仍然决定着年轻人的前途。事实证明，今天的诸多中国问题，实非单纯走出体制能奏效，何况"出走"对于少数抱持改良希望的志士而言，实际上是少了一位同道。

　　樊阳没有丹青的愤然与洒脱，他一直在做的，是不出走的对抗。不少学生顺利考上了理想的大学，其中不乏名校，这固然不能说明什么。但对他的每一个学生来说，在樊阳家中一席之地学到了真正的语文，还顺便提高了成绩，他们心中，一定有樊阳的一席之地。樊阳一介沪上书生，他所教的学生虽然不多，但造就一个是一个，"含泪大师"们睹此当愧汗矣！

　　　　　　　　　　　　　　　　　　　　　黄陈锋（《时代周报》）

跟功利主义教育拔河（片段）

　　20 年，他坚持利用周末在家里开设公益人文讲堂，给中学生讲解文学名著、中西思想史及当下的社会问题。面对应试教育的大背景，他用自己的语文课和"功利主义拔河"，为的只是学生在经历过中学这一黄金时期后，能养成经典阅读的习惯。

　　控江路附近一个幽静的小区，每周六晚 7 点，总有三四十名学生静静地聚拢来，轻轻地叩响六楼的一个房门。这扇"房门"，20 年里已经换了一个又一个地方，从最初陕西厂矿子弟学校的教室，到上海复旦大学曦园的小树林、家里的小书房……而门后的主人，却始终像磁场一样，吸引着一茬又一茬的中学生。

　　他叫樊阳，上海外国语大学附属双语学校语文高级教师。此刻，学生们照例围坐在他身旁的椅子上、小板凳上，甚至地上，足足四圈，直到门口。樊阳老师的周末免费人文讲座，又开讲了。

温暖的房间里，　两个小时的思想碰撞

　　"最近报上有篇文章叫《年轻人，到体制内去》，说的是大量年轻人正拥向公务员考试，你们有什么看法？"樊阳老师用期待的眼神看着自己的学生，讨论就此展开。

　　"特立独行的一小撮，有了理想的火焰，可丢了生活的火柴；循规蹈矩的一大批，有了生活的火柴，可熄了理想的火焰。"坐在地上的一名高中男生说。

　　"王安石也是公务员，他推动了历史，相信现在也会出王安石一样的人物。"一名男生的观点引来一阵笑声。

　　……

　　发言此起彼伏。坐在中间的樊阳，捧着一杯水，微笑着倾听并不时点头："这个观点蛮有意思。""初中的同学能不能发表一下观点？"他不做评判，默默地引导。

　　"大家发言酣畅淋漓，在不同声音的碰撞中发现自己的声音，这个思考过程就是积极的。"结束了 40 分钟的"时文讨论",樊阳开始讲雨果。

照例又是让学生先讲。"《九三年》为什么不是按照时间排序?""《悲惨世界》故事中有温暖笼罩,为什么叫悲惨世界?"……学生们把自己在阅读中产生的疑问告诉樊老师。

樊阳娓娓道来,"他的作品是民族叹息的回音,民族奋斗的号角""真正的小说恰恰不能感情炽烈,但雨果做到了极致""他对法国语言的发展、文化推进无人替代。"从法国的历史,到雨果的人生经历;从雨果对法国文学的影响,到他小说构成的文化奇观;以及酒神精神和狂欢理论,樊阳一直讲到晚上九点多。

坐在角落中的汪一泓从初中开始听樊老师的讲座,如今已是上海交大的学生。他悄悄告诉记者,"我的文学热情就是被樊老师激起的"。

孩子读了经典, 能学会独立思考

在应试家教大行其道的当下,樊阳免费给学生开设人文讲座,似乎有点特立独行。

20 年前,樊阳刚刚从四川大学中文系毕业,在陕西一所中学教书。那时,他组织了课外语文小组,给学生讲文学。20 世纪 90 年代后期,樊阳来到上海,这个课外小组模式也被搬了过来。

樊阳还记得到上海后组织的第一届讲座——那时因为住在集体宿舍,没有讲座场地,只能带着学生在复旦大学的曦园上课。大冬天,一群穿着羽绒服的孩子围坐在一起畅谈文学。"六月就要中考,可讲座一直持续到 5 月,中途没有一个学生因为中考复习而缺课。"

等到买了房子,这个课堂自然就跟着挪到了家里的书房。但樊阳也深深感受到,20 年来,应试的氛围越来越浓,家长也越发功利。曾经有一个初中学生,一直来听讲座,甚至考上一所著名中学后也依然坚持,"但后来他的妈妈还是给我打来电话,说没办法,孩子一个周末要做 16 张试卷。"

学生最少的时候只剩下七八个,家长在电话里说得直接:"你这班,考试又不加分,太浪费时间了。"

但樊阳对自己的讲座始终满怀热情，他说自己"在和功利主义拔河"。在他看来，孩子们读了经典，就会独立思考，不会人云亦云，看问题也不会很极端。

樊阳痛惜现在的学生——有的学生周六下午在外面补课，随便吃个晚饭就赶来听讲座。他甚至允许他们在听课的时候"一心二用"——做数理化作业。"我经常觉得自己也挺可悲的。"中学生的人文素养在下降，这让樊阳很着急。前不久，他在初三课堂上讲《史记·陈涉世家》，让学生说一说司马迁的故事。结果竟然只有一个学生说得出司马迁受宫刑事件，"他们可是已经上完初中历史课的学生啊！"

"这不能怪学生，应试背景下，所谓的自然科学课程大大强化，人文学科难免受到冲击……"樊阳忧心忡忡。

这一切，更坚定了樊阳开人文讲座的决心。

人文教育滋养精神，语文教学应有新境界

"课堂语文教育属于篇章教学，篇章之间相对独立，但是语文本身是系统的。"现在，樊阳的讲座渐渐形成了自己的系统：45节中国古典文学课，从先秦文学讲到《红楼梦》；25节西方文学课，从古希腊神话讲到托尔斯泰。

樊阳带着学生走出课堂，名曰"人文行走"，到上海博物馆书法馆看文字文化；到福州路外滩看上海近代文化；到天蟾舞台看昆曲《牡丹亭》，感受古典戏剧的魅力。他还和学生一起建立了网页论坛"我的精神家园"，交流读书心得。

一名已经毕业的学生写给樊阳这样一段话，"那是属于我的思想成长和交流的黄金时期。正是这一席席精神的盛宴，在我迷茫又不羁的年轻脑海中埋下了文化与心灵的种子，让我记得要思辨、要自省……"

"母语教育是人的精神滋养的重要过程，教育者的快乐在这门课上体现，热爱教育的人乐在其中。"樊阳很欣慰。

不仅是在人文讲座上，他的语文课堂也在悄悄发生变化，因为他难以忍受"语文也背离了其精神滋养的本质"。樊阳总是让学生前一天在家里朗读文章给家长听，然后带两个问题上课。他会根据学生的问题调整讲课的内容。

樊阳所在的双语学校，现在也兴起了经典阅读的风气，学校会不定期地开设面向

全校的人文讲座。樊阳想做的，是把人文讲座的形式拓展开来，在课堂内安排一节专门的阅读课，系统地教学生读名著。樊阳说，如果能够改变语文教材只有文本单元的形式，检测内容也能更注重激发学生的经典阅读兴趣，那么语文教育的新境界也会被我们不断发现。

在旁人看来，樊阳 20 年的坚守有点孤独，但樊阳并不悲观，他说自己也有很多"同道"，"读经典，学对联，把大学人文教授请到课堂上——很多中学语文老师在为构建具有独特价值的母语教育悄悄努力。"

李雪林（《文汇报》）

漫步时间缝隙

2014 年 1 月 15 日,我偕一个杭州的朋友坐锃亮的高铁去上海,打算当晚给樊阳人文讲座的听众学生们做一个关于女权主义的演讲。

我和樊老师近年来见面次数并不多,我还记得上次见面是在 2013 年的 10 月 23 日,为看毕加索画展,顺带探望老师。当日我也是带了一个朋友,也和这次一样许诺她:见到樊老师你不会失望的。樊阳值得结识。

那次是学期中,他要上课,我们就在学校旁边的两岸咖啡匆匆午餐。大家都没有失望。我的朋友喜好结识各类卓越人物,樊老师充分满足了她的能人挖掘欲。我则高兴于樊老师还是那么认真,唠叨,敏锐又耐心。

而这次我是应邀前来讲女权主义。如果我有一个时间机器,坐进去回到 1995 年初春,那我也一定不会告诉那个坐在语文组办公室里缄默不语,让樊阳有点束手无策的女学生:20 年后你会在上海杨浦一个中学里,以独立编剧的身份,大大咧咧地坐在讲台上给一群中学生讲女权主义;而樊老师会坐在后排,一边含笑听,一边炯炯扫视人群,随时准备发现不用心的学生以便课后敲打之鞭策之——就跟现在教你们一样。

1995 年我离开三线城市陕西咸阳,去上大学,进了中文系,而樊老师则是在两个月后离开了那里,去上海教书。从那之后我和老师的物理距离渐远,年龄差距渐近。直到二十年后,我也能以我浅薄的人生回报老师一次:一个讲座。

我猜在每个时代,每个国家,每个小城市,县城,乡镇,每个肤色人种,大概都会有我当年那样对环境感到无端焦虑甚至自我逼迫到要发疯的少年。我想这是个概率问题:在一定的人口基数上,必定出现一些自觉格格不入又束手无策的人。我,女,咸阳,我的手段就是不上课不说话只看书;我要是活在,比如说,印度某个村子,生下来就面对贫穷,疾病,无论男女,我又该怎么办?

书本没有告诉过我。人想被人所知,弱小的人想被他人所知……

而樊阳适时地出现。樊阳老师是第一个发现我精神世界的人，也是第一个承认我的精神世界对我，对周遭都很重要的人。诚然我自己在自己那个小而固执的世界敲打已久——但是你能理解对着空山不怀希望甚至是自得其乐的呼喊多年，然后竟然有樵夫驻足细听的感觉么？那个封闭的小城是禁锢我也打造我的牢笼，而一条细流由这个叫樊阳的老师凿出：语文兴趣小组。

1995年的语文兴趣小组在2013年已经命名为樊阳人文讲坛，还有了自己的标志、徽章。樊阳喜欢管自己带着学生——以及其他慕名而来的家长、成人——四处寻访人文遗迹这件事，叫人文行走。我呢，我觉得这就是一个精神世界的构成之旅。他穿梭于历史和现实的缝隙间，帮助年轻的灵魂一点点构筑，扩大自己的精神世界。

樊阳一生倾倒于中国之美。他愿意带着学生去经受这种美——哪怕如今只余断壁残垣——以期在其人生中，少一点庸俗贫瘠，多一点风姿嫣然。我记得他讲过《春江花月夜》，而说到《春江花月夜》，我永远想到丰美柔艳的牡丹映着皎皎明月——这是中国文化里我所能够喜爱的那一份雍容之美，静穆又活泼，勃勃生机于洪荒中舒展；这也是我私心觉得樊阳最愿成为的样子。

而1995年困在咸阳的我，和2014年坐在杨浦区一间教室里的年轻的他们，有什么不同？

我很欣慰我们都一样。我们都不知道自己从何处来，到何处去，每日忍受这样无味的生活又是为了什么。这种琐碎而巨大的压力，大概唯有美和宗教可以破解。樊阳选择了美作为他的道，并且试图传给1995年和现在这2014年的我们。人的诘问起初总是一样，直到后来河流把我们分开：有的在岸上，有的奋力下潜，更多的茫然飘向不知什么地方。

讲座结束后我带着一张签满名字的明信片，围着听众代表送上的围巾，怀着几分惶恐走下讲台。而樊老师呢，讲座结束后他开始板着脸对学生们宣讲："带好车票，带好钱，不要迟到，我们车站集合，这次去杭州我们是要探访宋文化遗迹，你们要做好准备，都不许迟到！"

然后，第三天，樊老师带着不迟到的学生们坐着高铁去了杭州，如老母鸡带小鸡。

樊老师问我：那在杭州的文化行走你来的吧？我惭愧，鼓足勇气说：我上午就不去了……我有很多乐子啊，上海的朋友，上海的午餐，上海的下午茶，上海的酒吧；尤其是静安寺一带的小酒吧们在等着我，和朋友们高谈阔论外加秉烛夜游，代价就是第二日早上我一定赶不上火车。我会迟到。

这是我的生活，我在宣讲之外，交友，独居；我在个人生活的间隙偶尔出来看一看，或许甚至去上海杨浦区的某个外语附中给学生们讲女权主义在中国，因为这是我中学的老师在要求我。

而樊老师呢，他讲课，讲课，讲课，他联络各种人来讲课，他带着学生们去现场讲课——他希望借着各种字，碑，墓，檐，故事，传说，现实，把对美的珍惜和赏鉴砸进这些甚至还穿着肥大校服的学生脑袋里。行走的间隙，他抽空回头望一望我们，以老母鸡和保护者的姿态大喝一声：不要迟到！

我个人并不非常喜欢集体出游这种活动。人太多，知识难免成为装饰，而感受也跟候诊室的病友交谈一样，互相传染。我想樊老师一定非常了解我这一点：从我1995年在他的办公室里沉默不语对抗述说冲动的时候，我就是这么一个人。然而樊老师能够始终让我心安的就是，他不指责我的"遁世"倾向，他只是表达殷切的期望，然后将选择权交给我自己——他呵护学生的时候确实像个慈祥可爱的老母鸡（老师请你原谅我的比喻）——但是他不压制意志。这是多少人所希望的触碰？这是多少学生，孩子，在下者，多少没有权利和权力的人所渴望的触碰？

虽然不喜欢集体出游，但是我不得不承认，跟着樊阳行走仍然是愉快的经历。

愉快的地方在于接触到那么多活生生的灵魂。我暗自记下了学生们的名字。古人说必也正名乎，神怪小说里剿妖时要喊破它的名字来历，圣经里耶稣除鬼也要先叫出鬼王别西卜的名字——名字多么重要。我记住一个个名字，揣测这几个汉字后——还有四个字的孩子呢——那些父母如何殷切地希望，复杂地焦虑，而这些名字又如何被老师们在一堂一堂课上不断地喊出，强调，刻印：你，叫这个名字。你负担他人的期望。

而樊阳关注灵魂。整个出游的过程中，从中午聚餐的小饭馆到松柏静穆的岳庙，到苏堤，到林逋墓，他不断地督促，纠正，启发，同时伴随着对每个对象脱口而出的评论：某人粗心，某人好发怪论，某人腼腆，某人……不管说到哪一个，他眼里都是喜爱，或许带着几分无奈——毕竟不是所有人都有着他所期望的悟性，灵性，选择。然而有教无类。他继续数落下去，仍然是满眼的喜爱。

这些被逐个记住的学生们对樊老师的崇拜和喜爱是毫不掩饰的，恰如当年的我。我跟着这些十几岁的中学生一起，感到自己既苍老又年轻：前夜站在讲台上煽动般攫取崇拜的是我，现在跟在队伍后面静静不发一言的也是我；我既在当年，又在眼下，这一切都起步自 1995 年的樊阳，如今走在队伍前面不断吆喝大家抓紧时间的，穿着红色羽绒服，已然有了白发的樊老师。

我仍然怀念当时那个安静蛰伏的讲座。那是我们不为人知的时候，不管是为了文学，为了可能的一份理解，还是仅仅为了不落潮流，老师和学生们安静地，甚至是迂腐迟钝地，聚在一起读书。

偌大一个中国，有这么一张书桌。

在上海的最后一天，我应邀和樊老师一个去了纽约大学读书，回来休春假的学生一起吃中饭。我们分别从大上海的杨浦区和徐汇区出发，在人民广场汇合。我文静寡言的师妹尚不怎么知道打开话题的诀窍，而我也是罕见地遇到了一个，无论我怎么启发，也只会轻轻点头或者干脆沉默的谈话对象。

以我的社交能力居然毫无办法！

当年，那个周三的下午，在办公室里面对樊老师耐心的启发，"你有什么想法都可以随便说说"，固执的不愿说话的我。

终于我发现，当说到樊老师的时候，何师妹愿意说的更多一点。

每人面前一个热气腾腾的日式火锅，蒸汽朦胧。何师妹一边吃饭一边文静地说：……那段时间报纸报道了，然后我们讲座一下来了好多人，感觉好乱；我们好多老的人都受不了了，私下议论说樊老师变了；我还特意找樊老师谈了这个想法……

何师妹认真地说着她眼里变化前后的讲座，和不变的樊阳；我一边吃饭一边听。设法让对话流畅忽然不重要了，我开始和师妹一样，想法在心中翻腾，同时认真地吃饭。

——她愿意走大半个上海来和我吃一顿并不可口的仓促的中饭，脚下堆着我的掉了一只脚总是站不稳的行李箱；

——我们都曾带着困惑甚至是不满，去"找樊老师谈话"；

——我走过的路，她可能会走得更远。我在咸阳，她在纽约，而我们都是沉默的，无数念头萦绕于心，不愿出口。

而樊阳像我们的发声器，我们不期然的回声。我们呼喊或静默，他驻足聆听。

我不敢说樊阳的每一个主张我都赞同，我甚至现在习惯性的检视：樊老师你这句话没有性别立场，樊老师你那个举措我觉得不够从容。我仍然警惕各种集体活动，我仍然不看好群起呼应所能带来的灵魂滋养。而樊老师肯定也没有想到，我，那个邋遢沉默的不爱说话的女生，现在居然是这么嚣张的一个女权主义者，这么一个试图狂飙突进的同时又不断自我消解的人。

而我倒是愿意说，这份没想到和不赞成，才是教育的真义。那些在西湖边围着林逋的梅花快乐奔跑，尚不懂时间之深邃有力的稚子们——他们甚至不知道自己已经在路上——总有一天会意识到，这是一条漫长，艰难而又美好的路，不知从何时起，不知通往何方。我们三两组队，偶尔踌躇；有人离开，而又有新的灵魂不断好奇窥望，直至加入。这是时间的节律。

而他只是忙着，率众行走，奋力拨开重重帷幕，时不时回头呼喊：不要迟到！

杜俊（人文讲坛第一届学生、编剧）

于 2014 年 2 月 4 日杭州

依然可以

在认识樊阳老师之前，我对"理想主义"这个词不甚理解。作为一个标准的85后，见证了近二十年经济浪潮下迅猛发展的中国社会，亲历了互联网变革中动荡而浮躁的生活，见惯了电视选秀里博取眼球的"梦想秀"的我，对于理想这个从小就被规定写入作文里的词汇，已经开始充满了怀疑和不确定。谁都知道这世界上早已没有了免费的午餐，免费意味着廉价和陷阱。而坚守和信念这样理应美好的词汇，被一遍又一遍地消费后失去了原本的价值与意义。作为志愿者，进入讲座前，打动我的是"坚持了二十多年"与"免费人文讲座"，但是我依然感到困惑，究竟是什么可以让人坚持这么久？

这个问题的答案，直到很久以后我才渐渐开始明白。而我想先说说讲座本身。关于讲座的报道有很多，我只想说说我心中的讲座。第一次去听的是魏晋南北朝，错过了竹林七贤和魏晋风度，只剩下南北朝纷乱的战局和变化的人心。樊老师讲文学史与众不同，由于他历史地理极好，所以他往往会从当时的时局出发，联系到地理位置，人文风貌，这样听下来，就加深了历史纵深感，所谓的知其然而知其所以然。我心觉有趣，更感叹这群学生的幸运，在这么小的年纪，就寻到了通达古今之路，往后路途不知要比我辈平顺多少。因为这一讲，我打定了主意要坚持去讲座。

讲台上的樊老师侃侃而谈，生活里他是个有意思的人，或者说，生动的人。采访报道他的人，往往要突出"坚守""执着"，甚至把他的讲座作为雷锋式的好人好事。要真是如此，那真是八股的老夫子，可敬不可爱。我来说说我眼中的他。他爱他的学生，学生的事儿，他都当作大事。学生有困惑找他倾诉，他即使再忙也抽时间，还买单请吃饭。他也会凶学生，学业压力本来就大，还要完成讲座的作业，好多学生都阳奉阴违，他气得说你们都别来了，下次学生照旧来，他又好脾气地表扬他们这次作业做得好。他最落寞的时候，是学生们说因为学业，不能再来讲座了。有人会当面来辞别，送个小礼物，有的只是发条短信，还有的是不告而别。他为此常感到伤心。后来有一次讲古文运动，因为之前刚讲完才气纵横的李白和千秋传世的杜甫，且古文运动本来是我认为最无聊的一节课，但在讲到韩愈为柳宗元写的《柳子厚墓志铭》时，他忽然激动起来，说柳宗元一生坎坷，仕途不畅并没有创下什么惊天地的功绩；而作为政见不同却依然是好友的韩愈，读懂了柳宗元的品格，为他写道，"士穷乃见节义。今夫平居里巷相慕悦，酒食游戏相徵逐，诩诩强笑语以相取下，握手出肺肝相示，指天日涕泣，誓生死不相背负，真若可信；一旦临小利害，仅如毛发比，反眼若不相识。落陷阱，不一引手救，反挤之，又下石焉者，皆是也。此宜禽兽夷狄所不忍为，而其人自视以为得计。闻子厚之风，亦可以少愧矣。"一句"士穷乃见节义"，写出了在浮尘浊世间，柳宗元人品的高贵，人格的操守与义气。我在讲台下，深深地被柳子厚打动了，也读懂了樊阳老师的坚持。他的理想主义是什么？他为何要坚持这么久？他能从这件事里得到什么？他当然能够得到很多，只是并非社会普遍标准下的功名利禄，并非寻常人能看懂的付出收益。那些经营算计，在"士穷乃见节义"前一败涂地，看见过真正的天空的光明，就不愿意再流连烛火。我也明白了他为什么会落寞和伤心，因为那些孩子放弃的，也许是真正值得去珍惜的，虽然在现实面前，"放弃"才是聪明的。

2014 年 2 月 15 日人文讲座——季风书园讨论《亲爱的安德烈》

但我们仍在努力，加入讲坛一周年后，我们的活动越来越丰富，行走、诗会、话剧，我们以我们的所能为学生们带来更多的机会和见识。现在也开始有人会问我，为什么要做这样的事情？我有时候也回答不上来，因为其实受益更多的是我本身。我们在诗歌文学里徜徉，是为了在这样的世界里，依然可以遇见高贵的灵魂，依然可以看见那些先贤哲人们为我们燃起的明灯。而我对学生的期望是，可以在考上名校找到好工作当上 CEO 迎娶白富美登上人生巅峰这一条路之外，依然可以看到生命中更多的可能性，依然可以探索更多未知的可能性，依然可以寻求人生真正的意义！

2008 年暑假与 06 届人文讲坛学生家中讲座留影

每次讲座、每次行走就像一颗小小种子，撒播在心田上，未必每颗都会发芽，也未知何时能破土，但在漫长的生命长河中，希望有一天，他们会想起那些美好的诗句、那些高贵的灵魂、那些动人的神话故事，能从这些中获得新的力量，继续走下去。世间满是无意义活着的西西弗斯，而所幸，我们仍拥有盗火的普罗米修斯。

毛莹珺（人文讲坛志愿者团队负责人）

2014 年 3 月 28 日

后记

只要根还在

　　播撒不易，春风难唤，可如果根还在，看似沉默的泥土下其实是潜移默化的孕育！我们的教育环境还没根本改观，周围教师大多还在观望。但我想起一年多来，讲坛得到越来越多人士的支持，不由感喟。教育改革，推进读书，民间的推动力不可小觑。因为根在民间！

　　因为临近期中考试，人文讲座暂停两周。十年间，每逢清明我必回老家浙江奉化溪口西隅村，到山上为父亲和祖辈扫墓。从上海出发时阴沉时雨，车到乡口，发现剡溪上的老桥不见了，那可是曾拍过电影《奇袭》的老铁桥。乡亲说，这两年的台风太厉害，山上成片的竹林被刮倒，死了好多片。

　　我放眼望去，心里不由一颤，那敏感的神经不由触发心中的痛处。最近一两年来，讲坛学生读书的时间越发稀少，发言的质量整体下降。主要原因似乎谁都清楚，又都无可奈何——应试的压力有增无减并向低年级压来。讲坛里目前初三、高二的学生人数很少，不少高一、初二的学生往往只能在周六讲座前一两个小时匆匆浏览一下阅读篇目。有的在外面补一天课也还坚持来听讲座的孩子只好买上肯德基来教室。最近一次人文行走，初三学生整体缺席，连一向热情的组长小毅也抱歉地向我请假，我熟悉他的老师和妈妈的话："看看你的成绩，人家都在补课，你还想野在外面？"面对功利主义盛行的教育现状，理想主义教育的努力是如此艰辛！如同一篇报道所言，这场"和功利主义教育拔河的历程，还很漫长"。

　　媒体自2011年开始关注坚持了20年的人文讲坛，报道也刊发了几十篇，但反观自己身边的不少老师，他们依然艰辛地为学生的成绩废寝忘食，能读书者却凤毛麟角。"值得尊敬，但不会模仿。"这是大家对我所坚持的人文讲坛的普遍态度，诸多荣誉似乎抵不过一篇报道给我的称呼——"孤独的布道者"。

　　随着登山的脚步，我环顾轻叹，乡亲扛着锄头走在前方，我不由探问："竹林毁了那么多，下来这山坡地怎么办？"乡亲微笑，看似无意地说道："没事，只要根还在……"

　　"只要根还在……"我默念着，突然想起前年教师节，在马小平老师追思会暨《叩响命运的门》发行仪式上杨东平教授说的一段话："其实任何一个时代的人都只能活在当下，现实中有理想的很多，但身体力行去改变现实的人，相对而言还比较少。"不过他"相信春风和种子的力量，撒出去的种子总有几个会发芽"，他相信"越来越多的学习型组织、学习型个人，才是教育改革的真正动力"。

　　是的，马小平老师说"阅读是通往自由之路"。23年间，我不知多少次迷惘过，但阅读的习惯一次次让我重新走在带领学生读书的山路上。人文讲坛在陕西的起步源于当我阅读现代主义文学作品时，特别不满于当时课堂教学的狭隘与偏颇。在上海的重新起步源于孩子读书的时间被快餐文化占领，尽管讲座的课堂是复旦的花园，但我深深体会到《浮士德》中所说的："创造自由才配享有自由！"功利主义之风大行其道，讲坛一次次面临一些学生家长与教师的不解。我把弗莱雷的这段话引为同道："教师必须清醒地认识到在现代社会权力和市场逻辑的控制下，教育中自然会盛行工具主义与技术中心的话语，作为知识分子的教师有价值承担的责任，应有生计之上超越性的社会关怀与抱负。"

　　我想，播撒读书的种子，一定不会马上郁郁葱葱，但确实总有一些会发芽。近几年回陕西，总有机会见到过去的学生。学生中直接从事教育的极少，但每年欢聚都仿佛是阅读阅历、心得的交流会，育儿经自不可少，还有不少人像二十年前一样向我探问推荐书目。春节二十个人拖家带口一起跟我"文化行走"，去看高小龙导演在西安的"故纸温暖"展览，一起探讨民国老课本及教育启示。杨琳拿到了芝加哥大学意大利文学第一个华人博士学位，她更是把人文阅读的理念带给她的学生们。他们似乎在各行各业用行动在证明，阅读的习惯在人生中的意义。我到上海任教后的第一届学生，今年聚会有好几个要做讲坛的志愿者，带着一岁多孩子的小张、吉米一定要帮我整理讲座录音，身在美国的小洪帮我重新设计了网站，他说："尽管工作、带孩子都很忙，大家也都认为我事业有成，但我这些年始终通过各种途径在阅读，自学了大量非专业课程，老师，这归功于讲座给予我的阅读习惯。"

播撒不易，春风难唤——可如果根还在，看似沉默的泥土下，漫长的等待其实是潜移默化的孕育！我们的教育环境确实还没有根本的改观，周围的教师大多还在观望等待。但我想起我的导师陈小英、黄玉峰、杨先国、杨峻岩老师的鼓励，想到这几年来，讲坛的发展得到越来越多人士的支持，不由感喟心头。前十天中，竟有七场讲座要举行，其中有两场是在区教育局、教育学院的支持下，和教研员黄琴老师一起带领其他学校骨干教师的文化行走，以将之落实为区本拓展课程。学校王文龙校长也在讲坛困难中提供场地和其他支持；老同学邓运清放下自己的公司业务，一年内八次来到上海；在深圳的弘爱人文阅读推广中心将人文讲坛作为重点支持的项目，从各方面大力支持讲坛的运作；在重庆、深圳的老同学熊伟、李新平见讲坛缺少相机等必要的设备，就自费为我买好寄来；在北京的老同学向丽、贾明主动担当起讲坛嘉宾联络人的工作；在成都的四川教育出版社的编辑们为讲坛出书付出了艰辛的努力；在上海的小毛、小怡、倒到、兰若、小丁、小彭、小蔡、小王、小聪，和在美国的蔡丽、小何、小徐，新加坡的刘葵，福建的小陈组成团队整理素材，向网络公开课的模式迈进。学者陈浩武、王晓渔、傅国涌，导演高小龙、何莹，企业家王瑛，知名公益人士张轶超、陆璇，作家叶开、冉云飞、金满楼，古琴师王立刚，媒体人李远江等等，为讲坛发展搭设平台、推荐书目，不少亲临讲坛开设讲座。这两年我认识了很多推动读书的优秀教师，如陕西的杨林柯，浙江的郭初阳、蔡朝阳，湖北的梁卫星，江苏的史金霞，上海的吴启雷等等。广东的张荣锁、张若楠，成都的崔涛老师等还把人文讲座推动读书的方式带到自己的课堂，我的同事高煜、夏天、吴春梅等老师发挥特长来到讲坛给学生开设讲座，他们用各种形式推动读书的践行不断激励着我。还有无数学生和各方人士通过参与讲座、网络讨论、赠书等多种方式表达对读书的支持……是的，推动教育改革，推进读书，民间的推动力不可小觑。因为根在山间，根在民间！

我转过神来，听着乡亲浓浓的乡音："只要根还在，下两场雨，竹笋还会冒出，竹林也会慢慢长起来。"随着乡亲手指的方向看去，为培养竹林施的褐色锯末土间，似乎真有笋尖冒出头来。

半山腰上，放眼望去，一线光亮穿过云层，山下甬金高速穿溪而过，远方绿意葱茏，群山连绵，春风过耳，似乎是青青的竹林在向我们召唤——只要根还在。

樊　阳

2014 年 7 月上海